首都创新2020

——面对未来的战略选择

陈宝明　彭春燕　丁明磊　等　编著

科学技术文献出版社
SCIENTIFIC AND TECHNICAL DOCUMENTATION PRESS
·北京·

图书在版编目（CIP）数据

首都创新2020：面对未来的战略选择 / 陈宝明等编著. —北京：科学技术文献出版社，2016. 1
ISBN 978-7-5189-0981-0

Ⅰ. ①首… Ⅱ. ①陈… Ⅲ. ①区域经济发展—经济发展战略—研究—北京市—2020 Ⅳ. ① F127. 1

中国版本图书馆 CIP 数据核字（2016）第 017268 号

首都创新2020——面对未来的战略选择

策划编辑：李　蕊　责任编辑：丁芳宇　李　蕊　责任校对：赵　瑗　责任出版：张志平

出 版 者　科学技术文献出版社
地　　址　北京市复兴路15号　邮编 100038
编 务 部　（010）58882938，58882087（传真）
发 行 部　（010）58882868，58882874（传真）
邮 购 部　（010）58882873
官方网址　www.stdp.com.cn
发 行 者　科学技术文献出版社发行　全国各地新华书店经销
印 刷 者　虎彩印艺股份有限公司
版　　次　2016 年 1 月第 1 版　2016 年 1 月第 1 次印刷
开　　本　710 × 1000　1/16
字　　数　247千
印　　张　15.25
书　　号　ISBN 978-7-5189-0981-0
定　　价　48.00元

本研究得到北京市科学技术委员会软科学研究专项资助

总　顾　问：王　元

课题负责人：陈宝明

撰写负责人：

第一章　彭春燕（中国科学技术发展战略研究院）
　　　　杨　娟（中国科学技术发展战略研究院）

第二章　丁明磊（中国科学技术发展战略研究院）

第三章　王　健（北京市科学学研究中心）
　　　　伊　彤（北京市科学学研究中心）
　　　　陈宝明（中国科学技术发展战略研究院）

第四章　张换兆（中国科学技术发展战略研究院）

第五章　邓丽姝（北京市社会科学院）

第六章　刘晓荣（甘肃省科学技术发展战略研究院）
　　　　张换兆（中国科学技术发展战略研究院）
　　　　于　良（中国科学技术发展战略研究院）

第七章　高秀娟（中华女子学院）
　　　　彭春燕（中国科学技术发展战略研究院）

第八章　杜红亮（中国科学技术信息研究所）
　　　　于　良（中国科学技术发展战略研究院）

前 言

2014年2月26日，习近平总书记在北京考察工作时强调，北京要坚持和强化全国政治中心、文化中心、国际交往中心、科技创新中心的核心功能，深入实施人文北京、科技北京、绿色北京战略，努力把北京建设成为国际一流的和谐宜居之都。“全国科技创新中心”成为北京新的城市战略定位，也成为首都面向“十三五”及未来的核心功能。9月24日，北京市进一步发布了《关于进一步创新体制机制加快全国科技创新中心建设的意见》，全面部署加快首都科技创新中心建设。

当前，世界科技创新呈现复杂多变的国内外形势。从国际上来看，世界新一轮科技革命和产业变革正在加速进行。全球科技创新呈现出新的发展态势和特征，学科交叉融合、群体突破的态势日益明显，信息技术、生物技术、新材料技术、新能源技术广泛渗透，正在引发以绿色、智能、泛在为特征的群体性技术革命。商业模式与技术创新紧密结合，带动原有产业结构和生产方式发生深刻变化。创新全球化成为当代经济全球化的本质特征，全球研发中心向亚洲转移的趋势更加明显。从国内来看，我国处于深层次矛盾凸显和“三期叠加”阶段，经济发展进入新常态，依靠要素成本优势驱动、大量投入资源和消耗环境的发展方式已难以为继，实施创新驱动发展战略成为我国面向未来的长远战略选择。

我国正处于创新驱动发展的关键时期，首都科技创新中心建设，不仅仅是北京转型发展的现实需要，更是全面提升我国创新能力和水平的重要环节。

加快首都科技创新中心建设不仅仅是首都的重要任务，更是引领全国创新驱动的战略要求。国内外形势变化，为首都加快科技创新、打造全国科技创新中心提供了难得的机遇，同时，首都建设全国科技创新中心也面临着严峻的挑战。这些都要求在深刻把握国内外科技创新形势的基础上，进一步明确首都创新发展的总体思路、目标和任务。为此，受北京市科学技术委员会委托，中国科学技术发展战略研究院牵头，联合北京市科学学研究中心、北京市社会科学院、中国科学技术信息研究所、中华女子学院等专家组成课题组，围绕首都面向 2020 年的创新发展战略和路径开展研究，在北京 2013—2020 年经济社会科技发展形势分析和对北京创新发展态势进行总结评估的基础上，描绘面向 2020 年的首都科技、经济、社会发展的愿景，提出面向 2020 年首都创新发展的基本目标，从建设创新型国家和北京市成为全国科技创新中心的高度，凝练北京经济社会发展对科技的重大需求，提出重要的战略部署，凝练提出实现未来创新发展目标的体制机制路径，提出实现创新发展目标的政策建议。形成的研究成果为北京市相关规划制定和决策提供参考。

报告围绕构建全国科技创新中心的总体目标，从思路、目标、体系、战略能力、产业转型、空间、人才以及政策环境等方面来全面谋划首都面向 2020 年的创新战略实施路径。

报告共分为八章。第一章重点研究首都建设全国科技创新中心面临的形势、基础以及机遇和挑战，提出建设具有全球影响力的全国科技创新中心是实施创新驱动发展战略的本质要求，面临着良好的机遇，同时也面临着严峻的挑战。

第二章提出首都面向 2020 年的创新发展总体思路以及领先全国的创新发展“五个率先”目标，即率先打造全国创新驱动发展新龙头；率先成为全球创新资源集聚区；率先成为颇具活力的全球创新活跃区；率先成为全球创新网络的核心枢纽；率先打造全球一流的创新生态。并提出首都建设创新中心的战略路径。

第三章重点研究为打造全国科技创新中心，首都应构建更加开放的科技创新体系。对首都创新体系建设的进展、成效进行了总结，认为首都创新体系建设存在着资源优势难以发挥、原始创新能力不足、技术创新体系建设不足、国际资源利用不足等问题，提出到 2020 年，基本建成更加开放、符合科技发展规律的首都创新体系的政策建议。

第四章从首都所特有的科教资源密集特点出发，认为打造先发战略能力和建设一流科技创新基地是首都建设全国科技创新中心的前提，提出加强基础研究和前沿高技术研究是首都的创新优势。

第五章重点研究首都产业结构调整的问题，从加快构建“高精尖”经济结构的要求出发，提出坚持高端引领、创新驱动、绿色发展的产业发展方向，做“新”一产、做“优”二产、做“强”三产的战略路径。

第六章从首都创新发展的空间出发，重点研究首都在三个层面的地理空间发挥辐射带动作用，一是在京津冀协同发展中打造创新共同体；二是打造在区域创新一体化中的龙头地位，包括东北亚、“一带一路”等；三是对全球创新形成重要影响力。

第七章着眼于构建全国科技创新中心的人才需求，提出首都创新人才发展的战略重点，保持人才领先优势，加快形成人才驱动创新、创新驱动发展的新格局。

第八章主要研究营造良好的创新政策环境，提出完善首都创新政策的优化方向与主要内容，提出应发挥中关村自主创新示范区创新政策示范作用。

目　录

第一章　2020：建设具有全球影响力的全国科技创新中心

2014 年 2 月 26 日，习近平总书记在北京考察工作时强调，北京要坚持和强化全国政治中心、文化中心、国际交往中心、科技创新中心的核心功能，深入实施人文北京、科技北京、绿色北京战略，努力把北京建设成为国际一流的和谐宜居之都。“全国科技创新中心”成为北京新的城市战略定位，也是北京作为首都的一项核心功能。9 月 24 日，北京市进一步发布了《关于进一步创新体制机制加快全国科技创新中心建设的意见》，全面加快首都科技创新中心建设。

当前，我国正处于创新驱动发展的关键时期，首都科技创新中心建设，不仅仅是北京转型发展的现实需要，更是全面提升我国创新能力和水平的重要环节。加快首都科技创新中心建设不仅仅是首都的重要任务，更是引领全国创新驱动的战略要求。

一、建设科技创新中心是实现创新驱动发展的本质要求

全球创新中心是继世界城市、全球城市后，提出的城市发展的高级形式。首都建设科技创新中心，必须充分发挥科技资源优势，加快自主创新和产业发展，为实施创新驱动战略和首都核心功能的优化调整提供重要支撑。

（一）全球创新中心的内涵

目前，学术界还没有关于“全球创新中心”概念的准确界定和详尽描述，与其类似的提法则很多，主要包括全球科技创新中心、国际创新型城市、技术成长中心、国际研发中心、国际产业研发中心等。从国际上看，早在 2000 年 7 月，《有线》杂志就提出了全球科技创新中心（Global hubs of technological innovation）的概念，并认为构成全球科技创新中心的要素至少应该包括 4 个，即地区高等院校和研究机构培训熟练工作人员或创造新技术的能力、能带来专门知识和经济稳定的老牌公司和跨国公司的影响、人们创办新企业的积极性、获得风险资本以确保好点子成功进入市场的可能性——创新的环境。2001 年，联合国在《有线》评选的基础上，提出了“技术成长中心”（technology growth hubs）的概念，指将众多的研究机构（research institutes）、创新型企业（business startups）和风险投资集聚在一起的地区。在我国，2004 年北京工业大学黄鲁成教授提出了“国际研发中心”（R&D hub）的概念。他认为国际研发中心就是国际研发资源与活动的聚集区域。华东师范大学杜德斌教授提出了“国际产业研发中心”概念，是指一个城市或地区集聚众多的跨国公司全球性和区域性的研发机构，因而成为世界新产品和新技术的创新源地[①]。

综合来看，我们认为，创新中心是科技创新资源密集、科技创新实力雄厚、创新文化发达、创新氛围浓郁、科技辐射带动能力较强，具有良好科技发展潜力和人文自然环境、较强国际竞争力和影响力的城市或区域，是全球新知识、新技术和新产品的创新源地和产生中心。从主体看，创新中心通常是指一个城市或区域，如日本东京、美国硅谷、我国台湾的新竹、印度的班加罗尔等。从内涵看，创新中心是促进以科技创新为核心的全面创新，涉及科技创新的各个方面和各个环节。从科技创新的范畴来看，全球创新中心是世界新产品和新技术的创新源地。

作为全国科技创新中心，首先必须拥有丰富的科技资源、产生大量的创新成果、建立先进的制度机制、形成优良的创新环境，自主创新能力不断提高、科技支撑引领作用突出、创新驱动发展成效显著，在全球科技创新版图中占有重要地位，对全国科技创新具有示范引领和辐射带动作用的城市或区域。

从国内来看，全国科技创新中心在我国科技发展中处于领先地位，主导

① 张仁开，刘效红．上海建设国际创新中心战略研究．科学发展，2012，(11).

全国创新发展的方向，引领国家创新发展的进程。从国际来看，全国科技创新中心积极参加国际科技交流合作，在国际科技竞争中有话语权、有主导权，体现了国家的科技实力和国际竞争力，成为全球创新中心，对全球科技发展具有重要影响。

专栏 1-1　“世界城市”和“全球城市”

Sassen 把全球城市与世界城市区分开来。全球城市是全球化进程的最近现象，专门捕捉全球经济一体化背景下经济活动的分散与集中。世界城市是指存在了好几个世纪的城市，而全球的特征指在当代成形的城市。融合程度越来越高的全球经济，将生产和零售活动分布在世界各地，专业服务和总指挥则集中在数个全球城市中。作为全球经济一体化的参与者，跨国公司的重要性与日俱增。全球竞争不断加剧，导致管理、控制和协调全球活动和组织的复杂程度增加，这就要求更多专门性的服务。跨国公司需要的特殊服务是先进的生产者服务，而不是消费者服务。根据经合组织 2000 年的定义，生产者服务是将深化生产活动的中间投入卖给其他公司，通常信息含量很高，是指支持公司内部运营的“外包”服务。一般生产者服务部门包括金融和保险服务、商业和专业服务以及地产服务等。全球城市由此被定义为世界经济的命令中心，以及金融和相关先进生产商服务公司的主要所在地①。

（二）全球创新中心的基本特征

创新中心没有统一的标准，发展历程也不尽相同，起主导作用的机制也存在很大的差异，但是全球创新中心有以下共同的特点：

1. 创新活动频繁，创新成果不断涌现

创新中心通常是一个国家或地区甚至全球的新知识、新产品和新技术的产生中心，是科技创新机构集聚、创新活动发生频繁的区域，同时，其创新

① 周振华 . 全球化、全球城市网络与全球城市的逻辑关系 . 社会科学 , 2006, (10).

文化发达、创新氛围浓郁，因而创新性是其最根本的特征。创新包含的内容十分广泛，既有设计到技术性变化的创新，也有涉及非技术性变化的创新，如制度创新、政策创新等[①]。

2. 高端产业集中化，形成创新资源聚集高地

随着创新中心的发展，其吸引力不断增加，越来越多的创新资源向区内集中，这些资源包括高校、科研机构、企业研发机构、研发人员、研发辅助配套设施及服务等。全球创新中心是全球和区域产品和技术研发的中心，是研发机构集聚、研发活动发生频繁的区域。这些产品和技术的开发研究强化了创新性特征，加大了对跨国公司研发机构以及本地研发机构和资源的吸引。

3. 创新资源呈现网络化结构，自发形成创新系统

一方面，创新中心是一个由各种创新资源在空间上集聚形成的区域创新系统；另一方面，创新中心并非由一系列行政机构之类的硬性机构构成，而是由众多的创新行为主体及其互动构成的软组织，这些机构和组织之间除了存在产业链上的直接关联之外，还往往会存在一些潜在的人脉和关系网络。

4. 区域产业特色突出，相关服务业高度发达

创新中心的产生和发展都应该与当地的产业要素有密切的关联性，如产业研发机构的出现以当地的产业为基础。产业研发机构的构成与产业结构之间具有极大的相似性，研发成果是直接为产业发展服务，能极大地促进相关产业的发展或加快新产业的形成。具体产业在不同创新中心中呈现差异化特点。

5. 创新中心不断成长，对周边辐射功能强大

创新中心并非一下子就出现的，而有一个不断壮大的成长过程。在初级阶段，创新主体倾向于在一定的区域和城市集中，随着创新资源的不断增多，越来越多的研究机构向此区域集聚，从而使得这一区域不断发展壮大。

6. 创新中心高度开放，在国际创新网络中发挥重要作用

创新中心应该是国际化、开放性的，其创新主体除了城市内部的高校和研究机构外，更为重要的是拥有大量的跨国公司研发机构。创新中心从研发主体的构成、功能以及设施方面都体现出明显的外向性。随着越来越多跨国公司研发机构的介入，产业研发中心功能也日渐趋于外向化，逐渐融入全球研发网络，成为网络中的一个结点，扮演重要的角色。

---

① 钟华，林肇武，刘峰．全球科技创新中心科技发展比较研究．管理学家，2012,(4).

专栏 1-2　划分“全球城市”等级的难题

对全球城市等级体系的划分虽然有多种方案，但其划分的主旨思想无非是两个方面，一是注重全球城市产生原因的发生学划分，例如，强调跨国公司总部、国际性的银行与金融；一是注重全球城市特征，如某些经济特征或文化特征。从目前的研究趋势，趋向于通过综合的路径把成因与特征结合起来，把经济与文化，甚至政治结合起来，形成一种综合的划分方案。当然这种划分比用单一的指标或从某一单一角度划分明显进步了，但存在的困难和问题仍然不少：①如何选取指标，使这些指标能代表全球城市的本质。例如，资本和财富的集中可以通过主导银行区位或金融机构数，包括保险公司、股票与证券经纪人以及相关联的公司，哪个更好？纽约如从较广泛的角度，以财富和资本位居世界第一，但以银行而论，仅排世界第 5，巴黎以主导银行排位第 2，但用从综合指标衡量，则处第 8 位。所以选取不同指标表征全球城市的同一特征，结果差异很大。②一些指标难以度量与测量。如全球信息要素的流动、文化的空间传递如何有效的测量与度量，这些因素在城市的作用之中是非常重要的，但是今天我们还没有有效有手段去测量这些要素。③如果使用综合指标来划分世界城市体系，那么是否各要素在全球城市及城市体系的形成中均衡的起作用，如果不是均衡的起作用，各要素起的作用大小如何衡量，如何分配其影响全球城市的权重。④许多学者从全球城市网络中试图进行国际城市等级研究，但是各城市间的联系的资料与数据少得可怜。目前，仅从航空旅客角度进行网络分析，对各城市间的货物流、资本流等资料难以获得，因此研究的结果只能反映全球城市的一个侧面，根本不可能反映全球城市的全貌[①]。

（三）首都建设创新中心对实施创新驱动发展战略具有深远意义

1. 首都在实施创新驱动发展战略中的地位更加突出

在世情、国情、科情深刻变革的历史背景下，首都在实施创新驱动发展

① 谢守红，宁越敏．世界城市研究综述．地理科学进展，2004，(5).

战略、加快创新型国家建设中的地位更加突出。加大支持和服务力度，促进北京加快建成具有全球影响力的创新中心，加快建成有世界影响力的科技文化创新之城和中国特色世界城市。

一是在实施创新驱动、加快经济发展方式转变方面充分发挥示范带头作用。我们要充分发挥科技在首都经济和社会发展中的支撑引领作用，加快建设中关村国家自主创新示范区，承接和实施国家重大科技专项和重大科技工程，着力发展具有优势的战略性新兴产业。

二是在深化科技体制改革、建设国家创新中心方面充分发挥示范带头作用。协调各方科技资源，形成协同创新的合力，不断完善创新人才政策，优化科技金融政策，建设科技中介服务机构，促进科技成果转化为生产力。

三是在加强科技开放合作、建设中国特色世界城市方面充分发挥示范带头作用。充分发挥北京的国际大都市优势，抓住经济全球化和国际创新要素加快转移、重组的机遇，深化科技对外开放合作，提升北京科技创新的国际化水平，提升引进消化吸收再创新能力，在更高起点上推进自主创新，加快成为在全球具有重要影响力的创新中心。

2. 首都率先建设全球创新中心是实施创新驱动发展战略的必然选择

十八大以来，党中央对科技创新做出了系列重要战略部署，对首都城市核心功能做出了新的重要指示，尤其是科技创新中心的功能定位赋予了新的要求。首都要服务国家创新驱动发展战略，担当全国创新驱动发展的排头兵，更要明确首都科技创新中心的功能定位，当好全国科技创新的领头羊。首都必须充分发挥科技资源优势，加快自主创新和产业发展，为创新型国家建设和首都核心功能的优化调整提供重要支撑。

在科技资源配置上，北京因其独特的政治地位而获得最多、最高的资源配置，理所当然成为我国原始创新“第一极”；上海也因为城市地位和资源优势而在创新驱动战略中具有“第二极”的原创领先优势。但是，我国还是一个发展中国家，实施创新驱动发展战略单靠北京“一极独秀”或者北京、上海“二极并发”都显然是不够的，还应贯彻习近平总书记的讲话精神，进一步研究在一些省区市系统推进全面创新改革试验，形成几个具有创新示范和带动作用的区域性创新平台，通过多极并举、“众星揽月”，形成我国多极发展的创新驱动宏大格局。

3. 首都建设全球创新中心是实施创新驱动发展战略的内在要求

首都实施创新驱动发展战略，迫切需要调动全球资源，配置创新要素。

近年来，北京市在提升自主创新能力、加快中关村国家自主创新示范区建设、促进科技与经济社会发展紧密结合等方面取得了显著成效。但与新时期首都城市战略新定位要求相比，以企业为主体的技术创新体系还有待进一步完善，企业整合全球创新资源能力也需要不断加强。鼓励企业通过人才引进、技术引进、合作研发、委托研发、建立联合研发中心、参股并购海外研发机构等方式开展国际创新合作，汇集全球创新能量助推核心区创新发展。

首都实施创新驱动发展战略，迫切需要打破空间、资源环境约束，发展并聚集高端产业。目前，首都正处于转型升级的攻坚期，内部空间资源约束趋紧、先行先试政策优势逐渐削弱，外部竞争压力加剧，再造首都发展新优势和核心竞争力，亟待首都自主创新能力实现新飞跃、产业发展水平实现新提升。

首都实施创新驱动发展战略，迫切需要打破区域和产业的界限，更加广泛地参与国际区域合作与竞争。随着以信息技术为代表的科学技术高速发展和经济全球化进程的推进，产业间的界限渐趋模糊，出现了产业、行业相互渗透、交叉融合发展的新趋势；区域间合作交流也在不断加强，行政区划界限逐步淡化。打破区域、产业及行业间的限制和束缚，实现跨界融合，以全球视野谋划和推动科技创新，已成为首都实施创新驱动发展战略、建设全球科技创新中心的重要途径。

二、首都建设科技创新中心具备较好的基础和条件

根据福布斯2010—2013年连续4年的“中国大陆创新城市”排行榜，北京分别位居第4名、第4名、第6名、第3名[①]。根据《中国区域创新能力报告2013》，北京市已经连续7年居全国第3名。根据澳大利亚咨询公司2thinknow 2011年度全球创新城市排名，北京排在53位。

首都具有丰富的科技资源，较强的知识创造能力，以及大量的科技中小企业和良好的创业环境。中关村是中国乃至世界罕见的科技智力资源高密集区。从首都整体情况和中关村情况来看，首都已经初步具备建设具有全球影响力的创新中心基础。

① 2010—2014福布斯中国大陆创新能力最强的25个城市，http://www.chinacity.org.cn/csph/csph/100790.html

（一）首都创新资源丰富和研发产出稳步增加

1. 创新资源丰富

首都丰富的创新资源表现在创新人才的高端化、聚集化趋势，研发投入强度保持高位水平，研发基地和研发设施建设加快推进，金融支持方式的多样化，创新政策环境进一步完善。

（1）创新人才呈现出高端化、集聚化趋势

截至 2012 年底，北京地区有中国科学院院士 372 人，占全国的 52.7%；有中国工程院院士 332 人，占全国的 43.7%；累计 770 名高层次人才入选“千人计划”，占全国入选总数的 28%；437 名人才入选北京市“海聚工程”；两批 60 名高层次创新型人才及其团队入选“科技北京百名领军人才培养工程”；累计 1700 名青年科技后备人才入选“北京市科技新星计划”；研究与试验发展活动人员达 32.2 万人。

（2）研发投入强度保持高位水平

如图 1-1 所示，2005—2012 年，全社会 R&D 经费内部支出占地区生产总值比例保持稳定增长。

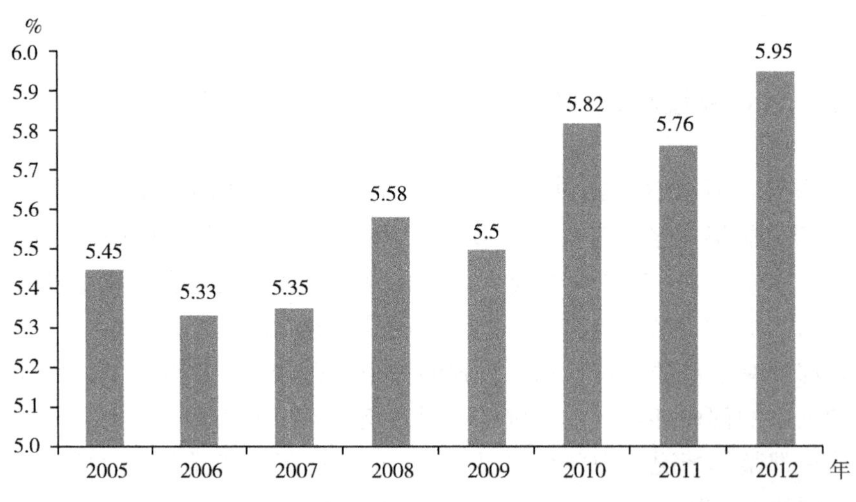

图 1-1 R&D 经费内部支出相当于地区生产总值比例

大中型工业企业 R&D 经费支出稳定增长。2012 年，北京地区大中型工业企业 R&D 经费支出保持了连续增长，达到了 163.7 亿元，较 2011 年增长

20%。同时，R&D 经费投入强度不断提高，达到 1.2%，较 2011 年增加近 0.1 个百分点。

近年来，北京市高技术产业 R&D 投入强度明显增长。2011 年，北京地区高技术产业 R&D 经费投入达到 74.2 亿元，R&D 人员人均经费为 41.1 万元；R&D 经费投入强度达到 2.23%，较 2000 年增长 1.12 个百分点，为 5 年来的峰值。与其他省市相比，北京地区高技术产业 R&D 经费投入强度处于较高水平，与全国最高的浙江省相差仅 0.18 个百分点，R&D 人员人均经费位居全国前茅。

（3）研发基地和研发设施建设加快推进

整体看，北京在生活环境的改善方面取得了积极的进步，但距离建设世界一流和谐宜居之都的目标还有很大差距，还需要大力改善生态环境，才能筑巢引凤，吸引更多的创业者来北京创业。

首都在国际交流方面保持了一个趋稳的态势。北京吸引国际资源的质量不断提升，在打造世界高端企业总部聚集之都、世界高端人才聚集之都上迈出了新步伐。2012 年在京外资研发机构达 432 家，举办大型国际会议和展览的数量达 7684 次。与此同时，北京企业加快走出去，境外设立研发中心保持较高增长率。下一步还要积极创新思路和措施，开拓国际视野，“引进来”和“走出去”相结合，不断整合国际优势资源为我所用，加快提升国际资源配置能力，为把北京建设成为全国科技创新中心搭建更为广阔的平台。

表 1–1　2005—2012 年首都国际交流情况

年份	企业在境外设立研发中心的增长率	企业在境外设立研发中心数量（个）	外资研发机构数量增长率	外资研发机构数量（个）	举办大型国际会议和展览的数量增长率	举办大型国际会议和展览的数量（次）
2005	1.000	11	1.000	191	1.000	6126
2006	1.273	14	1.267	242	1.064	6517
2007	1.168	15	1.224	286	1.119	7667
2008	1.178	18	1.200	330	1.048	7045
2009	1.189	22	1.159	345	0.966	5336
2010	1.281	38	1.143	273	1.003	6203
2011	1.250	42	1.133	404	1.052	8322
2012	1.255	54	1.124	432	1.033	7684

数据来源：《中国科技统计年鉴》、《北京统计年鉴》等。

（4）创新政策环境进一步完善

创新政策环境的明显改善与北京市高度重视科技创新的顶层设计，注重营造政策环境和发挥政策引导作用密不可分。2006 年发布实施《关于增强自主创新能力建设创新型城市的意见》，确定了“为建设创新型国家服务，率先建成创新型城市”的目标任务。2009 年提出“科技北京”发展战略，制定了《“科技北京”行动计划（2009—2012 年）——促进自主创新行动》。同年，国务院批复中关村建设国家自主创新示范区，发布实施《关于建设中关村国家自主创新示范区的若干意见》。2010 年颁布施行《中关村国家自主创新示范区条例》。2011 年发布“十二五”科技北京发展建设规划。2012 年召开全市科技创新大会，发布实施《关于深化科技体制改革加快首都创新体系建设的意见》，对深化科技体制改革进行全面部署。2012 年中关村“1+6”政策的出台。2013 年 2 月国务院批复同意将中关村“1+6”政策中研究开发费用加计扣除、职工教育经费税前扣除和技术人员股权分期缴纳个人所得税的三项税收试点政策和高新技术企业认定试点政策延期三年，并将适用范围扩大至武汉东湖、上海张江国家自主创新示范区和安徽合芜蚌自主创新综合配套改革试验区。2013 年 9 月 29 日，经国务院同意，财政部、国家税务总局、科技部批准在中关村示范区试点四项税收优惠政策，这是继中关村“1+6”系列先行先试政策之后，新一轮政策创新工作的集中成果。

由此形成了包括 8 个地方性法规、5 个政府规章、150 余项规范性文件在内的具有首都特色的科技政策体系。伴随着这一系列“广覆盖、全主体、多层次、分阶段”政策法规的实施，鼓励创新的政策环境进一步完善，有力地促进了首都科技创新发展。

2. 研发产出稳步增加

研发产出稳步增加表现在技术市场交易持续繁荣；科技创新成果丰富；首都的辐射引领作用不断增强。

（1）技术市场交易持续繁荣

技术市场是连接科技与经济的桥梁，是促进科技经济结合的关键环节，是优化科技资源配置的重要载体，是实现科技成果转化的主要渠道。2009—2012 年的技术交易额分别为 906.89、1066.73、1267.76 和 2048.60 亿元，在短短 4 年的时间里翻了一番。

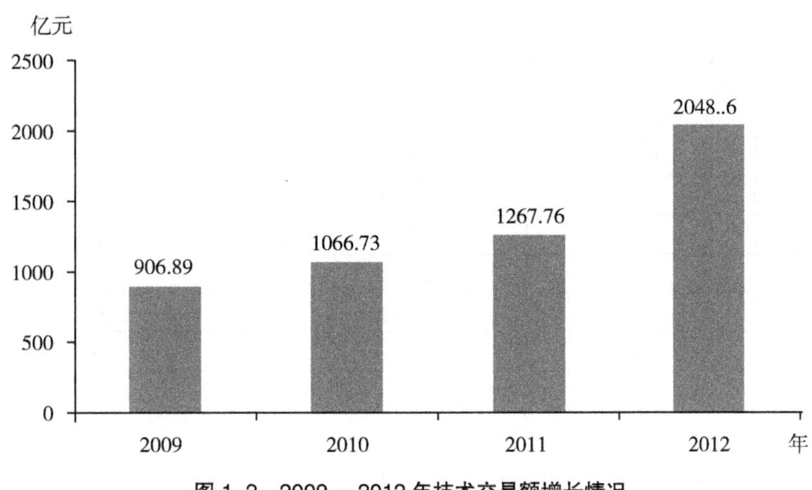

图 1-2　2009—2012 年技术交易额增长情况

技术市场对首都经济社会发展的贡献日益凸显，支撑了首都经济发展方式的转变和产业结构的优化升级。特别是 2012 年技术交易的“两个增长率”创近五年以来新高，一是技术交易额增长率突破 60%；二是吸纳全国技术合同成交额增长率突破 40%。同时，技术集成创新成为技术交易新的发展趋势，2012 年，集成类技术合同成交额达 1405.6 亿元，占全市技术合同成交额的 57.2%。

（2）科技创新成果丰富

全国科技创新中心的首要责任是在全国发挥科技创新引领辐射作用，在国际上代表国家参与技术合作和产业竞争，实现从跟跑者到同行者再到领跑者的跨越，在这方面，北京在一批前沿技术和颠覆性技术储备上具有先天优势。

2005—2012 年，“每亿元 R&D 经费 PCT 专利数”、“每万人发明专利拥有量”、“每亿元 R&D 经费技术合同成交额”等指标一直保持较好的增长势头，其中每万人发明专利拥有量从 2005 年的 7.41 件增长到 2012 年的 33.61 件，增长了 3 倍多，对首都科技创新发展有较大的贡献。

表 1-2　2005—2012 年首都科技成果情况

年份	每亿元 R&D 经费 PCT 专利数量（件）	每万人发明专利拥有量（件）	每亿元 R&D 经费技术合同成交额（亿元）
2005	0.75	7.41	1.14
2006	0.95	8.42	1.61

续表

年份	每亿元 R&D 经费 PCT 专利数量（件）	每万人发明专利拥有量（件）	每亿元 R&D 经费技术合同成交额（亿元）
2007	1.11	11.28	1.75
2008	1.14	11.99	1.87
2009	1.04	16.40	1.85
2010	1.55	23.87	1.92
2011	1.99	26.02	2.02
2012	2.54	33.61	2.31

数据来源：《中国科技统计年鉴》、《专利统计年报》、《北京统计年鉴》等。

其中，2012 年“每亿元 R&D 经费 PCT 专利数”指标值为 2.54 件，年均增长幅度为 0.26 件，居全国领先地位。

（3）辐射引领作用不断增强

2005 年以来，北京的辐射引领作用呈稳步增长趋势，这充分表明首都科技创新对全国的示范引领和辐射带动作用。全国经济转型引发旺盛的技术需求，北京作为全国技术创新网络的重要枢纽和大量创新技术成果的产出地，对国家实施创新驱动发展战略的贡献进一步提升，正成为全国经济转型的强大驱动力。如表 1-3 所示，从辐射交流的指标来看，“流向京外技术合同成交金额占北京技术合同成交总额比重”、“全球 500 强企业在京总部数量增长率”、“每亿元 R&D 经费发明专利授权量”等指标基本保持良好增长态势。

表 1-3　2005—2012 年首都辐射交流情况

年份	流向京外技术合同成交金额占北京技术合同成交总额比重（%）	全球 500 强企业在京总数数量增长率	技术交易增加值占地区生产总值的比例（%）	每亿元 R&D 经费发明专利授权量
2005	66.50	1.00	5.20	9.10
2006	61.09	1.25	6.90	8.92
2007	70.06	1.19	8.90	9.55
2008	70.32	1.21	9.20	11.77
2009	70.42	1.21	8.70	13.70
2010	78.47	1.20	9.00	13.64
2011	75.07	1.23	9.20	16.95
2012	73.33	1.20	9.30	18.94

数据来源：《中国科技统计年鉴》、《专利统计年报》、《北京统计年鉴》等。

其中，流向京外技术合同成交金额占北京技术合同成交总额比重，2005年为66.5%，随后除个别年份略有波动外，整体增长相对稳定，2012年达到73.33%。技术交易日趋活跃，推动了首都科技创新对外辐射交流。

（二）中关村示范区对首都建设形成强力支撑

1. 创新创业环境不断完善

随着中关村示范区整体创新创业环境不断完善，示范区逐渐成为创新创业人才、企业、技术、资本、思想等高端要素聚集、发展和壮大的沃土。2012年，示范区研发设计类从业人数达41万人，较上年增加5.7万人，研发设计类从业人员占比较上年小幅度提升至25.8%，该比重继续稳居各岗位从业人员之首。近几年示范区本科及以上学历从业人员占比一直保持在50%左右，2012年为49.6%，高出同期硅谷地区4.6个百分点，但低于台湾新竹工业园区11个百分点。与全国高新区相比，2012年示范区大专以上学历占从业人员比重为69.8%，高出全国高新区平均水平18.8个百分点，也分别比上海张江和武汉东湖高出13.4个、6.5个百分点。

示范区科技金融机构聚集态势明显，信用体系建设成效显著，创业投资继续保持全国领先地位，形成了多层次、多渠道的科技金融服务体系。其中，创业投资额占全国三成。截至2012年底，中关村示范区驻区创业投资及私募股权投资机构共301家，管理资本总量达5277.2亿元人民币。由于宏观经济及资本市场持续疲软，国内整体投资环境迅速降温，2012年示范区创业投资活动活跃度降低，不过占全国创业投资的比例仍保持在3成左右。2012年，示范区内发生创业投资案例240起，占全国创业投资案例数的26.7%；创业投资金额约159亿元，同比下降53%，占全国创业投资总额的30.2%。

示范区开放实验室、孵化器、留创园、中介机构和行业协会等各类创新创业服务资源蓬勃发展。科技中介和行业协会规模进一步扩大。2012年，中关村示范区集聚了涵盖人才中介机构、信用评级机构、知识产权代理机构以及技术交易机构等多种类型的科技中介机构274家，其中包括清华大学国家技术转移中心、中国科学院北京国家技术转移中心、北京产权交易所等41家国家级技术转移中心；中关村协会联席会的成员单位也由上年的44家扩充至56家。科技中介和行业协会是示范区创新型服务业的重要组成部分，已成为示范区各类创新主体的钻接剂和创新活动的催化剂，为各类创新主体科技创新活动提供重要的支撑性服务。

2. 创新能力十分活跃

在科技投入方面，科技活动经费支出保持两位数增长。2012 年，中关村示范区企业科技活动经费总额达 918.2 亿元，同比增长达 17.6%，近两年每年净增 100 多亿元。其中，企业内部开展科技活动经费支出总额 811.9 亿元，占科技活动经费支出的 88.4%。从企业层面来看，2012 年示范区开展科技活动的企业共 5958 家，占示范区企业总数的 39.9%，比重较上年提高 1.4 个百分点，其中，科技活动经费超过亿元的企业达到 130 家。

在科技产出方面，专利授权突破 2 万件。2012 年，中关村示范区企业、高校和科研机构等三类创新主体获得专利授权 22632 件，占北京市的 44.8%，同比增长 23.4%，近年来专利授权量首次突破 2 万件。其中示范区企业获得专利授权 15407 件，同比增长 22.4%。从专利授权类型来看，2012 年示范区企业发明专利授权共 6120 件，占示范区企业专利授权总量的 39. 72%，与 2011 年基本持平。2012 年，中关村示范区有专利申请的企业达到 2205 家，同比增长 10.5%。4 家企业获中国专利金奖。电子信息领跑专利申请和授权量。

创新效率持续提升，明显领先于北京市及全国水平。截至 2012 年底，中关村示范区企业拥有有效发明专利 23198 件，较 2011 年增加 7966 件，首次突破 2 万件大关；示范区从业人员每万人拥有的有效发明专利量经历了 2011 年短暂的小幅度下降后，快速回升冲高至 146.3 件。2012 年，中关村示范区企业万人拥有发明专利申请数 109.6 件，自 2009—2010 年出现下滑态势后，连续两年攀升；万人拥有发明专利授权数为 38.6 件，是 2008 年的 2 倍。

3. 产业发展不断壮大

示范区产业规模对首都经济增长形成有力支撑。2012 年，中关村示范区实现增加值 3647.5 亿元，较上年增长 1 7.2% ，近 4 年增速在 15% ～ 20% 波动。在区域经济的贡献方面，2012 年示范区增加值占北京市地区生产总值的 20.4%，占比首次超两成，为首都“稳增长、调结构、促发展”提供了重要支撑。

示范区产业利润总额稳步增长。2012 年，中关村示范区实现利润总额 1788.6 亿元，较上年增长 16.6%，近 3 年增速在 17% 左右小幅波动。企业层面，2012 年示范区利润超亿元企业共 323 家，较 2011 年新增 41 家，其中利润规模达到十亿元以上的企业 26 家，较 2011 年增加 1 家；亏损企业共 5126 家，亏损面为 34.3%，较上年收窄 2.3 个百分点。

示范区空间布局合理调整。2012 年 10 月，国务院批复了“中关村国家自主创新示范区的空间规模和布局调整方案”，示范区扩展为“一区十六园”，规划面积扩大至488平方公里。空间规模和布局调整使得示范区产业空间承载力大幅提升，为示范区引领首都创新驱动发展、推进城乡经济社会一体化发展提供了契机。

4. 企业成长焕发活力

中关村示范区创新创业企业高度集聚，不断焕发勃勃生机。以“十百千工程”重点培育企业和上市企业为代表的领军企业，其创新引领作用和市场主导地位凸显，有力支撑了示范区的经济增长。2012年，中关村示范区全年收入超过亿元的企业共1897家，较2011年增加249家，近两年每年增加亿元企业超过200家。其中，收入过百亿企业共45家，较2011年新增14家，每年有10家左右成员新晋跻身“百亿企业俱乐部”。

2012年，示范区新创办科技型企业4000余家，聚集小微企业上万家，占示范区八成以上；“收入倍增”的规模以上企业达到482家，“瞪羚计划”重点培育企业呈现创新强度高、成长性良好的特征，一批潜力企业在社会各类高成长企业专业评选中崭露头角。

5. 辐射带动能力不断增强

近年来，中关村示范区一大批高新技术企业面向全国乃至全球进行产业布局，积极通过技术交易、创新协作、跨区域并购、设立分支机构、建立产业基地等多种路径，推动示范区技术、产品、服务和品牌的输出，进一步提升了示范区对全国其他地区创新发展的辐射带动力。

一方面，技术辐射流向外省市技术合同成交额大幅度增长。2012年，中关村示范区流向外省市技术合同17440项，成交额602.4亿元，比上年增长37.8%，占示范区输出技术合同成交额比重为50.2%，比重较上年提高17.1个百分点。流向外省市的技术主要集中在现代交通、电子信息领域。向外省市技术以技术服务为主要形式。河北省吸纳示范区技术合同成交额跃升至第3位。

另一方面，示范区产业辐射能力不断增强。示范区一大批高新技术企业积极在全国其他地区设立区域管理中心、区域市场中心、区域研发中心、中试基地、创新成果产业化基地等各种类型的分支机构。例如，2012年，示范区企业并购京外企业的案例44起，占全部并购案例数的46.3%，主要分布在上海、四川等省市。

6. 国际化水平和质量不断提高

示范区国际资源引入的质量不断改善，外籍从业人员中的专家数、在示范区设立分支机构的“世界 500 强”企业数逐年增多。其中，国际创新服务资源不断集聚。国际金融机构方面，目前中关村示范区已分别与德意志交易所、纳斯达克证券交易所、纽交所、香港交易所等签署了战略合作协议，以此推动示范区企业借助国际资本市场加快发展。国际创业孵化机构方面，目前示范区已经成功吸引了以色列施拉特公司、芬兰贸易协会、俄罗斯斯科尔科沃基金会等在示范区建立科技孵化器和联合研发中心。

示范区企业积极融入全球产业体系，在扩大产品出口规模、优化出口结构的同时，技术“走出去”也渐趋活跃，跨国并购交易和海外直接投资持续升温。其中，境外专利申请大幅度增长。2012 年中关村示范区企业 PCT 专利申请量 1736 件，占北京市 PCT 申请量的 64.2%，电信科学技术研究院、大唐移动通信设备、联想（北京）3 家企业入选了“2012 年全球 PCT 申请人 500 强”。2012 年，示范区企业获得的欧美日三方专利授权量 366 件，同比增长了 29.3%。

三、首都建设科技创新中心面临的重大机遇

首都建设科技创新中心面临来自国际国内的重大机遇，高端创新要素的系统性东移正成为全球创新格局演变的重要趋势；新的产业技术变革带来颠覆性创新，对原有的产业发展方式和盈利格局产生根本性的变革；创新全球化广度和深度不断拓展，推动技术、知识、信息、资本、人才等创新资源在全球范围加速配置；以京津为核心的环渤海区域经济发展方式转型将成为我国经济发展方式转型的推动力和示范。首都必须根据自身特点充分利用和把握这些重大的发展契机，率先建立具有全球影响力的科技创新中心。

（一）全球创新要素的系统性东移，为亚太地区孕育全球科技创新中心提供了历史性机遇[①]

全球科技创新中心的演变历程实质上是城市科技功能国际化并形成全球影响力的过程。纽约、伦敦、新加坡、东京、首尔等大都市先后提出了建设全球或区域创新中心的目标，并出台了相应的战略规划。高端创新要素的系统性东移正成为全球创新格局演变的重要趋势。进入 21 世纪以来，新一轮科

① “大洗牌”前夜：第 5 次创新资源跨国大转移看亚洲”. 东方早报, 2014-10-14.

技创新浪潮方兴未艾，世界政治经济格局正在急剧调整和变化，全球创新空间和分工体系处于一次“大洗牌”的前夜。

当前，亚洲正处于新一轮科技浪潮的活跃地带，在全球生产网络中的枢纽地位已经确立并将继续巩固，在世界经济空间体系中正从边缘向核心区域过渡。随着中国、印度等金砖国家的快速发展，全球高端生产要素和创新要素正加速向亚太板块转移。

高端要素的系统性东移为亚太孕育全球科技创新中心提供了机遇。在全球高级要素呈现系统性东移的趋势下，亚洲必将诞生一批世界级的科技创新中心，甚至 1 ～ 2 个足以与伦敦、纽约相抗衡的全球城市，从而重构世界政治经济和科技版图。事实上，一些国外知名机构推出的全球城市创新能力或竞争力评价结果也验证了亚太地区可能出现新的全球科技创新中心的发展趋势。

2000 年，美国《在线》杂志开展了“全球科技创新中心”的评选活动，在其评出的 46 个全球科技创新中心城市中，美国多达 13 个，中国大陆无一城市上榜，但 2001 年世界银行的《人类发展报告》曾这样评论道：中国北京和上海以及印度的海德拉巴也许很快就会上榜。十多年后的今天，情况发生了巨大变化，亚太地区特别是中国一些城市正加速向全球城市科技创新的第一集团军迈进。澳大利亚 2thinknow 研究机构发布的《2014 全球创新城市指数》，在全球 445 个被评价的城市中，中国香港位列第 20 名、上海为第 35 名、北京第 50 名。日本森纪念财团城市战略研究所发布的《2013 年全球城市综合实力排名》结果显示，在全球 40 个主要城市中，中国上海和北京分列第 12、14 位。

（二）产业发展模式和盈利格局发生了颠覆性改变，为首都成为全球研发中心提供了重大机遇

新一轮科技革命和产业变革正在孕育兴起，全球科技呈现出快速发展、交叉融合、群体突破的态势。新世纪第一个十年，全球三方专利授权量比上一个十年多出近 10 万件。学科交叉融合更加紧密。交叉学科占全部研究领域的比例接近 1/3，纳米、生物、信息、认知科学的交叉与融合将引领未来科学技术的发展。学科之间、科学与技术、科技与产业相互融合转化更加迅速。信息、生物、新材料、新能源技术广泛渗透，正在引发以绿色、智能、泛在为特征的群体性技术革命，新技术带动原有产业结构和生产方式发生深刻变

化。绿色智能制造成为引发全球制造业转型的主导方向，新能源开发应用形成更加多元化和可选择的动力结构，生物科技推动农业、健康、资源环境等领域持续发展。

新的产业技术变革往往带来颠覆性创新，开拓新的技术路径，开辟新的商业模式和市场，对原有的产业发展方式和盈利格局产生根本性的变革。颠覆性创新加速了研发成本的“折旧”，原有的研发沉淀成本难以收回，对既有技术下的追赶战略带来极大挑战。例如，短短几年间，在 iPhone 以及 Android 阵营的凌厉攻势下，2011 年手机鼻祖摩托罗拉被谷歌收购，2013 年手机之王诺基亚被微软收购，手机行业巨头彻底易手。在硬件本质、通话信号等传统技术标准下，摩托罗拉、诺基亚丝毫不逊于甚至优于苹果、三星。但后者走了一条完全崭新的技术路线。技术路线的变革，导致企业价值的严重缩水，行业加速了淘汰率。诺基亚巅峰时的市值达到约 1450 亿美元。但目前苹果（4400 亿美元）和三星（1800 亿美元）的身价几乎等同于 31 个和 13 个诺基亚（140 亿美元）。

首都作为全国科技创新中心，加强源头性和原创性创新的需求更为迫切。率先成为具有世界影响力的研发中心，成为全球创新的重要知识源。北京是我国的科教、智力资源最为密集的地区，聚集了多所著名高校和科研机构，科研实力走在全国前列。但作为具有世界影响力的研发中心，还需要进一步提升创新主体的研发水平，培养一批世界知名的高校和高水平的研究机构，培育具有全球影响力的科研领军人才。据国际高等教育调查机构对世界大学最新的排名显示，在榜单前 20 名中，美国的大学共有 11 所，英国为 6 所。前 50 名的大学中北京占有两席，分别是第 46 名的北京大学和第 48 名的清华大学。显然与具有世界影响力的研发中心还具有一定的差距。另一方面就是国际化高端领军人才还比较缺乏。资料显示，我国本土科学家在国际权威科学院中出任外籍院士的数量不仅大大低于发达国家，而且还低于印度等发展中国家。获得国际性权威科技奖项的人数也是寥寥无几。根据英国诺丁汉大学的研究报告，在 158 家国际一流科研机构和 156 家二流科研机构中，只有 2.26% 的研究带头人是中国及科学家，在一流科研机构的最高负责人中只有一位是中国人，在一流科研机构中只有 1% 的负责人是中国人[①]。

① 张仁开，刘效红．上海建设国际创新战略研究．科学发展，2012，（11）．

（三）创新全球化的不断拓展，为首都打造全球协同创新中心提供了机遇

21 世纪以来，特别是金融危机之后，创新成为最活跃的要素，创新全球化广度和深度不断拓展，推动技术、知识、信息、资本、人才等创新资源在全球范围加速配置。以创新资源配置的全球化、创新活动的全球化、创业活动的全球化和创新服务的全球化为特征的创新全球化，成为经济全球化的核心和本质。创新全球化的组织方式不断丰富，区域化、集群化、虚拟化等创新模式日益受到重视，合同研发外包不断发展。创新全球化的水平影响了各国创新能力和竞争力，加速了各国创新战略与政策的调整。人才、资本、市场和专利等将成为各国竞相争夺的战略资源，全球创新合作与竞争态势将更加复杂。例如，为争夺人才资源，美国出台新的移民改革法案，欧盟建立了蓝卡制度等新政策。世界各国对科技资源加紧争夺的同时，国际合作不断向深层次发展，国际合著论文和专利大幅度提升。

创新的全球化促进了高校、科研机构、企业等创新主体创新组织方式的变革，加速了协同创新与开放创新。例如，为了促进多学科交叉领域的创新，加速科技成果的商业化进程，近两年来，美国把企业与各大学、720 个国家实验室的合作作为重点，在各大学推广创新实验室模式。创新实验室大部分为跨学科的探索，重点培养年轻人的创新冲动和创新能力，鼓励学术自由、个性自由，鼓励打破传统。麻省理工学院媒体实验室于 1980 年由 Nicholas Negroponte 教授与当时的 MIT 校长 Jerome Wiesner 共同创建。实验室的研究主要集中在从传统物理表象中抽象电子内容，促使人们越来越关注如何使电子信息更好地融入物理世界。其研究内容涉及学科之多，远远超出传统的跨领域范畴。如生物工程与纳米技术结合，产生了可编程催化剂；电影与网络技术结合，开启了互动式电影的研究；网络与社会学结合，产生了社会化媒体的研究。

开放创新带动了创新主体的协作与联盟，整合优秀的科研力量。例如，比利时建立优秀研究网络的虚拟研究中心，集成最优秀的科研单位、大学或企业，形成网络开展联合研究；法国组建研发联盟，旨在消除个创新主体之间的隔阂，增进伙伴合作关系。目前，已分别成立了生命科学与健康研究联盟、国家能源研究协调联盟、数字科学与技术研发联盟、环境研发联盟、人文与社会科学研究联盟等 5 个研发联盟，几乎覆盖了法国所有的公共科研机构、

著名私营科研机构和大型研发集团；1992 年，法国建立全国技术、教育与研究网络（RENATER），连接法国本土和海外省各个大学和研究中心的信息网络。建立国家级网格设施平台，负责存储和处理大量的科学数据，推动整个学术界使用网格技术，开发数据生成网络与科研网格之间的合作。

首都要成为具有世界影响力的创新中心，首先应该是融入全球创新网络，成为开放的、合作的协同创新中心。提升重点高校、科研机构的国际化水平，参与和主导形成跨国界的一体化研究网络。整合资源建立国际一流水平的创新基地集聚中心。以重点实验室、工程实验室、工程研究中心等为载体，建立全球创新共同体。同时，还要为协同创新中心建立完善的资源交互平台。加大大数据的应用，提高数据的获取、储存和服务功能，提升数据的处理和计算能力，形成开放的信息空间。

（四）以京津冀为核心环渤海区域的创新发展，为首都发挥示范和辐射作用提供了机遇

作为中国经济版图中的重要组成部分，以京津冀为核心的环渤海区域将在“十二五”及未来时期成为中国经济增长的重要驱动力量，环渤海区域经济发展方式转型将成为我国经济发展方式转型的推动力和示范。环渤海地区自然资源、教育资源、人才资源、产业资源和创新资源非常丰富，科技实力雄厚，制造业和工业发展具备深厚的基础，大学和科研机构非常密集，是我国城市群、港口群和产业集群最为密集的区域之一，也是中国经济版图中重要的组成部分。从综合经济实力看，2010 年，环渤海三省两市完成 GDP101359.54 亿元，占全国的 25.26%；从工业化程度看，2010 年环渤海全部工业增加值为 44367.60 亿元，占全国的 27.59%，工业化率高于长三角和珠三角；从利用外资水平看，环渤海区域 2010 年利用外资 5170653.00 亿美元，占全国的 47.52%。“十一五”时期，环渤海区域一些重要城市引入很多高端并具有产业链带动动能的大项目，随着这些大项目在“十二五”时期逐步落实并释放能量，区域一体化进程也逐步加快，产业集群效应逐步凸显，环渤海区域将成为中国经济增长的重要推动力量[①]。

进入 21 世纪以来，以北京、天津为核心的环渤海地区，成为继长三角之后我国对外开放与开发的新引擎。尤其是自天津滨海新区被纳入国家发展

① 孟彦军．环渤海区域经济发展的比较优势研究．河北大学，2007.

战略之后，环渤海区域经济发展呈现出蒸蒸日上、日新月异的新格局：以北京为核心的总部经济和科研创新优势对环渤海区域的辐射与外溢功能不断增强，天津现代制造业基地和一系列高端、高新、高质大项目的发展为环渤海经济奠定了发展基础与后劲。山东、辽宁和河北三省分别提出的经济发展战略也都强化了区域协调与经济发展方式转型的重要任务。“十二五”时期，环渤海区域在战略性新兴产业发展、高新技术产业发展和产业创新方面将走在全国前列，随着各省市经济发展战略的实施，内涵式增长将成为环渤海区域经济增长的主要模式，并由该区域内以北京、天津、青岛、大连等重要城市的经济发展方式转型逐步带动其他中小城市，实现增长模式在全国范围内的率先转变。

四、首都建设科技创新中心面临的重大挑战

首都建立科技创新中心面临国际和国内的多重挑战，国际科技竞争的日益激烈，各国在抢占新的科技发展制高点和新兴产业主导权上的竞争尤其突出；全球新技术新成果加速应用，带动了战略性新兴产业的快速崛起；行业间分工和行业内分工逐步深化，促进了创新创业的加速发展；城市人口的迅速膨胀，交通拥堵、环境污染、能源短缺、安全隐患、各类事故不断发生，城市功能面临新的挑战。首都要建设科技创新中心必须破解这一系列的难题和挑战。

（一）国际科技竞争日益激烈，为首都发挥全球创新资源配置中枢的作用提出了挑战

2008 年全球金融危机以来，世界主要国家纷纷出台一系列措施重振各国经济，特别是为抢占新的科技发展制高点和新兴产业主导权做出战略部署，国际科技竞争日益激烈。美、欧、日等发达国家率先加快了产业变革应对步伐，着眼于高端化、智能化、绿色化、服务化等最新趋势，先后推出了再制造业化战略，对国际产业分工格局产生重要影响。新兴市场国家为实现后发优势，正集中在个别领域实现重点突破和跨越。世界各国加大了以科技创新为中心的竞争。走创新驱动发展道路成为世界各国共同的选择，并采取一系列措施，加大对新兴技术和产业部署，打造先发优势。例如，美国政府通过《复苏与再投资法》，实施“从摇篮到市场创新战略”，投巨资支持光伏、动力电池和

半导体产业领域的基础研究、技术创新和市场成长。

科技型中小企业群体的蓬勃发展和跨国公司创新转型，成为推动国际研发格局变化的重要力量。科技型中小企业由于创新活力强、市场机制活、发展潜力大等特点，在新兴产业领域发挥着巨大作用，一批在国际市场有竞争力、在细分领域市场占有率高的中小企业组成的产业集群正成为区域经济增长的亮点。跨国公司战略重点从经济资源全球配置转向创新资源全球配置，跨国公司研发投入占全球研发投入比重已超过一半，90% 的跨国公司研发投入占销售额的比重都在 5% 以上，国际技术转让的八成在跨国公司间进行。跨国公司正成为产业变革重大项目的主导者，如通用电气的“产业互联网”、思科的“物联网”、IBM 的“智慧地球”和西门子的“可持续城市”等将对未来智能基础设施产生重大影响。

北京作为我国的首都，具有强大的科技、教育、人才和信息等优势，具备进行自主创新的良好条件。应坚持以关键技术为突破口，以企业为主体，充分调动创新主体积极性，以市场力量吸引全球优秀创新资源，成为全球创新资源配置的重要中枢。深化产学研的合作层次，凝聚产学研多方力量，形成资本、研发、服务等平台，引导创新要素向优势主体集聚。发挥企业创新的主导作用，逐步提高创新资源在企业的集聚度。向创新前端渗透，推进产业链和价值链从低端环节向上游高端攀升，然后在创新链的上下游进行延伸，形成较强的创新优势。

（二）战略性新兴产业的快速发展，为首都成为科技成果的辐射中心提出了挑战

全球新技术新成果加速应用，带动了战略性新兴产业的快速崛起。信息技术飞速发展，数字通信、计算机技术分别成为全球专利申请增幅最快和申请最多的领域，全球信息产业近 30 年来年均增速是同期 GDP 增速的两倍以上。大数据快速增长，未来 10 年全球大数据将增加 50 倍，市场规模有望达到千亿元量级。新一代信息技术与制造、能源、交通、农业等技术结合，带动智能电网、智慧城市、智能制造、智能交通、现代农业、电子政务、电子商务的迅速增长。信息、材料、能源等技术在制造业的应用深度和广度不断拓展，有效推动全球制造方式变革。协同式机器人、无人化工厂等成为推动高端智能制造发展的重要力量，3D 打印等数字化技术的应用不仅使产品功能极大丰富，而且使大规模定制和个性化量产成为可能。碳纤维、纳米材料等

新型材料的广泛应用将极大降低产品制造成本，提升产品质量。以传统能源清洁利用、可再生能源开发和智能电网为核心的新能源技术将引发能源为基础的产业体系变革。以生命科学、生物育种、工业生物为代表的生物技术正推动健康、农业、资源环境等领域的持续发展。

创新驱动发展已经成为发达国家持续发展的共同选择。加速高新科技成果转化应用，催生战略性新兴产业发展，建立全球竞争优势。就北京而言，创新驱动发展不仅仅指自身需要实现创新驱动，更重要的是北京还要通过形成创新产业集群产生的辐射、带动作用，形成新的“增长极”驱动着京津冀、环渤海乃至全国的经济发展。党的十八大提出创新驱动发展，标志着我国正在由要素驱动的发展方式向创新驱动发展的历史性转变。北京作为全国科技创新中心，不仅仅是自身发展的问题，还担负着推动全国产业升级的重任。由此可见，北京构建创新产业集群已经成为当务之急。一方面是加速首都高校、科研机构科技成果的转移转化，培育战略性新兴产业的源头，加大对知识产权保护力度，构建高技术产业集群。另一方面加强区域合作特别是京津冀的合作。以北京作为技术孵化中心，天津、河北作为科技成果产业化基地，构建从科研、科技成果产业化、到孵化企业规模化发展的上下游一体化的区域创新机群。扩大北京科技成果的辐射范围，在全国发展方式转变中发挥支撑引领作用。只有这样，北京科技成果才能发挥最大效用，首都成为带动中国经济发展的“增长极”。

（三）国际产业分工逐步深化，为首都成为全球创新创业的策源地提出了挑战

随着科技与经济发展，科技与经济结合的程度更为紧密，方式不断创新。行业间分工和行业内分工逐步深化，促进了创新创业的加速发展。当前正在经历的第三次工业革命，其核心是数字化制造，新软件、新工艺、机器人和网络服务正在逐步普及，大量个性化生产、分散式就近生产将成为重要特征。开源软件使得制造业创新向数字化转变。实体物品可以转化为数字的设计，而这些设计可以以文件的形式在线共享。制造业本身已经像互联网一样数字化和网络化，使得创新更加开放。开源硬件延续了开源软件的外延，发明工具和生产工具在大众化传播。检测包、实验包等创新工具开始定制化生产，创新分工与合作更加深化。3D 打印机、激光切割机等“快速制版”工具大大缩短了创新周期和创新成本，使得职业化创新向创客创新转变，改变了创新

的组织方式。通过创客运动，实现了扁平的创新组织方式。

创新创业主要依赖于成熟的市场环境、完善的产业分工体系、宽松的政策环境。首都要成为全球创新创业中心，就必须打造全球创新创业的战略高地，不仅仅要加强硬件建设，更要加强相关软件建设。打破制度障碍，吸引全球优秀人才和先进技术落地北京。推行与国际接轨的创新治理体系，营造良好的创新创业制度环境，打造中关村的创新创业品牌，吸引外籍高端创业人才。完善创业孵化服务体系，鼓励社会资本投资建设创新型孵化器、加速器、集中办公区等各类创业服务载体，加快构建面向创业全过程的服务支撑体系。促进科技金融发展，开展金融产品创新和服务创新。大力发展知识智力密集的高端科技服务业，通过科技服务业将创新创业要素有机串联起来，真正发生聚变效应。营造有利于创新的文化氛围，鼓励创新、崇尚创新、支持创业、包容失败。

（四）城市发展面临前所未有的瓶颈，为首都成为民生科技的示范中心提出了挑战

随着城市人口的迅速膨胀，交通拥堵、环境污染、能源短缺、安全隐患、各类事故不断发生，城市功能面临新的挑战，未来城市发展被赋予了前所未有的“超值”功能。科技创新已经成为城市未来发展的新引擎。建设智慧城市是加快产业转型升级、推动创新型城市建设的重大战略举措，也是率先基本实现现代化，推动城市创新发展的新思路。充分利用信息化相关技术，通过监测、分析、整合以及智能响应的方式，优化现有资源，整合城市运行核心系统的相关信息，对包括民生、环保、公共安全、城市服务、工商业活动等在内的各种需求做出智能的响应，创造更加和谐的环境，保证城市可持续发展。世界各大城市把科技创新推动下的智慧城市建设作为推进经济发展方式转变、促进产业升级和振兴经济的重点战略。美国、欧盟、韩国、新加坡等发达国家和地区已经发布了建设“智慧城市”的相关规划和政策，一些城市开始实施“智慧城市”的建设。欧盟早在2007年就提出了一整套智慧城市建设目标，并付诸实施。

目前，在我国的城镇化过程中，人口快速增长及增长规模过大是引发各种“大城市病”的重要原因。而北京作为全国重要的经济政治文化中心，走在城市化发展的前沿，迫切需要加大科技创新对城市发展的支撑作用。截至2013年底，北京常住人口总量达到2114.8万，提前突破了国务院批复的《北

京城市总体规划（2004—2020 年）》所确定的 2020 年北京常住人口总量控制在 1800 万人的目标。2000 年以来，首都功能核心区人口数量具有一定程度的增加，增长量为 11.5 万人，城市功能拓展区与城市发展新区人口快速增长，新增人口的主要承载空间正逐步由城市功能拓展区向城市发展新区转移，新区吸纳人口的能力逐步提升。首都人口的高速增长给土地资源、水资源供给带来巨大压力，交通拥堵、环境污染等问题也接踵而来。2013 年北京建成区的规模是 1980 年的 3.7 倍。人口的持续高速增长给首都耕地保护以及建设用地空间拓展带来了严峻挑战。从水资源来看，新增人口产生的巨大需水量造成水资源供给紧张，短缺形势日益严峻。2013 年北京水资源总量为 26.2 亿立方米，按照 2013 年末人口计算，北京市人均水资源占有量仅为 124 立方米。按照国际公认标准，人均水资源低于 500 立方米为极度缺水。在此基础上，交通拥堵、环境污染等城市问题也一直困扰着首都的健康发展。人口和私人汽车增速较快，交通拥堵和环境污染问题难以得到有效缓解。

作为具有世界影响力的科技创新中心，北京必须加快建设国际一流的和谐宜居城市，必须把提高城市生活质量、提升发展品质放在突出位置。通过科技创新促进城市发展，实现新突破、形成新优势，实现城市转型发展与经济提质增效的和谐统一。同时，我国正在快速地向老龄社会过渡，老龄社会更需要新的技术和新的产业提供支撑。北京作为生物科技的聚集地，移动医疗等不仅是民生科技的重要领域，更是具有广阔的市场空间和规模产业化的条件。

第二章　2020：领先全国的创新发展目标

习近平总书记考察北京工作时强调，要坚持和强化首都全国政治中心、文化中心、国际交往中心、科技创新中心的核心功能，为新时期科技北京建设和发展指明了方向。建设全球科技创新中心对首都下一步发展提出了新的要求，北京有基础、有条件，更有责任在服务国家创新驱动战略方面有更大的担当、更大的作为，必须以领先全国的创新发展目标，着力打造“创新友好型政府”和“创新友好型环境”，为建设创新型国家做出应有贡献。

一、首都建设科技创新中心的比较优势

（一）国内主要城市及经济区比较

为比较研究首都经济和科技发展形势，分析首都创新发展的相对优势与不足，课题组选择一些国内主要城市和经济区来进行对比分析，为首都创新发展提供一些启示。

1. 分析框架与指标体系

基于指标的可得性，首都与国内主要城市，以及经济区之间的比较围绕创新投入、创新过程、创新绩效三个方面展开，如表 2–1 所示：

表 2-1　指标体系

指标	内容	具体指标
创新投入指标	经费投入	研究与试验发展 (R&D) 经费内部支出 /GDP
	人员投入	从事科技活动人员 / 就业人员 科学家和工程师 / 从事科技活动人员 R&D 人员 / 就业人员
创新过程指标	专利	人均专利申请数（专利申请数 / 科技活动人员） 其中：发明专利人均申请数 人均专利授权数（专利授权数 / 科技活动人员） 其中：发明专利人均授权量
	科技论文	发表论文数 / 科技活动人员 国外主要检索工具（三系统）收录我国科技论文数 / 科技活动人员
创新绩效指标	新产品市场	新产品销售收入 /GDP 高技术产业新产品出口 /GDP
	技术交易市场	技术市场成交合同金额 / 规模以上工业企业主营业务收入 技术市场技术流向地域合同金额 / 规模以上工业企业主营业务收入 技术开发金额 / 规模以上工业企业主营业务收入
	高技术产业集聚	高技术产业总产值 / 规模以上工业企业总产值

科技创新投入主要包括经费投入和人员投入两个方面，主要从投入强度的角度考察创新投入，经费投入用研究与试验发展（R&D）经费内部支出占 GDP 的比重来衡量；人员投入包括三项指标，分别是从事科技活动人员占就业人员的比重、科学家和工程师占从事科技活动人员的比重、R&D 人员占就业人员的比重。

衡量科技创新过程（即中间创新成果）的指标包括两方面：一是专利申请及授权情况；二是科技论文发表及收录情况。这两类指标分别采用人均专利申请数、人均专利授权数和科技活动人员的人均论文发表数、科技活动人员的人均论文收录情况。之所以采用人均水平是因为，和总量指标相比，人均指标能够较为客观地反映出我国科技创新中间过程的产出能力和水平。

科技创新的最终目标是推动产业发展和经济社会进步，在当前我国社会发展阶段下，科技创新体系的创新绩效可以从以下三个方面进行衡量：一是新产品的创新能力及市场发育；二是技术交易市场是否活跃；三是高技术产业发展和聚集水平。其中以新产品销售收入占 GDP 比重、高技术产业新产品出口占 GDP 比重衡量新产品市场；以技术市场成交合同金额占规模以上工业企业主营业务收入比重、技术市场技术流向地域合同金额占规模以上工业企业主营业务收入比重、技术开发金额占规模以上工业企业主营业务收入比重衡量技术交易市场；以高技术产业总产值占规模以上工业企业总产值比重衡量高技术产业集聚水平。

2. 北京、天津与上海创新要素投入的比较

从研究与发展经费强度看，北京以 5% 的比重远远高于天津的 2.3% 以及上海的 2.5%。

从科技人员的投入强度看，北京的投入高于天津和上海。

如图 2–1 所示，在就业的每 1000 人中，北京平均有 36 名科技活动人员，这 36 名科技人员中，有 10 名从事研发创新活动。而在每 1000 名科技活动人员中，就有科学家和工程师达到 799 名。同样的指标在天津的情况是：在就业的每 1000 人，有 25 位科技活动人员，这 25 位科技活动人员中有 2 位从事研究开发创新活动。每 1000 名科技活动人员中，平均有 677 位科学家和工程师。上海的科技人员投入指标分别是：在就业的每 1000 人，有 25 位科技活动人员，这 26 位科技活动人员中有 19 位从事研究开发创新活动。每 1000 名科技活动人员中，平均有 749 位科学家和工程师。

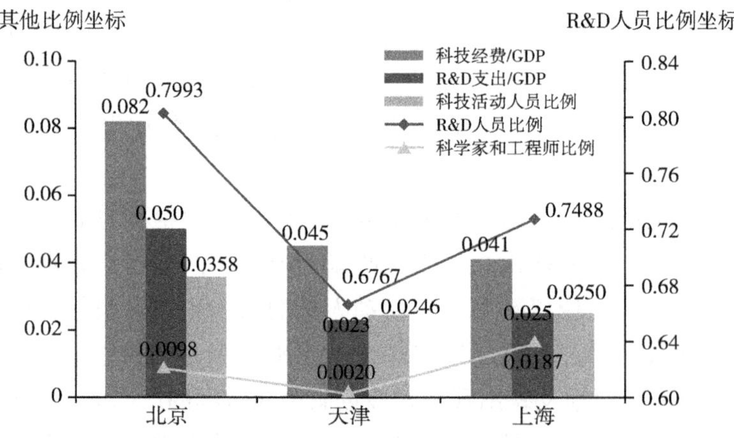

图 2–1 北京、天津、上海科技创新投入的比较

资料来源：《中国科技统计年鉴 2009》、《中国统计年鉴 2009》。

3. 环渤海及长三角科技创新绩效评估

北京市新产品销售收入和出口占 GDP 比重低于天津市。高技术产业增加值占规模以上工业企业总产值比重较高。从利润率上看，京津沪三个直辖市的高技术产业发展并不占优势。

从新产品市场来看，如图 2-2，天津的新产品销售收入占 GDP 比重最高，达到 38.54%，其次是北京，比重达到 22.46%。从新产品出口占 GDP 比重来看，北京、天津分别为 5.8%、7.15%，远远高于其他三省的水平。

从高技术产业发展来看，北京好于天津，远远好于山东、辽宁和河北。北京高技术产业增加值占规模以上工业企业总产值比重达到 28.68%，天津为 15.54%。

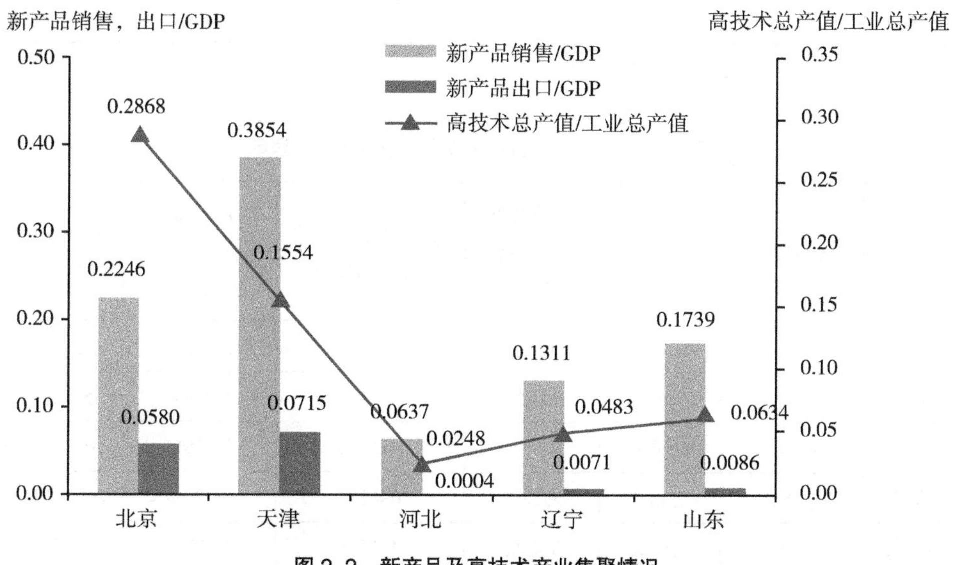

图 2-2　新产品及高技术产业集聚情况

资料来源：《中国高技术统计年鉴 2009》、《中国科技统计年鉴 2009》、《中国统计年鉴 2009》。

如表 2-2、表 2-3 所示，2010 年，北京、天津和上海高技术产业的利润率分别为 5.47%、5.05% 和 3.58%，低于河北和山东省。高技术产业总体利润率的表现与各个省市高技术产业的结构特征紧密相关。河北与山东省高技术产业利润率比较高，主要原因是这两个省的医药制造业在高技术产业中占比较高，而医药制造业较高的利润率拉高了这两个省市总体产业利润率。

表 2-2 2010 年各省市高技术产业分行业总产值与全国该行业总产值之比

	医药制造业	航空航天器制造业	电子及通信设备制造业	电子计算机及办公设备制造业	医疗设备及仪器仪表制造业	高技术产业总产值与全国比值	工业总产值与全国比值
北京	3.17%	5.40%	5.15%	2.04%	4.96%	4.01%	1.96%
天津	2.50%	9.23%	4.52%	0.51%	1.39%	3.00%	2.40%
河北	4.00%	0.80%	0.71%	0.11%	1.47%	1.13%	4.46%
辽宁	3.32%	13.68%	2.10%	0.64%	3.94%	2.29%	5.18%
山东	13.76%	0.73%	4.74%	7.04%	8.01%	6.93%	12.00%
上海	3.50%	2.78%	6.01%	19.76%	6.59%	9.24%	4.31%
江苏	12.09%	2.78%	22.22%	25.74%	30.41%	21.79%	13.18%
浙江	6.56%	4.05%	3.79%	3.12%	11.73%	4.57%	7.36%

资料来源：《中国高技术产业统计年鉴 2011》。

表 2-3 2010 年各省市高技术产业分行业利润率

	医药制造业	航空航天器制造业	电子及通信设备制造业	电子计算机及办公设备制造业	医疗设备及仪器仪表制造业	高技术产业总计
北京	15.84%	8.24%	3.17%	2.02%	14.10%	5.47%
天津	12.87%	1.80%	3.82%	4.63%	6.15%	5.05%
河北	10.54%	8.54%	8.35%	10.88%	12.79%	10.11%
辽宁	8.58%	4.68%	8.72%	6.42%	10.28%	8.25%
山东	11.78%	6.13%	5.45%	4.44%	9.43%	7.45%
上海	13.93%	1.69%	5.27%	0.83%	11.99%	3.58%
江苏	10.54%	6.66%	5.88%	3.66%	8.16%	5.83%
浙江	12.63%	6.99%	7.01%	8.54%	9.02%	8.92%

资料来源：《中国高技术产业统计年鉴 2011》。

4. 主要省（市）创新基础设施比较

北京市在创新基础设施，如国家重点实验室、孵化器、生产力促进中心、国家级工程（技术）中心建设上，均列前茅。

表 2-4　国家重点实验室比较（2010 年）

省市	个数	依托单位
北京	91	北京大学（16）、清华大学（12）、中国农业大学（3）、中国科学院（32）、北京师范大学 （3）、北京航空航天大学（3 个）、中国医学科学院肿瘤研究所（1）、中国疾病预防控制中心病毒学研究所（1）、北京有色金属研究总院（1）、中国农业科学院植物保护研究所（1）、中国石油大学（1）、北京科技大学（1）、北京邮电大学（1）、中国气象科学研究院（1）、钢铁研究总院（1）、中国农业科学院畜牧研究所（1）、中国人民解放军军事医学科学院（1）、 中国疾病预防控制中心传染病预防控制所（1）、北京交通大学（1）
天津	5	南开大学（1）、天津大学（3）、中国医学科学院血液学研究所 （1）
上海	30	复旦大学（5）、上海交通大（5）、华东师范大学（2）、同济大学（3）、华东理工大学（2）、华东大学（1）、中科院上海所（10）、上海市肿瘤研究所（1）、中国人民解放军第二军医大学（1）
浙江	11	浙江大学（9）、中国水稻研究所（1）、国家海洋局第二海洋研究所（1）
江苏	15	南京大学（6）、东南大学（3）、中科院南京所（2）、中国矿业大学（徐州）（1）、南京水利科学研究院（1）、河海大学（1）、南京农业大学（1）

注：括号内为相关院校和科研机构中国家重点实验的个数。

资料来源：课题组整理。

表 2-5　国家级科技孵化器比较（2009 年）

类型	北京	天津	上海	江苏	浙江
个数（个）	27	7	17	37	21
总收入（千元）	394075	50829	238032	303123	247059

资料来源：《中国火炬统计年鉴 2010》。

表 2-6　国家级示范生产力促进中心比较（2009 年）

	北京	天津	上海	江苏	浙江
个数（个）	3	3	1	17	12
总资产（千元）	171834	89356	39740	614244	469903
年服务总收入(千元)	5028	7054	11841	163374	147334

资料来源：《中国火炬统计年鉴 2010》。

表 2-7 国家工程研究中心（2010 年）

省市	个数	所属行业
北京	40	石化、材料、非金属矿产、钢铁、电子信息、纺织、电力、农业、航空航天、医药、装备
天津	7	信息、装备、生物医药、
上海	18	石化、装备、医药、信息、材料、仪表、环保、
浙江	2	电力、自动化
江苏	5	非金属矿产、电子信息、医药、电力

资料来源：课题组整理。

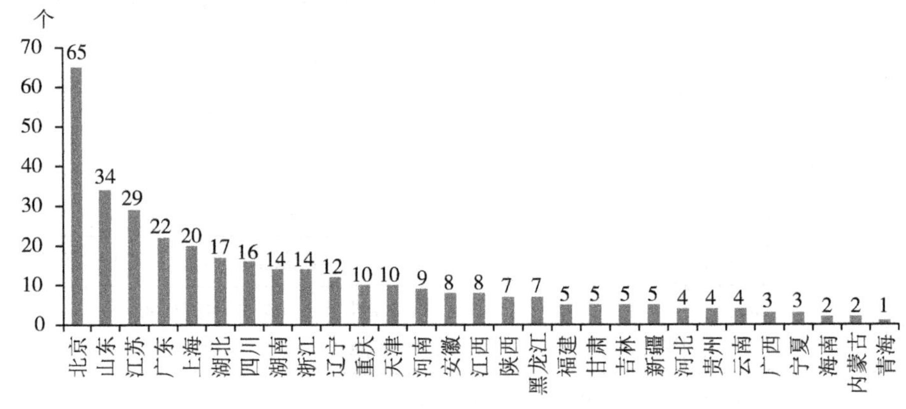

图 2-3 国家工程技术研究中心（2013 年）

表 2-8 国家级高新区的数量与名称

省市	数量		名称
	2006 年	2010 年	
北京	1	1	中关村科技园区、
天津	1	1	天津高新区
上海	1	2	张江、紫竹
浙江	1	3	杭州、宁波、绍兴
江苏	4	7	南京、苏州、无锡、常州、昆山、江阴、泰州、

注：为简便起见，当高新区名称为地名 + 高新技术产业开发区时，简称为地区。

资料来源：课题组整理。

5. 若干结论

（1）创新极化效应比较：北京、天津与上海

通过上文分析，结合图 2-4、图 2-5、图 2-6，从北京、天津与上海及与

其他城市比较来看，首都在创新资源投入、研究与发展经费投入强度、创新基础设施建设、技术市场等指标上均列前茅。但首都的人才和科研技术优势并没有充分发挥出来，在创新资源的整合与创新效率方面，北京不及上海；从新产品销售收入和高技术产业集群看，天津领先于上海和北京。

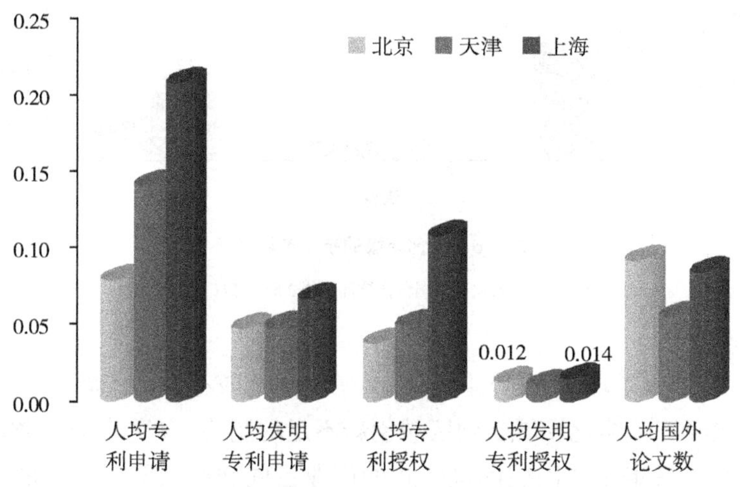

图 2-4　各创新极的创新中间产出

资料来源：根据《中国科技统计年鉴 2009》数据整理。

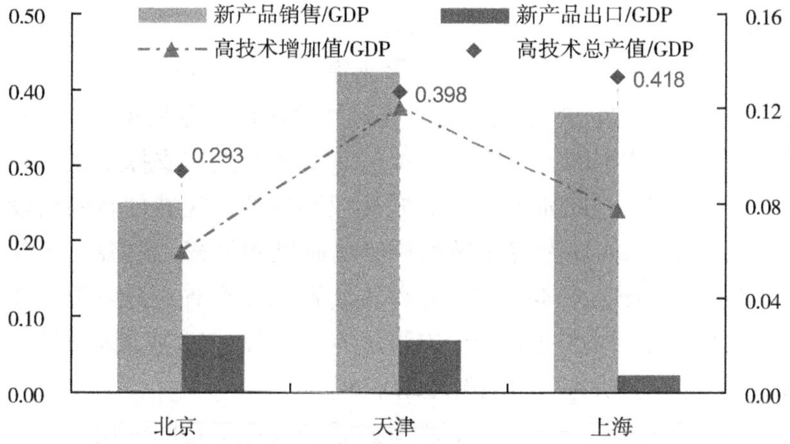

图 2-5　各创新极新产品及高技术集聚情况

资料来源：根据《中国科技统计年鉴 2009》数据整理。

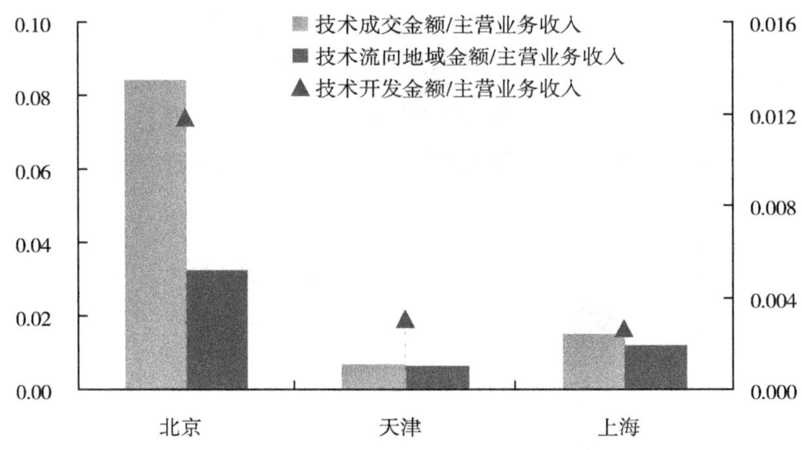

图 2-6 各创新极的技术市场情况

资料来源：根据《中国科技统计年鉴 2009》数据整理。

（2）首都所处环渤海区域与长三角等区域比较存在的问题

①区域经济一体化发展受到区域创新不足的制约。从环渤海三省两市看，其发展依然没有走出“囚徒困境”式的产业雷同和产品同质竞争的格局，区域内自主品牌和高技术产业发展依然薄弱，产业发展和转型受到区域创新转化不足的严重制约。如从环渤海地区典型的电子信息产业集群看，电子信息行业高技术产品出口仅占行业总产值的不足 1%，产业主体依然集中在中低端的生产制造环节；此外，尽管北京与天津在电子信息主导产业集群有所不同，但是两市电子信息产业相互之间尚未形成集群效应，从研发、设计到生产制造尚未形成一体化链条，产学研融合不足制约着区域产业创新和一体化步伐。

②区域间的技术转移与技术外溢受阻、对产业发展支撑不足。环渤海区域内科研机构众多，但是资源整合和转化效率偏低，区域创新网络没有发挥 1+1+1 ＞ 3 的功能，如环渤海区域高校和科研机构等智力资源全国领先，知识和技术创新资源极其丰富，但是这些创新资源并没有充分发挥其作用，整合不足、效率偏低，对产业发展没有形成有效支撑，环渤海区域经济发展总体上看依然是投资驱动为主、创新驱动不足。

③环渤海区域创新网络发展面临着四重开放性不足的深层次问题。一是各省市自身创新体系资源内部开放不足；二是区域内各省市相互之间创新资源开放不足；三是区域间（经济圈之间）创新资源开放性不足：开放依然停留在点对点层面；四是吸纳与整合国际创新资源能力不足。

（二）国际城市比较

国外城市经济发展实践表明，创新在城市发展中的驱动作用日益凸显，并成为城市经济发展的核心因素。国外创新型城市的建设发展模式大致有三种，一是文化创新型城市，这类城市主要是通过文化艺术创新实现城市的新生和繁荣；二是科技创新型城市，这类城市拥有一流的大学和科研机构，具有雄厚的科技创新实力和明显的产业优势，是在适应知识经济和当代科技发展基础上而出现的新型城市形态；三是服务创新型城市，这类城市主要通过不断创新服务，充分满足人们的交通、购物、娱乐、休闲、安全等各种需求而获得持续发展[①]。

表 2-9　国际公认的创新型城市的建设发展实践比较

城市	创新型城市建设发展过程中注重解决的问题和主要的创新举措	创新举措的效果
新加坡	①政府对建设创新型城市高度重视，新加坡已经设立了”研究创新及创业理事会”，为政府提供策略咨询 ②完善机构，大力促进创新，设立标准、生产力与创新局．增强中小企业的创新能力 ③花巨资设立政府奖学金培养精英，除了本国教育之外，新加坡还非常重视人才引进，注重通过在职培训和终身教育来提高劳动力素质 ④提出 < 创意产业发展策略）以三个重心”文艺复兴城市 2.0”，“设计新加坡”，“媒体 2.1”来发展新加坡的创意产业，以创意产业推动创新型城市建设	新加坡已经成为亚洲创意枢纽；近 10 多年来创意产业的产值高于同期 GDP：2005 年，新加坡的全球竞争力排名第 3
东京	①通过政府宏观政策推动创新型城市建设，包括对高新技术企业采取多种减免税收政策 ②加大对高新技术企业的金融信贷支持 ③积极培育官产学研一体的科技创新体系 ④重视中小加工企业的作用 ⑤促进研究交流．增加外国研究人员比例	亚洲活力城市：占日本 18% 的 GDP：创造了 16.9% 的总生产额；集中了 13.5% 的就业者和 16.7% 的企业

① 李焱，喻金田：创新型城市形成的条件及其内在关系研究——基于对国际公认的创新型城市的分析．现代城市研究，2013（5）：77-81.

续表

城市	创新型城市建设发展过程中注重解决的问题和主要的创新举措	创新举措的效果
纽约	①积极建立适应知识经济要求的教育体系，为金融、保险和管理咨询业等对人力资本和知识资本要求很高的生产者服务业提供了良好的人才基础 ②重视科技园区和网络建设，为创新活动提供载体和平台，纽约市政府通过联邦资金大力建设高新技术产业园吸引中小企业，以巩固其多样性的经济结构，保持城市经济发展活力 ③大力发展金融、保险等对人力资本及知识资本要求极高的生产者服务业，并将其作为主导产业推动创新型城市的建设	世界公认的一流创新型城市，服务业成为纽约产业结构中的主导产业，形成服务经济集聚地，并通过活跃的金融创新和服务创新，实现知识溢出和技术传播，带动城市整体创新实力的增强
伦敦	①通过设立专门评估创意产业的委员会以及实施”创意伦敦评估项目，促进伦敦创意产业的发展，借助创意产业实现城市的产业结构优化和升级 ②政府注重扶持小型企业，建立服务于企业的“伦敦创新中心”，发挥企业在创新中的作用 ③在所有伦敦组织机构中培育创新文化，构建创新导师网络——“知识天使”，建立伦敦”青年远见”计划，提升市民创新意识 ④伦敦建立起学校—产业—研究所之间的有效创新平台和运行机制来加强区域创新体系建设	欧洲创意中心：创意产业每年为伦敦市带来近 210 亿英镑的产值以及 40 万个就业岗值，成为伦敦的主要的经济支柱之一，是增长最快的产业
大田	①政府推行以科学城带动城市创新的政策，组建大德科学城集聚科技人才和各类资金，形成了科研与成果转化融为一体、科研与产业密切结合的科技创新平台 ②注重知识产权保护，通过严格执法保护企业的自主知识产权，鼓励研发，激励创新，引领大田乃至韩国未来经济的科技研究活动 ③着力培育崇尚创新，宽容失败的创新文化	经济总额占到了韩国的 20%，成为韩国最大产、学．研综台园区，拥有 39 所综合类大学，8 个韩国最高水平的研究所，而且将近 2200 家高科技企业、全国一流的研发设施与创业创新环境

以纽约、伦敦、巴黎、东京四个国际创新型城市与北京进行综合对比如下[①]：

---

① 未标注内容，部分来自北京市统计局：“北京离世界城市有多远”，http://www.bjstats.gov.cn/sjjd/ztfx/201206/t20120604_227944.htm，2012-06-04。

1. 城市竞争力对比

与其他国际城市相比，北京的经济基础还比较薄弱、缺少具有全球影响力的国际组织、环境问题比较严重、城市功能规划紊乱导致的交通拥堵等现实使得北京市的综合竞争力与世界城市相比还有一定的差距。

表 2-10　世界城市综合竞争力九项指标排名比较

城市名称	综合竞争力指数	综合竞争力排名	GDP规模	人均GDP	地均GDP	劳动生产率	跨国公司分布	专利	价格优势	经济增长率	就业率
纽约	1	1	3	2	1	2	1	5	356	410	321
伦敦	2	0.9453	4	6	12	1	2	4	470	332	252
东京	3	0.791	1	39	15	69	5	1	448	480	122
巴黎	4	0.7598	2	12	34	47	4	3	434	445	390
北京	66	0.457	23	277	358	291	7	56	59	79	14

资料来源：倪鹏飞、彼得·卡尔·克拉索。全球城市竞争力报告（2007—2008）. 北京：社会科学文献出版社，2008：259-318.

2. 人口、区域及城市特色对比

纽约、伦敦、巴黎、东京除城市规模和人口密度都较大，城市经济发达，具有完整的生产、贸易、金融和各种服务的循环体系，在全球具有十分显著的影响力，城市居民具有较高的生活水平等共性特征外，这些城市还各具特色。纽约是美国最大城市，最大海港和最大金融、商业、贸易和文化中心，是世界最大的金融中心；伦敦是一座历史悠久的古城、现代化的大城市和文化艺术名城，金融贸易和工业占据显赫地位；巴黎深厚的文化底蕴更是享誉全球，旅游、学术活动、文化艺术交流、城市建筑，以及时装、化妆品和生活方式都风靡全球；东京是日本最大的工业城市，是集商业、金融和文化于一身的综合性现代国际大都市。

与之相比，北京也具有较大的城市规模和人口密度，经济社会发达，历史文化悠久。随着中国国际地位的不断提高，北京在国际政治经济上影响也日趋增强，已成为名副其实的国际大都市。从基本条件来看，北京完全具备建成世界城市的条件。

表 2-11 城市人口和地域基本情况

	纽约（1990）	伦敦（1997）	巴黎（1990）	东京（1993）	北京（2009）
城市人口（万人）	734	719	930	1190	1755
人口密度（人/平方公里）	8312	4554	769	5441	1069
面积（平方公里）	883	1578	12100	2186	16411
城市特色	世界最大的金融中心，美国最大城市和海港	全球金融贸易和工业中心，世界文化艺术名城	现代经济高度集中，具有深厚文化底蕴	日本最大工业城市，商业、金融、文化高度发达	历史文化名城，中国北方最大城市，率先实现现代化

资料来源：《北京统计年鉴 2009》、《北京市 2009 年国民经济和社会发展统计公报》、《（北京市）2009 年度初步统计》。

3. 主要经济指标对比

在主要经济指标方面，北京和上述世界城市的差距较大。从经济总量来看，按购买力平价计算，2008 年北京 GDP 总量仅为东京的 11.2%，为纽约的 11.8%，为巴黎、伦敦的 29.4%。从人均情况看，按常住人口计算，北京 2009 年人均 GDP 已超过 10000 美元，但仅相当于纽约、东京 1998 年人均 GDP 的 1/3 左右，相当于伦敦 1992 年人均 GDP 的 1/3，巴黎 1993 年的 60%。从所在国发展程度看，目前，公认世界城市所在国经济发展水平较好，人均 GDP 远远高于中国。因此，可以看出，北京无论自身经济条件还是外部经济条件与上述世界城市仍有距离，但作为正在崛起的北京，发展空间十分巨大。

表 2-12 城市经济主要指标对比

	GDP 总量（亿美元）（购买力平价）①	人均 GDP（美元）
纽约	14060（2008）	33744（1998）
伦敦	5650（2008）	27500（1992）
巴黎	5640（2008）	15023（1993）
东京	14790（2008）	32350（1998）
北京	1660（2008）	10070（2009）

资料来源：Global city GDP rankings 2008—2025, Pricewaterhouse Coopers, Retrieved 20 November 2009.

4. 基础设施对比

城市的基础设施状况体现在城市建设和发展的各个方面，其中城市道路与交通对超大型城市的影响十分巨大，它不仅直接影响着城市功能的发挥，也是体现城市发展水平的重要方面。几个世界城市都拥有庞大、系统并且十分完善的公共交通网络。如伦敦、巴黎，经过长期发展，已形成功能强大的地铁网。相比较而言，北京公共交通系统起步较晚、发展相对落后。北京地铁系统虽经过了几十年的发展，仍存在线路少、通车里程短等问题，远远落后于城市发展的需要。如从人均道路面积来看，北京人均道路面积也远低于上述几个城市。

表 2-13 城市基础设施主要指标对比

	地铁线路总长度（公里）	人均道路面积（平方米）
纽约	1179（2001）	28（1986）
伦敦	418（2001）	26.4（2001）
巴黎	300（2001）	10.3（2001）
东京	250（2001）	10.7（2001）
北京	228（2009）	4.7（2002）

5. 人口素质对比

每万人在校大学生数是衡量人口素质的重要指标。2009 年北京每万人在校大学生数已达到 329 人，与伦敦 472 人（2003 年）、纽约 516 人（1989 年）、巴黎 1154 人（1989 年）、东京 582 人（1990 年）的水平相比，仍然很低。

表 2-14 人口素质主要指标对比

	每万人口拥有在校大学生数（人）
伦敦	472（2003）
纽约	516（1989）
巴黎	1145（1989）
东京	582（1990）
北京	329（2009）

6. 高端服务业发展对比

就高端服务业发展的内部要素而言，企业素质、当地要素和当地需求素质指标，北京市已经超过新加坡和香港，内部结构指标更是超过纽约，但在公共制度指标的表现上却存在明显劣势，纽约、伦敦、东京等几个世界城市的政府透明度、政府管理效率、社会诚信体系、知识产权保护等几个指标的发育程度都相对较高，北京市的要素环境在总体上要落后于世界城市。

表 2-15　世界城市与北京管理体制比较

指标	纽约	伦敦	东京	新加坡	香港	北京
政府透明度	透明	透明	透明	透明	透明	不够透明
政府管理效率	高	高	较高	高	较高	不够高
全社会诚信体系	健全	健全	比较健全	健全	健全	不够健全
知识产权保护	完善	完善	比较完善	完善	比较完善	不够完善

资料来源：陆军等．世界城市研究（兼与北京比较）．北京：中国社会科学出版社，2011.

总之，北京也具有较大的城市规模和人口密度，经济社会发达，历史文化悠久。随着中国国际地位的不断提高，北京在国际政治经济上影响也日趋增强，已成为名副其实的国际大都市。但与其他国际都市相比，北京在主要经济指标，经济基础上还存在一定差距，在全球影响力的国际组织数量、环境问题、人口素质、要素环境、公共制度等方面需要进一步的提升。

二、首都建设科技创新中心的总体目标

（一）目标建议与指标梳理

1. 北京市“十二五”规划相关指标体系

在加强与十八大报告、十八届三中全会决定、中央六号文件提出的目标要求以及《国家中长期科学和技术发展规划纲要（2006—2020 年）》、《北京市“十二五”时期科技北京发展建设规划》、《北京市国民经济和社会发展第十二个五年规划纲要》、《北京市十二五时期绿色北京发展建设规划》、《北京市“十二五”时期国际商贸中心建设发展规划》、《北京技术创新行动计划（2014—2017 年）》等相关指标衔接的基础上，梳理有关目标及指标建议，如下（括号内“2015”、“2017”代表达到对应指标的年份）：

①全社会研发经费支出占地区生产总值比重大于 5.5%（2015）；企业研

发经费支出总额达到450亿元（2015）；每万劳动力中研发人员达到210人年（2015）；每万人PCT国际专利申请量达到0.55件（2015）；工业企业新产品销售收入占产品销售收入比重达到30%左右（2015）。

②技术交易额超过1800亿元（2015），向全国辐射与扩散能力显著提高；技术交易增加值占地区生产总值比重达到9.5%（2017）。

③战略性新兴产业增加值占地区生产总值比重达到25%（2017）；高技术产业、信息服务业和科技服务业增加值超过3500亿元（2015），占地区生产总值比重达到34%（2015）；中关村国家自主创新示范区总收入达到6万亿元，对首都经济增长贡献率达到25%（2015）。

④万元GDP能耗、万元GDP二氧化碳和主要污染物排放持续下降，节能建筑占现有民用建筑的比例高于67%（2015）。

⑤认定市级重点实验室累计达到300家左右，市级工程技术研究中心累计达到200家左右（2015）。

⑥每千人（全市长住人口）互联网用户数超过300户（2015），公众科学素质达标率超过12%（2015）。

⑦累计认定的跨国工资地区总部超过300家（2015）；千亿元规模大宗商品电子交易市场超过3家（2015）；物流成本占全市地区生产总值的比重降低到12%（2015）。

2. 首都科技创新发展指数相关指标[①]

表2–16　首都科技创新发展指数相关指标

领域	一级指标	二级指标
创新资源	创新人才数量	两院院士、千人计划、海聚工程等
	研发投入强度	全社会R&D经费内部支出强度、大中型工业企业R&D经费支出强度、高技术产业R&D投入强度
政策环境	“广覆盖、全主体、多层次、分阶段”政策法规体系	政府采购新技术新产品支出占地区公共财政预算支出比重、企业税收减免额占其缴税额的比例等

① 从首都科技创新发展指数看北京建设全国科技创新中心的基础和优势．北京日报，2014–3–26.

续表

领域	一级指标	二级指标
人文环境	生活环境	每千人口拥有医院床位数（张）、每百名学生拥有专任教师人数（人）、城市人均公园绿地面积（平方米）、人均城市轨道交通里程数（公里）等
	国际交流	企业在境外设立研发中心的增长率、企业在境外设立研发中心数量（家）、外资研发机构数量增长率、外资研发机构数量（家）、举办大型国际会议和展览的数量增长率、举办大型国际会议和展览的数量（次）
服务创新	技术市场	技术交易额增长率、吸纳全国技术合同成交额增长率、技术市场下的吸纳全国技术合同成交额
金融创新	–	“新三板”累计挂牌企业总数、行业分布
科技创新引领	–	每亿元 R&D 经费 PCT 专利数（件）、每万人发明专利拥有量(件)、每亿元 R&D 经费技术合同成交额(亿元)
产业机构优化	–	企业中有科技活动企业比重、第三产业增加值占地区生产总值比重、现代服务业增加值占第三产业增加值比重
生态建设与绿色发展	–	万元地区生产总值水耗（立方米）、万元地区生产总值能耗（吨标准煤）、城市污水处理率、生活垃圾无害化处理率
区域创新引领与合作	–	流向京外技术合同成交金额占北京技术合同成交总额比重、全球 500 强企业在京总部数量增长率、每亿元 R&D 经费发明专利授权量等指标

（二）发展思路与“五个率先”发展目标

1. 发展思路与目标

坚持以邓小平理论、“三个代表”重要思想、科学发展观为指导，深入贯彻党的十八大、十八届三中全会和习近平总书记系列重要讲话精神，以深入实施创新驱动发展战略、推动经济社会发展全面转型升级为战略主线，大力推动科技创新为核心的全面创新，依靠创新创业打造经济社会发展的新引擎和新动力。打造全球创新中心，深入实施人文北京、科技北京、绿色北京战略，坚持创新驱动构建高精尖经济结构，坚持首善标准，紧密围绕国家重大战略需求和首都城市战略定位，探索、处理好发展与开放的关系，加快建成改革高地、创新高地，率先形成创新驱动的发展格局，提升政府服务能力，打造优质创新环境，培育创新文化。

到 2020 年，率先打造全国创新驱动发展新龙头；率先成为全球创新资源集聚区；率先成为颇具活力的全球创新活跃区；率先成为全球创新网络的核心枢纽；率先打造全球一流的创新生态。强化北京作为全国政治中心、文化中心、国际交往中心、科技创新中心的城市战略定位，担当好科技创新引领者、高端经济增长极、创新创业首选地、文化创新先行区和生态建设示范城五种责任，高端人才和各类创新要素聚集、辐射能力显著增强，突破科技创新体制机制障碍，最大限度释放首都创新效能，强化中关村龙头带动作用，推进重大技术突破和战略性新兴产业集群式发展，凝聚国际一流创新要素，建立和完善区域创新功能链，构筑京津冀协同创新体系。

2.“五个率先”含义

其一，率先打造全国创新驱动发展新龙头。推动科技与经济紧密结合，充分发挥科技在首都经济和社会发展中的支撑引领作用，切实打造高端经济增长极。优化三次产业结构，突出高端化、服务化、集聚化、融合化、低碳化，加快培育和发展战略性新兴产业和现代服务业。让互联网大数据技术成为现代服务业重构和商业模式创新的重要支撑，构建与首都城市战略定位相匹配的“高、精、尖”经济结构。突破一批核心、关键和共性技术，形成一批技术标准，转化一批重大科技成果，让先导技术成为发展战略性新兴产业的“源动力”。以企业为主体的技术创新体系进一步完善，培育一批具有国际竞争力的创新型企业和国际知名品牌，做强做大“北京创造”和“北京服务”品牌，提高经济增长质量和效益。在实施创新驱动、加快经济发展方式转变方面充分发挥示范带头作用。

其二，率先成为全球创新资源集聚区。扩大科技开放合作、增强自主创新能力，率先成为科技创新引领者。以全球视野谋划，在更高起点上推进自主创新，提高原始创新、集成创新和引进消化吸收再创新能力。积极争取国家科技重大专项和重大科技基础设施在北京布局。紧紧围绕国家创新战略，部署一批前沿性、探索性技术研发，产生一批标志性技术甚至颠覆性技术，实现从“跟跑者”到“领跑者”的跨越。在加强科技开放合作、建设中国特色世界城市和全球最具活力的科技中心方面充分发挥示范带头作用。

其三，率先成为颇具活力的全球创新活跃区。促进科技与文化融合发展，完善人才发展机制，加快构建文化创新先行区和全球创新创业的首选之地。首都科技、教育、文化等资源优势充分彰显，提高重点文化领域的科技支撑水平，城市文化软实力显著提升，全国文化中心功能显著增强。充分发挥中关村创新文化作用，营造鼓励创新、宽容失败的社会氛围。不断完善全社会参与的创新创业服务体系，鼓励公众参与创新，营造良好的创新生态环境。在打造与国际接轨的服务环境，汇聚全球高端人才方面充分发挥示范带头作用。

其四，率先成为全球创新网络的核心枢纽。充分发挥北京的国际大都市优势，抓住经济全球化和国际创新要素加快转移、重组的机遇，深化科技对外开放合作，提升北京科技创新的国际化水平，提升引进消化吸收再创新能力。围绕大气污染治理、交通管理、水环境建设、食品安全、重大疾病防治等可持续发展和重大民生需求，学习国际成功经验，携手应对全球共同挑战，努力把北京建设成为经济发达、社会健康、生态良好的国际示范城市。在破解生态环境难题、提供先进理念和科技支撑方面充分发挥辐射带动和示范引领作用。

其五，率先打造全球一流的创新生态。建设国际一流的和谐宜居之都，科技支撑城市可持续发展和服务民生重大需求的能力显著提升，全力打造生态建设示范城。城市管理的精细化、智能化水平进一步提高，防灾减灾和应急处置能力进一步增强，城市运行更加安全高效。营造良好政策环境，形成协同创新的合力。产学研用协同创新的利益分配机制取得新突破，产业、经济、科技、消费等政策资源实现深度融合。加大金融创新力度，促进社会资本与科技创新深度对接。进一步打破行业壁垒、部门分割和所有制限制，跨部门、跨领域、跨区域的统筹协调机制不断健全，科技创新政策体系进一步完善，建立主要由市场决定技术创新项目、经费分配和成果评价的机制。着力打造“创新友好型政府”和“创新友好型环境”。在深化科技体制改革、营造良好政策环境方面充分发挥示范带头作用。

3. 目标和指标建议

根据首都建设全球创新中心的总目标，借鉴首都科技创新发展指数、国家高新区创新能力评价分析框架等。北京市实现领先全国创新发展，建设全球创新中心目标的分析从创新驱动发展、创新活动与绩效、创新国际化水平、创新发展环境等五个方面，综合形成了衡量首都创新 2020 的目标和相关指标建议。

（1）在创新驱动发展方面，率先打造全国创新驱动发展新龙头

衡量的是创新所带来的综合发展成效，是创新绩效提升后所实现社会经

济效率改善。主要体现在劳动生产率和投资利润率的提高、环境资源损耗率的下降、智力资本价值得以体现和人的全面发展、民生改善与可持续发展、对宏观经济支撑作用的增强等方面。

创新驱动发展参考指标包括：地区 GDP 占国家 GDP 比重、科技进步贡献率、战略性新兴产业增加值占地区生产总值比重、高技术产业、信息服务业和科技服务业增加值及比重、知识密集型服务业增加值占地区 GDP 比重、当年新增科技型企业数占企业总数比重、每万劳动力中研发人员数量、具备基本科学素养的公民比例（公众科学素质达标率）、每千人（全市长住人口）互联网用户数、千亿元规模大宗商品电子交易市场数量等。

（2）在创新投入与创新资源集聚方面，率先成为全球创新资源集聚区

关注创新要素资源和基础条件，具体包括研发人员、研发经费、政府投入、研究经费、技术交易和高新产业聚集程度的指标以及新兴产业基础设施等。

创新投入与创新资源集聚的参考指标包括：全社会研发经费支出占地区生产总值比重、企业研发经费支出、企业研究与试验发展人员全时当量、企业研究与试验发展投入与增加值比例、企业开展产学研合作研发费用支出、财政科技支出与当年财政支出比例、各类研发机构数量、技术交易额、技术交易增加值占地区生产总值比重、国家（市）重点实验室和技术（研究）中心数量等。

（3）在创新活动与绩效方面，率先成为富具活力的全球创新活跃区

核心反映创新活动的经济价值实现能力，体现的是创新经济活动的结构性特征与创新的成效。包括产业结构、就业结构、创新带来的盈利能力等方面指标。

创新活动与绩效的参考指标包括：高新技术产业收入与营业收入比重、企业 100 亿元增加值拥有知识产权数量和各类标准数量、年龄低于 5 年有专利的企业、企业注册商标、企业当年完成的技术合同交易额、高技术服务业（科技服务业）从业人员占从业人员比重、企业销售收入利润率、工业企业新产品销售收入占产品销售收入比重、每万人 PCT 国际专利申请量、中关村国家自主创新示范区总收入及对首都经济增长贡献率等。

（4）在创新国际化方面，率先成为全球创新网络的核心枢纽

是指以自主创新为基础参与国际竞争的能力，重点强调创新带来的产业全球价值链提升。包括整合利用国际创新资源、自主创新企业海外拓展、以技术为基础的高附加值出口以及多元化国际人才等。

衡量创新国际化水平的参考指标包括：认定的跨国公司地区总部数量、认定的跨国公司研发机构数量、内资控股企业设立的境外研发机构数量、内资控股企业每万名从业人员拥有的 PCT 专利授权数量及境外注册商标数量、技术服务出口占出口总额的比重、企业委托境外开展研发活动费用支出、企业从业人员中海外留学归国人员和外籍员工所占比重等。

（5）在创新发展环境方面，率先打造全球一流的创新生态

关注生态环境、政府提供服务及政策环境、各类创新主体共同构建的氛围与支撑条件等。

参考指标包括：万元 GDP 能耗、万元 GDP 二氧化碳和主要污染物排放、节能建筑占现有民用建筑的比例、各类创新机构（科技服务机构）数量、科技企业孵化器及加速器内企业数量、创投机构当年对企业的风险投资总额等。

三、首都建设科技创新中心的战略路径

1. 吸引和培养尖端创新创业人才

加强以事业吸引全球尖端创新创业人才。加快推进人才特区建设。加快推进高端领军人才的聚集，顶尖人才及创新团队的引进，重点吸引具有国内外先进水平的战略科学家、科技领军人才、科技企业家和高科技创业团队到北京创业，带动拥有自主知识产权的高端项目和战略性新兴产业发展。完善人才发展平台，抓好雏鹰人才基地、高端人才创业基地、文化创意产业高端人才创业基地的建设。搭建高层次人才的自主创新平台和创业支持体系。继续深化股权激励、科技经费使用、高端人才、政府采购、工商管理等先行先试的改革试点，建设国际化的创新创业品牌，支持外国专家和外国人才创新创业，营造有利于科技成果转化和自主创新的环境。

加强和完善利用“大项目”、“大平台”人才培养模式。高水平基础研究基地应面向产业和区域发展急需，坚持以高质量的基础研究活动培养高质量的人才。顺应“构筑大平台，凝聚大团队，承担大项目，培育大成果，实现大转化”的战略目标，切实加强高水平基础研究基地与“大项目”的结合，把握产业创新中的产业链、价值链和技术链，着力瞄准高端技术，突出重点，开展多学科交叉重点攻关，通过重点突破一批制约产业创新发展的瓶颈技术和尖端技术，培养一大批国家、产业和区域发展所急需的高水平人才。通过“人才 + 项目”的运行模式，在“研发一批、储备一批、发展一批”的同时，加

快科技创新领军人才和科研团队的培养。最近发布的“京校十条”和“京科九条”，在科技成果使用、处置和收益权改革方面实现了重大突破，高等学校、科研机构科技成果转化所获收益可按 70% 及以上的比例，划归科技成果完成人以及对转化做出重要贡献的人员所有，相信这将极大地调动科研人员研发和转化科技成果的积极性。

加强科学灵活的制度设计，促进科技人才高效流动。完善科技人才培养、使用、激励等方面的机制，加强科技、教育和人才三方面的战略规划之间的衔接，重视各项人才计划的统筹协调与综合利用。加强保障性制度建设，完善人才流动机制。建立高等学校和科研院所科技人员的强制性流动制度，在高等学校、科研院所和企业互设流动岗位，设置科技人员在一定时期内的流动比例。建立高等学校、科研院所和企业相互承认的职称评审制度，并将科研人员一定时期在其他机构工作的情况作为考核的主要内容。

2. 打造先发的战略能力

重点从战略前沿高技术、基础研究和科技创新基地三个方面，打造首都的战略能力，提升首都创新基础，在国际竞争中争取主动权。战略前沿高技术主要面向未来的高技术产业竞争相关的前沿技术研发能力，基础研究主要面向开创性、探索性的新知识创造，科技创新基地主要面向前沿技术研发、高新技术开发和基础研究提供科研基础条件和平台支撑。

首都加强基础研究，努力成为科技创新引领者，要结合首都战略需求与科学前沿，坚持服务国家目标与鼓励自由探索相结合，遵循科学发展的规律，重视科学家的探索精神，突出科学的长远价值，稳定支持，超前部署。着力培育一批高水平的大学和研究机构。积极支持首都高等学校和科研院所在基础研究、前沿技术研究等领域的原始创新，引导和鼓励高校和科研院所开展学科前沿探索，集成资源，培育形成若干优势学科领域。产生一批标志性甚至于领跑型的成果，储备一批前沿甚至是颠覆性技术，引进和培育一批具有世界一流水平的创新团队，努力建设全球最具活力的科技创新中心。在面向国家战略需求的同时，北京要进一步强化应用基础研究，满足首都发展瓶颈问题、关键问题、重点领域的科技需求。

突破战略前沿高技术产业领域重大关键、共性技术，加速战略高技术产业发展，是扩充首都经济总量，提高经济发展质量的战略选择。北京前沿技术的研究主要依托中央在京科研力量及部分市属科研力量而展开，国家战略和北京长远需求是推动北京发展前沿技术的两大推动力。

3. 促进创新引领高精尖产业升级

以培育和发展战略性新兴产业和知识密集型服务业为重点，以完善产业共性技术和应用技术研发服务体系为依托，强化核心专利、高端品牌和关键标准的创造、应用和保护，着力增强首都科技创新活动在全球创新创业格局中的话语权和控制力。

加快培育创新型跨国龙头企业，提升本土企业的国际竞争力。聚焦重点行业、优势产业，引导企业跨行业、跨区域兼并重组，提高企业的规模和质量。大力发展以龙头企业牵头，高校、科研院所和中小企业共同参与的产业技术创新战略联盟，着力培育一批拥有自主知识产权和知名品牌、具有核心竞争力和较强国际经营能力的创新型企业。

培育发展战略性新兴产业和知识密集型服务业，抢占全球价值链高端。坚持城市功能提升、市场需求引领和新技术应用带动，聚焦新一代信息技术、高端装备制造、生物医药、新能源、新材料、节能环保和新能源汽车等战略性新兴产业，聚集国内外创新创业资源，推动产业发展内生机制和产业组织创新，培育发展创新集群。加快发展知识密集型的生产性服务业和生活性服务业，不断拓展新领域，发展新业态，培育新热点，推进品牌化、网络化、国际化经营，抢占全球价值链高端。

培育核心专利和关键技术标准，提升产业价值链掌控能力。深入实施知识产权战略，促进知识产权的创造和运用，完善知识产权资助政策和奖励制度，重点支持企业、研究院所和高校创造自主知识产权，培育和形成一批产业核心专利和重大技术标准，逐步提升对全球产业价值链的掌控能力。

4. 扩大区域辐射带动力

立足国内、面向全球，积极开展国内外科技合作交流，培育、集聚、形成一批具有较强服务和辐射能力的机构、设施和成果，推动首都在服务京津冀、辐射全中国和走向全世界中提升综合服务辐射能力。

以中关村为核心，以重点领域和关键技术为突破口，全力打造科技创新核心功能区。充分发挥创新资源优势，进一步创新体制机制，积极优化园区创新创业环境，建设以一流的基础设施、社会配套设施、生活设施为主体的研发环境、孵化环境、生产环境、人居环境和生态环境。大力吸引企业、高校和科研院所入驻，着力研发和转化国际领先的科技成果，做强做大一批具有全球影响力的创新型企业，培育一批国际知名品牌，全面提高首都自主创新和辐射带动能力，进一步增强首都整合全球创新资源和服务国家战略的能力，成为自主创新的战略高地[①]。

建立区域科技合作新机制，完善京津冀协同创新政策体系，营造支撑引领京津冀一体化发展的创新创业环境。共建科技创新综合改革试验区，协同开展科技体制机制创新、人才吸引聚集、金融服务创新、投资贸易便利化等方面的体制机制改革。打造大区域的创新创业生态系统，共同构建区域一体化的创新创业生态系统和高精尖经济结构，打造创新驱动为根本的首都经济群，建设世界级创新经济群。建设“天津滨海—中关村科技园”、“京津科技创新示范区”等战略性新兴产业和高技术产业聚集区、积极推动园区间的创新合作，合作建立跨区域的科技资源服务平台、企业孵化平台、产业技术联盟，构建技术流动、创新对接的平台，设立重大创新合作专项推进园区建设与发展。

以首都创新中心加速区域经济和创新一体化进程。强化首都作为前沿基础研究的倡导者和战略高技术的策源地，与重点区域的重点国家开展联合研究，建立首都科技创新合作网络，推动北京的高等教育和科研机构与其他国家的首都高等教和科研机构开展重点领域的前沿基础研究和战略高技术研究。强化首都作为战略新兴产业发展的先行者和高新技术产业发展的引领者，更加积极主动地与重点区域的重点国家开展战略性新兴产业合作，不断将北京具有比较优势的产业转移到重点区域的重点国家，开展本地化合作开发和不断拓展国外市场，利用当地科技创新资源，推动高新技术产业，尤其是一些产能过剩的行业“走出去”。强化首都作为国际科技合作交流的关键节点和创新共同体建设的执行者，实现大规模、高质量、全方位的“走出去”和“引进来”。吸引外资研发机构、国际科技组织和跨国公司的研发总部，更加强调从招商引资，转变为招才引智，使北京成为国际高端创新资源的集聚地。另一方面，北京也要发挥自身所有的优势科技资源，包括大量的央企、高校和科研机构，积极地走出去，与境外的企业、高校和科研机构合作，开展针对性更强的科技创新合作，不断推动我国与重点国家建设利益更加紧密的创新共同体。

① 北京科学学研究中心创新课题研究组．浅析北京建设创新型城市战略路径的选择．科技智囊，2008，（3）．

5. 营造开放、弹性的创新制度环境[①]

创新政策体系构建和制度改革的重点应进一步聚焦于完善以企业为主体、产学研一体化、高度开放的技术创新体系，构筑具有国际吸引力的创新生态系统，全面提高企业以撬动北京市场为支点、向国内外市场广泛辐射为终极目标的核心竞争力。

加快北京市属高校、科研院所的现代大学和科研院所制度建设。《北京市中长期教育改革和发展规划纲要（2010—2020 年）》提出探索建立中国特色现代大学制度，这为北京市加快市属高校制度建设提供了基本依据。北京应加快推动制定市属高校和科研院所的相关立法，从法律上明确市属高校的办学自主权、校长负责制、教授治学、校务公开、学校章程等内容。鼓励在地域上高度集中的若干大学、科研机构通过构建战略合作伙伴关系组成大学联合体，通过将成员机构的某些事权和资源进行互助共享，推动成员机构在教学、研究和服务等方面开展更深入的合作，形成更加紧密的大学、研究机构教学科研集群。

深入开展科研院所、国有企业股权激励和分红试点，扩大股权激励试点范围，大胆推进科研成果处置权和收益权方面的制度改革和政策细化。让科技成果的拥有者真正敢于、勇于转化科技成果，在科技成果实现市场价值的同时，让所有参与者都从中真正受益。制定灵活的国有科研院所专利付费和激励制度，鼓励市属和中央所属大学和研究机构合理分配知识产权收入。重新评估和改革国家科研院所和大学的专利申请程序及合作研发协议签订办法，简化专利转让申请手续。

组建专门支持创新的国有资本投资公司。可考虑以北京市国有资产经营有限责任公司为基础，组建北京市国有资本投资公司，主要针对处在培育期的重大新技术和新产业，采取产业基金、高技术投资公司、风险投资、担保公司等形式实现运作，对在中长期内具有重要战略意义的项目进行持续投资，争取在所投资领域实现重大突破，进而带动民间投资全面参与进来，从而改变和提升有关战略性新兴产业的国际竞争地位。

大力实施创新券等科技金融制度，助力中小企业创新。创新券制度源于欧洲，它作为一种专门的“创新货币”，不但可以满足缺乏基础创新能力的中

---

① 孟景伟．构建最富活力的创新创业生态系统 加快建设具有全球影响力的科技创新中心．中国科技产业，2014，（5）．

小企业的基本要求，还能帮助有丰富创新成果的高校和研发机构更好地与企业合作、扩散知识[①]。大力支持互联网金融发展，支持天使投资等新兴科技金融业态发展，通过制定政策、搭建平台、财政补偿、行业自律等多种方式，发展天使投资机构。

创新政府采购支持政策。完善新技术新产品和新技术服务的评价体系，运用首购、订购政策支持创新产品的推广应用，研究制定本市产品的政府采购政策，改进和加强政府采购进口产品和服务的管理，对应用节能减排等社会效益明显的创新产品、技术、服务给予用户补贴和税收优惠。政府采购资金达到一定额度以上的，必须有一定比例专门面向中小微企业的采购。实施商业化前的创新产品政府采购计划，针对中小企业处于商业化前研发阶段的创新产品，由政府采购进行试用并进行反馈。大力推行政府购买合同化，重点用于采购企业的新产品、新技术、新服务，定期公布政府未来采购需求和方向，为企业创新指明方向[②]。

---

① 郭丽峰，郭铁成 . 用户导向的政府创新投入政策——创新券 . 科技创新与生产力，2012，（8）.

② 王文涛，郭铁成，邸晓燕 . 英国“约定采购”让创新贴紧市场 . 经济参考报，2013-9-5.

第三章　2020：建设更加开放的科技创新体系

区域创新体系是国家创新体系的重要组成部分，对于区域科技创新发展和发挥科技创新作用支撑经济和社会发展具有重要作用。首都科技资源丰富、创新主体创新能力较强、科技中介服务体系也较为完善，为提升首都区域创新能力、打造全国科技创新中心奠定了良好的基础。

一、区域创新体系的构成及发展态势

（一）区域创新体系构成

区域创新体系是国家创新系统的基础和分支，区域创新系统的产生是一个演化积累的过程，可分为四个阶段①：

第一阶段是20世纪20年代美籍奥地利经济学家熊彼特在《经济发展理论——对于利润、资本、信贷、利息和经济周期的考察》一书中，首次将“创新”引入经济学的范畴，提出了创新理论，并认为创新是新技术、新发明在商业中的首次应用，是建立一种新的生产函数，即实现生产要素的一种从未有过的新组合。

第二阶段是创新系统概念的提出。门斯在其《技术的僵局》一书中，分析创新与经济发展周期的规律问题时，研究了基本创新的集群式出现的现象。

① 田育飞．区域创新系统理论的研究评述．合作经济与科技，2007，（6）：22-23.

创新集群概念的出现可以被看作创新系统概念的一种重要形式。

第三阶段是英国学者弗里曼在 1987 年研究日本的技术政策和经济绩效时，在《技术和经济运行：来自日本的经验》一书中，首先提出了国家创新系统的概念，他将国家创新系统定义为：由公共部门和私营部门中的各种机构组成的网络，这些机构的活动和相互作用促进了新技术的开发、引进、改进和扩散。

第四阶段是随着国家创新系统研究的逐步深入，众多学者发现，如果缺乏区域的支撑，国家创新系统理论会特别的空泛和笼统，不能很好地解释区域层面上的创新活动，因此难以适应区域经济发展的要求。1992 年英国学者库克首先提出了区域创新系统的概念，并在其后对区域创新系统进行了较早和较全面的理论与实践研究，从而开创区域创新系统研究的先河。

区域创新系统理论从国外迅速传到了国内，国内众多学者在借鉴国外对区域创新系统理论的基础上，融合了我国的国情和具体实践，提出众多对区域创新系统概念的定义和看法。如黄鲁成认为，区域创新系统是在特定的经济区域内，各种与创新相联系的主体要素（创新机构和组织）、非主体要素（创新所需要的物质条件）以及协调各要素之间关系的制度和政策网络[①]。丁焕峰认为区域创新系统是指一个区域内参加新技术发展和扩散的企业、大学及研究机构、中介服务机构以及政府组成的为创新、储备、使用和转让知识、技能和新产品相互作用的网络系统[②]。

以上观点从不同角度和层次对区域创新系统的概念进行了描述。综合分析已有的区域创新系统定义，区域创新系统概念的内涵至少有以下五点：①具有一定的地域空间范围和开放的边界；②以企业、研究机构、高等院校、地方政府和服务机构为创新单元；③不同创新单元之间通过关联，构成创新系统的组织结构和空间结构；④创新单元通过创新结构自身组织及其与环境的相互作用而实现创新功能，并对区域社会、经济、生态产生影响；⑤通过与环境的作用和系统自组织作用维持创新的运行和实现创新的可持续发展。

根据上述区域创新系统概念的内涵，区域创新系统的构成应包括三个子系统，即主体子系统、运作子系统和环境子系统。主体子系统有三个要素：一是企业；二是研究机构和大学；三是中介机构。运作子系统主要是指制度

---

① 黄鲁成．关于区域创新系统研究内容的探讨．科技管理，2000，（2）．

② 丁焕峰．论区域创新系统．科研管理，2001，（6）．

创新、技术创新、管理创新和服务创新等，即创新运作的各个环节。环境子系统是指政府的政策法规、基础设施等。区域创新体系系统构成的逻辑关系。

区域创新体系由主体要素（包括区域内的企业、大学、科研机构、中介服务机构和地方政府）、功能要素包括区域内的制度创新、技术创新、管理创新和服务创新）、环境要素（包括体制、机制、政府或法制调控、基础设施建设和保障条件等）三个部分构成，具有输出技术知识、物质产品和效益三种功能。

（二）创新体系的竞争成为未来科技创新竞争的关键

当前，新一轮科技革命和产业变革正在孕育兴起，全球科技创新呈现出新的发展态势和特征，科技创新活动不断突破地域、组织、技术的界限，演化为创新体系的竞争。美国国家情报委员会撰写的《全球趋势 2030》认为：现阶段人类面临的复杂而严峻的问题，既是对经济社会的挑战，更是对科技的挑战，需要综合运用自然科学、人文社会科学和各种技术手段去研究、创新和解决。现阶段“现代化进程强大的客观需求”和“知识技术体系的内在矛盾”正孕育着新一轮科技革命[①]。

1. 国际创新体系建设的特点和若干新趋势

近年来，国际创新体系建设呈现以下新的趋势和特点：一是知识创新体系和技术创新体系充分融合，领域前沿不断拓展。学科间交叉、融合、汇聚，新兴学科及前沿领域不断涌现。基础研究、应用研究、高技术研发边界日益模糊，并相互促进融合，从科学发现到技术应用的周期越来越短，如巨磁电阻效应（2007 年诺贝尔物理学奖），从发现到成功应用于硬盘读出磁头，间隔仅 8 年（1988—1996 年），使硬盘容量发生了从 MB 到 UB、到 TB 的巨变。二是创新模式呈现围绕创新链组织的新特征。网络和信息技术提供了强大的工具和平台，使创新呈现出全球化、专业化、社会化、网络化、集群化、平台化特点。如基于 Linnux 操作软件的开放式软件的开发，许多互不相识的编程专家或爱好者在网络参与，形成虚拟的科研组织。不同学科和专业的科研开发人才组成的创新团队，形成了沿着创新链接续创新的组织或虚拟型团队。三是协同创新成为主流。不仅各国内部创新主体之间开展合作，各国之间围绕共同的创新目标也加强创新的协同。例如，美国、英国、法国、德国、中

① 美国国家情报委员会 . 全球趋势 2030: 变换的世界 . 北京：时事出版社，2013.

国和日本等 6 个国家的 16 个基因组中心参与了人类基因组计划，投资 30 亿美元，是迄今我国参加的规模最大的国际科技合作计划。ITER 计划吸引了包括中国、欧盟、印度、日本、韩国、俄罗斯和美国等世界主要核国家和科技强国共同参与。投资上百亿美元。大型软件的研制往往通过网络把工作在几十个国家的成千上万名科学家、工程师协同工作。产学研合作更加广泛，知识共享和知识产权保护同时发展。创新资源集成化和行为主体协同化，国际创新主流模式开始走向协同创新。四是大众开放创新成为新趋势。传统的以技术发展为导向、科研人员为主体、实验室为载体的科技创新活动正面临挑战，以用户为中心、以社会实践为舞台、以共同创新、开放创新为特点的用户参与的创新模式正在逐步显现，“创客”蓬勃发展。

2. 世界主要国家高度重视创新体系的建设

世界主要国家把创新体系建设、完善创新生态，作为提高科技竞争力、促进经济社会发展的重要手段①。在创新体系建设中，主要国家形成以下做法和经验：

（1）政府在创新体系建设中发挥重要作用

政府在国家创新体系建设中具有重要的地位和作用。根据世界主要国家的经验，政府在创新体系中主要发挥保障国家安全、提供公共物品和服务，以及营造有利于创新环境的作用。美国政府在创新体系建设中，除了保障国家安全之外，在提供公共物品和服务以及创新环境建设方面也发挥重要作用。主要体现在：一是为实现公共目标配置公共资源，为确保公共利益的实现而监督和管理私人活动。美国政府对研发的介入有很强的选择性，即使在应对金融危机的特殊时期，政府仍然没偏离提供公共物品和服务的角色定位。美国总统奥巴马上任之初，在美国国家科学院年会上发表讲话，提出要增加研发投资，使研发投资占 GDP 的比重达到 3% 以上，要通过对基础和应用研究、创新和教育的大胆投资，重振美国的科学事业。二是创造使私营企业创新和竞争活动得以繁荣的商业环境，包括减少在新技术开发和商业化过程中不必要的法律、制度和经济的障碍；评价所提出的法律和规章在美国竞争中的效果；制定促进创新的政策等。基于这一定位，美国政府一直着手改革现行的联邦规章制度，力求实现在环境、公众健康与安全、消费者保护和其他方面最大限度地减少企业负担。同时，投资建设世界水平的科技基础设施一直是

① 王海燕．国家创新体系建设：经验、思考与启示．科技与法律，2010，（2）．

美国政府努力的目标。美国政府承诺要为企业提供信息通信基础设施，商业、企业和法规改革部正在调研私营部门投资下一代宽带网络面临的障碍。

英国政府“科技政策白皮书”倡导政府是科学基础的主要投资者，大学和企业合作的服务者，创新的管理者和公众科学信仰的推动者，要通过配置资源和制定激励计划来推进公共服务创新。政府的具体职责是通过制度安排，保障创新收益；优化配置创新资源，建立私营和公共部门的平衡机制，在实现对私营部门最有效刺激以促进创新的同时，保持足够的“公共性”以推进创新成果的社会应用；通过公共投入杠杆，矫正市场选择所造成的缺乏协调、公益研究落空的偏差。

（2）创新体系的开放性至关重要

越来越多的国家意识到，国家创新体系是一个开放的系统，尤其是在经济、科技全球化背景下，本国的创新体系“能否融合到有关全球知识集中的网络是发展的关键”。韩国政府认为，在这个开放和全球化的时代，国际部门不再是一个环境变量，而是研发活动的重要参与者，韩国的研发体系要从“在国内完成”变为“全球联网”，推动新的创新体系从“本国决定型”变成“全球网络型”。为此，韩国政府主要考虑这样几个因素：①摒弃传统上将外国部门看作是环境因素或是继工业、学术、研究机构等部门之后的第四个因素的观点，为此需要建立一个新的创新体系，并且对外国部门不能歧视。②扩大韩国的基础，包括研发劳动力、设施、税收和银行业，使之适应研发活动的需要。韩国的研究机构可以借此来吸引外国的研究机构。③政府必须积极促进别国的研究机构、劳动力和研发活动的发展，并大胆地开放韩国的研发体系。④积极参加诸如世贸组织、经合组织这样的国际组织。加入这样的组织对于制定与科技有关的国际法规以及改进和完善有关体制使之符合国际标准和规范至关重要。

印度的创新体系建设也非常关注开放性，印度政府表示，要通过国际合作促进印度学术机构和实验室与世界各地同行之间的国际合作计划，尤其是直接惠及印度科学发展和安全目标的那些计划，也包括作为平等伙伴参加的大科学项目。特别强调与发展中国家特别是周边国家的合作，充分利用国际科技合作给国家带来更多的利益。

欧盟通过尤里卡计划、欧洲科技合作计划和欧盟的系列框架计划的实施，以及制定有关欧洲发展的战略计划，大大提高了创新能力与国际竞争力，除欧盟成员国内部的科技合作之外，欧盟还加强了同第三方的合作，如牵头实施了伽利略计划、国际热核聚变实验堆计划（ITER）等国际大科学工程等。此外，在其第七框架计划中，原有的国际科技合作专项（INCO）被取消，代之以 10 个研究主题领域全部向第三国开放。

（3）激励企业提高创新能力

企业是创新活动的主体，企业创新能力对于提高国家整体创新能力具有重要影响，因此，世界各国纷纷采取各种措施努力提升企业技术创新能力。第一，各国通过出台相应的计划措施促进企业开展研发活动。如美国 2007 年新启动的技术创新计划，其主要目的就是帮助美国企业在国家急需的重点领域实施高风险、高回报的研究。澳大利亚政府颁布“创新计划”，计划在未来的 5 年中拨款 29.5 亿澳元用于教育、科研与开发，从而为企业发展培养高层次的知识人才，振兴信息技术、通讯以及科技领域，努力建立并加强澳大利亚“新经济”的形象。第二，各国还通过对企业研发活动减免税收而刺激企业从事技术研发。2006 年，在 30 个经合组织成员国中有 20 个对企业研发活动给予税收减免，而 1995 年只有 12 个国家这样做。同时，大多数国家的研发税收减免程度都在逐年提高。2006 年，美国因减免研发税收而少收的税款为 50 亿美元，法国和英国约为 10 亿美元，荷兰、墨西哥、澳大利亚、比利时为 3 亿～ 4 亿美元。第三，成立新型的高技术研发机构。如欧盟于 2008 年成立了欧洲创新技术研究院（European Institute of Innovation and Technology, EIT），该机构旨在整合大学、研究所及工业产业等方面的资源，促进欧洲产业技术创新，提升欧洲在创新领域的竞争力，并成为未来欧洲最重要的创新研究机构之一。作为官民结合机构，澳大利亚自主创新研究中心具有非营利机构性质，主要依靠企业和社会联合投入作为资金来源，旨在推动以企业为主的澳大利亚创新体系建设。

（4）加强创新主体间的合作与互动

各国政府积极推动主体间的互动，促进科技成果转化。美国的做法包括：一是通过大型科技发展计划促进系统各要素间的互动。联邦政府通过不断推出企业、大学和研究机构共同参与的大型科技发展计划，增强了创新体系要素间的互动，促进了国家创新体系网络的不断完善。二是允许企业之间进行联合研究开发。20 世纪 80 年代，美国政府在反垄断方面放松了有关管制，规定联合从事“竞争前技术”的研究开发不形成“托拉斯”垄断，默许通过国内企业购并行为来增强本国产业在国际市场的竞争力。三是加强官产学合作，直接支持企业技术创新和支持技术推广。从 20 世纪 80 年代起，联邦政府开始关注“官产学”结合问题，并开展了一些激励工业界 RD 的计划，其中最重要的有小企业创新研究计划、先进技术计划和制造技术推广计划等。

韩国产学研合作在组织形式上以组建产学研研究共同体、成立大学科技园以及参与国外产学研合作等方式为主。在实际运作中，一般以企业为研究开发主体，产学研合作的组织和目标紧密围绕企业需求而展开。为了保证产学研合作的高效率运作，完善的动态支援保障机制，如发达的政府科技创新管理机构体系、科学发展计划引导与健全的法律保障、研发经费投入与监管制度等，是韩国产学研合作模式的突出特征和充要条件。

（5）积极推动城市创新体系建设

越来越多的国家开始关注区域创新体系，尤其是城市创新体系建设。美国及欧盟已经形成了较为成熟和完善的城市创新体系；日本通过建立以城市为中心的区域知识集群、制定各种各样的地域振兴政策以及对研究开发据点进行整治等手段，助推城市创新体系建设；韩国自 1995 年开始加强区域创新体系的研究和政策体系的建立，现已形成发达的、发展中的和欠发达的多层次城市创新网络。

英国政府认为，空间上的创新战略必须建立在各个地区的特色基础之上。为了确保创新利益能够惠及英国各地，DIUS 将风险资本、大学、企业和地方政府联系起来，共同制定应对地方和区域挑战的创新解决方案；技术战略委员会和地区发展机构（RDA）共同制定战略，为技术研究、示范和创新平台提供资助；DIUS 与技术战略委员会等部门一起协调实施国家和区域创新计划，必要时，利用跨区域的协议来推动跨地方行政部门的创新。

（三）我国国家创新体系建设取得显著进展

我国《国家中长期科学和技术发展规划纲要（2006—2020 年）》（以下简称《规划纲要》）指出，国家创新体系是以政府为主导、充分发挥市场配置资源的基础性作用、各类科技创新主体紧密联系和有效互动的社会系统。现阶段，中国特色国家创新体系建设重点：一是建设以企业为主体、产学研结合的技术创新体系，并将其作为全面推进国家创新体系建设的突破口。二是建设科学研究与高等教育有机结合的知识创新体系。三是建设军民结合、寓军于民的国防科技创新体系。四是建设各具特色和优势的区域创新体系。五是建设社会化、网络化的科技中介服务体系。《规划纲要》发布以后，我国国家创新体系加速形成。

一是以企业为主体、市场为导向的技术创新体系格局初步形成。国家多部委联合建立技术创新体系建设政策支持和保障体系，并先后启动了一大批重大工程和行动，有力推动了这些实施意见、细则和办法落实。激励企业创新的政策措施逐步完善，企业创新要素供给环境有所改善。无论从经费投入、人员投入还是专利产出来看，企业在我国技术创新体系中的地位确实呈现出逐步加强的趋势。企业在技术创新中的主体地位更加突出。2000—2007年，企业 R&D 经费支出额占全国 R&D 经费支出总额的比例由 60.0% 增加到 72.3%，2011 年达到 75.7%（表 3–1）。产学研结合的长效机制初步形成，对完善技术创新体系建设发挥了重要作用。近年来，高等学校和科研机构自于企业的研发经费总额不断提高。2012 年，高等学校来自企业的研发经费支出达到 261 亿元，是 2006 年的 2.58 倍，占高等学校研发经费总支出的 1/3。研究与开发机构来自于企业的研发经费达到 47.4 亿元。高校和科研院所通过产学研合作，服务企业和产业的意识和能力不断增强。产学研合作模式日趋长期化，比如共建研发机构、形成科研实体等。作为产学研合作的重要载体，我国产业技术创新战略联盟已发展到 1000 余家。通过产学研合作，高校院所的科研成果在企业转化形成现实产品，产生了巨大的经济收益。据统计，在科技成果转化的各类方式中，通过固定的产学研合作伙伴转化科技成果的占到 52%，通过政府部门和技术联盟转化科技成果的各占 25%。2012 年，大学、科研院所输出具有自主知识产权的技术 34290 项，成交金额 285.8 亿元。

表 3–1　2011 年企业（规模以上）主体地位指标

企业执行 R&D 经费占总经费比重	75.7%
企业提供 R&D 经费占总经费比重	73.9%
全国 R&D 人员全时当量企业占比	75.2%
国内职务发明专利授权企业占比	61.4%
有 R&D 活动的企业数占比	11.5%
R&D 经费与主营业务收入之比	0.71%
R&D 经费与引进国外技术经费之比	13.35 : 1
新产品收入与主营业务收入之比	11.9%

二是知识创新体系建设效果显著。研究型大学在知识创新体系中的基础和主力军作用进一步巩固。高等院校科技资源投入逐渐向基础研究倾斜，

经费投入逐年稳步增长。2012 年高等院校科研经费总量超过 1150 亿元。从 2006 年到 2011 年，高等院校基础研究经费从 71.4 亿元增长到 226.7 亿元，占总 R&D 经费比率增长 7 个百分点。

科研机构分类改革稳步推进，分类改革的政策体系基本形成，通过科技计划、科研基地建设、技术创新工程建设等措施对转制科研院所创新能力建设的支持力度增强效果明显；通过知识创新工程推进现代院所制度探索，“十一五”末期，中科院在总结知识创新试点工程经验的基础上，于 2010 年下半年启动“创新 2020”，2011 年正式实施。2006 年以来，科研院所研发活动投入与产出稳步增长。在科技资源配置上，投入 R&D 活动的比例不断上升。2011 年，研究机构科技经费中 R&D 经费的比例达到 70.7%，比 2005 年上升了 8.9 个百分点；科技人员中进行 R&D 活动人员（按人头计算）的比例已达 69.8%，比 2005 年上升了 16.9 个百分点。R&D 人员人均 R&D 经费逐年增长，2011 年已达到 41.4 万元 / 人年，比 2005 年增长 73.9%，年均增长 9.6%。专利和论文大幅度增长。2005 年以来，专利申请和授权量高速增长。到 2011 年，专利申请量以及发明专利申请量分别增长了 2.5 倍与 2.6 倍；专利授权量以及发明专利授权量分别增长了 2.75 倍和 2.77 倍。在国外发表论文也大幅度增长，2005—2011 年增长了一倍。技术交易额大幅度增长。2005—2011 年，研究机构科技成果转让成交额从 127.7 亿元增长为 261.4 亿元，翻了一番。从全国技术市场成交合同金额看，研究机构是仅次于企业的重要技术输出主体。

专栏 3-1　现代科研院所的成功范例——北京生命科学研究所

建立北京生命科学研究所（NIBS）是中国政府在发展生命科学技术领域的重要战略之一。经过 5 年运行，研究水平跻身国内前列，发表了数篇国际一流的基础研究论文，具有了相当的国际影响，为我国在前沿科学领域赶超世界先进水平探索出了一条新路。

NIBS 实行理事会领导下的所长负责制。理事会是 NIBS 的决策机构，由北京市政府和国家 8 个部委成员共同组成，每届理事会任期 3 年。NIBS 所长的聘任实行国际公开招聘，由理事会聘任，科技部批准所长任职资格。科学指导委员会是 NIBS 的学术咨询机构，每届任期为 3 年，首届科学指导委员会由包括 10 位诺贝尔奖得主在内的 24 位国内外知名科学家组成，其主要任务是对研究所所长进行聘任前的学术评估，对研究所的研究工作做出评估，并提出建议。

北京市政府、科技部等部门为研究所建立了长期的经费保障机制，负责具体实施和提供主要的资金。NIBS 给每个实验室配套了足额的科研经费，并在仪器采购、日常生活方面提供尽量多的帮助，让科研人员不用再为要项目、拉经费、发论文等事务性工作操心。虽然依托于北京市政府和科技部，NIBS 却不受行政干扰。为了给科学家创造充分宽松的学术空间，NIBS 在基础设施、科研设备、科研人才等具备"国际一流"标准的同时，采用与国际接轨的管理和运行机制。实验室和科研辅助中心构成 NIBS 科学研究工作的主体。其中实验室为基本单位。实验室主任采取国际公开招聘的制度，聘期 5 年，任职到期，由科学指导委员会匿名评估，决定去留。

NIBS 采用国际同行的评价标准，没有量化指标，也不搞年度考核，实验室主任在合同期内也没有任何行政长官意志和考核评比的干扰。按照国际惯例，NIBS 先后多次面向全球公开招聘优秀人才。每位入选者都经过严格遴选，而且必须是真正站在科研前沿的生物学家。NIBS 对科研人员和实验室主任的评价不看论文篇数，而是看是否有前景，是否达到国际一流水平。

三是科技中介服务体系建设有了新的进展。《规划纲要》实施以来，我国科技中介服务体系建设得到了较快发展，围绕科技中介服务体系建设，国家和地方均出台了一系列政策措施，促进科技中介服务体系发展。在各级政府引导资金和相关政策支持下，科技中介机构的数量不断增长，为企业技术创新提供服务的能力不断提高，已成为国家创新体系的重要组成部分。2006 年以来，科技中介服务体系主体规模不断扩大，特别是综合性的科技中介服务机构数量上升较为迅猛。生产力促进中心、科技孵化器、大学科技园等机构的增长速度都较快。生产力促进中心在 2011 年底已达 2274 家，是 2005 年的 1.8 倍；2011 年的科技企业孵化器场地面积比 2005 年增长 76.26%；2013 年大学科技园达到 94 家，是 2005 年的 2 倍；截至 2010 年底，全国技术交易服务机构近 2 万家，常设技术交易市场近 200 家，从业人员近 50 万人。促进技术市场发展和繁荣是科技中介服务体系的重要功能之一。2006 年以来，全国技术交易规模逐年稳步增长，企业在技术交易市场中的主体地位进一步增强。2011 年全国技术交易总额为 4763.6 亿元，比 2005 年增长了 2.1 倍。“四技”交易结构逐步得到完善趋于平衡，单笔技术交易合同金额不断放大。

科技中介服务水平不断增强，出现了技术测试、验证认证、知识产权、企业管理咨询、风险投资、无形资产评估、中小企业创新创业等各种服务业态，创新驿站、创业苗圃、持股孵化等新型服务模式发展迅速。一些类型的科技中介服务机构专业化程度不断加深。例如 2006 年以来，专业性孵化器发展迅速。如上海，截至 2012 年底有专业孵化器 41 家，占全部科技孵化器的 56.2%，比 2005 年的 12 家增加了 2.4 倍。多家专业型科技中介在专业化、市场化运作方面取得了成功。如起源于中科院上海生科院知识产权与技术转移中心的上海盛知华知识产权服务有限公司，专业从事生命科学等高新技术领域的知识产权管理与技术成果转移服务，自 2007 年以来已经促成技术转移合同金额超 3 亿元，成为专业类技术转移机构的典范，获得中央领导、科技部领导等的肯定。

科技中介服务机构在服务创新、推动创业、增加就业等方面的社会作用有所增强。截至 2011 年底，全国孵化器为 6.1 万家在孵企业提供服务，在孵企业总收入比 2005 年增长 133.83%，带动就业人数达 125.6 万人，申请知识产权保护的企业超过 90%，获得专利的达到 60%；毕业企业累计近 4 万家，是 2005 年的 2.5 倍，其中上市企业超过 160 家。2011 年 85 家国家大学科技园的在孵企业提供就业岗位达到了 13.11 万人，比上年增加 2.6 万人，其中接纳应届毕业生 1.46 万人。

专栏 3-2　我国第一家全国性技术交易机构 2009 年成立

2009 年 8 月 13 日，第一家全国性技术交易机构——中国技术交易所在中关村国家自主创新示范区揭牌。中国技术交易所采用公司化运作方式，将开展交易咨询、技术评价、信息发布、融资促进等技术产权交易服务，充分发挥技术市场配置科技资源的基础性作用，打造技术与资本高效对接的服务平台、促进科技成果产业化的支撑平台、股权激励改革试点工作的操作平台、促进技术成果转移转化的综合服务平台。交易所将通过与专利技术登记机构、技术交易机构合作，有效汇聚有转让需求的专利技术资源形成项目库，整合央企、科技企业等技术需求方信息，通过配对、推介等方式促成交易；对同类型的专利技术或同一产业链中不同环节的专利技术进行集成，形成专利技术资产包，根据技术特点和行业特点设置专场交易；聚拢专利技术投资机构以集中采购和委托托管的方式获得专利技术，利用机构资金优势对专利技术进行中试孵化，并以转让、授权等模式进行交易。交易所的建设目标是到2010年带动技术市场合同成交额达到1300亿元，到2015年突破2000亿元。

四是区域创新体系建设扎实推进。区域创新体系已成为国家创新体系的重要支撑和基石。2006—2011年，地方财政科技拨款快速增加，目前地方财政科技拨款已在全国占据半壁江山。区域创新能力持续提升，从科技产出指标看，2006—2011年，我国各地方的专利申请量、专利授权量以及发表科技论文的数量都呈现不同程度的增长。《全国科技进步统计监测》报告显现，我国大陆31个省（市、区）自2005年以来，科技进步态势良好，各地区均取得较快进步。2005—2012年，全国综合科技进步水平指数由45.61%增长到60.28%，相对增长14.67%。另据，《中国区域创新能力报告2012》显示，上海、北京、天津、江苏、广东和浙江6个地区已基本进入创新型地区，成为我国经济发展和创新发展最好的地区。

国务院先后批复中关村、东湖和张江开展国家级自主创新示范区建设；国家发改委部署了深圳、广州、南京、杭州、苏州、无锡等16个城市开展创建国家创新型城市试点；国家科技部确定了北京市海淀区、上海市杨浦区、江苏省南京市、浙江省宁波市等20个首批国家创新型试点城市（区）。这些创新示范区已基本成为我国创新型国家建设的领头羊和排头兵，成为所在地方和区域科技经济社会发展的重要引擎。例如，北京中关村示范区2011年输出技术合同成交额达1320.6亿元，占北京市技术合同成交额七成，占全国四分之一；新创办科技型企业12277家，注册资本规模总计281.3亿元，分别占北京市新创办科技型企业的41%和47%；企业总收入实现2.45万亿元，占北京GDP的20%。上海张江示范区2011年共有研发机构1000余家、中央千人计划高端人才173名，引进科技项目1500余个、上市企业达到92家，其高新技术产业的产值已占据全市半壁江山。

专栏 3-3 区域创新试点工作如火如荼

中关村科技园区建设国家自主创新示范区。2009 年 3 月 13 日，国务院批复支持中关村科技园区建设国家自主创新示范区，北京市委、市政府也随后出台相关指导意见支持示范区开展机制体制的创新与试点。中关村科技园区围绕自主创新开展的机制体制创新试点主要包括股权激励、科技金融改革创新、国家及北京市科技重大专项项目（课题）经费使用改革、新型产业组织参与国家重大科技项目、实施支持创新创业的税收政策、政府采购等方面试点。通过先行先试，改革创新，中关村科技园区将着力研发和转化国际领先的科技成果，做强做大一批具有全球影响力的创新型企业，全面提高自主创新和辐射带动能力，使中关村科技园区成为具有全球影响力的科技创新中心。

杨浦“三区联动”模式。作为上海市一个智力资源密集的老城区，杨浦以大学为知识创新主体，以企业为技术创新主体，以大学科技园作为产学研结合和创新的平台，以公共社区作为服务于大学、企业和科技园的场所和技术转移与扩散的场所，通过营造良好创新环境、加强创新平台和公共服务能力建设、重视中小科技企业和内生发展力量、建立学校和企业联动的创新创业网络、有效整合资源等措施，打破社区、校区、园区之间无形的“围墙”，促进创新要素的充分流动和有效互动，实现大学校区、科技园区和公共社区的三区融合和联动发展。“三区联动”促进了杨浦区产业结构的优化升级、经济发展模式的根本性转变、科技教育资源优势的进一步发挥，有效推进杨浦区从传统工业区向知识创新区转型。

合肥国家科技创新型试点市建设。2004 年 11 月，作为我国第一个科技创新型城市试点的合肥全面启动国家科技创新型试点市建设工作：一是建设服务型政府：打造全国审批环节最少、服务意识最强、办事效率最高的公共管理体系；成立一把手牵头的领导小组与正局级办公室推动试点工作。二是加大科技投入、促进企业自主创新：设立科技创新基金专项实施《合肥市科技创新型企业培育计划》；探索利用种子基金、风险投资、担保资金、上市融资和银行信贷等多种方式支持企业创新，形成以政府资金为主导、社会资本参与的多元化金融支撑体系。三是省、市出台一批突破性政策措施，充分发挥财政、税收等政策杠杆，引导、鼓励、支持创新创业活动。四是通过基金、奖励、风险投资与产业英才建设工程等培育凝聚人才、推动科技人员创新创业。在科技创新试点市建设的推动下，合肥市创新环境不断优化、知识创新日益活跃，企业自主创新能力不断提升，形成了一批具有国内乃至国际领先水平的优势技术，一批汽车、家电、工程机械、微电子自主创新品牌及产业集群初步形成。

绵阳军民结合试点。1991 年，国家科委、国防科工委、国务院三线办公室将绵阳列为“军转民科技兴市”试点城市；1997 年绵阳进一步被国家认定为军转民科技开发试点市；2002 年 9 月部省共建的“绵阳国家军转民科技园”正式获批建设。绵阳围绕军民结合开展了大量机制体制创新：在经营机制上，支持企业破“三铁”（铁工资、铁饭碗、铁福利），大力推行现代企业制度；在科研体制上，政府组织组织跨军地、跨院所、跨学科的技术攻关，积极探索军民资源共享；在横向联系上，改变军工企业“大而全”、“小而全”的格局，构建军工与民用、军工与县市区多层次、不同规模的联合体，促进生产要素优化组合；在政策上，制订了针对军工科研单位、国有大中型企业和高新技术产业发展的政策，并将军民结合纳入地方发展规划。绵阳的军民结合机制取得巨大成效：军口技术溢出推动绵阳产业技术进步与升级，催生了长虹、九洲等一批“参天大树”企业集团，军转民销售收入占据全市半壁江山，军民结合已经成为推进绵阳经济社会快速发展的重要力量。

五是军民结合、寓军于民的国防科技创新体系建设进展良好。在各级部门配套政策和措施的推动下，我国国防科技工业长期以来形成的军口和民口分离的格局得到改善，国防科技工业的开放程度提高，推动了国防科技工业的市场化进程，促进了军民融合的科研生产体系建设。在已批准的 1000 多家军品科研生产许可证单位中，民口单位约占 1/3。在载人航天工程中，有 3000 多家民口企业承担了协作配套任务，其中 100 多家直接参与了研制和试验任务。已有 117 所普通高校与军队签约，累计培养国防生 8 万人，每年从地方吸引到军队的各类人才达 1 万名左右。目前，国防科研院所、国防系统高等院校以及部分军工企业在军民两用高新技术成果转化方面已经充分利用自身优势，建立了一批国防工业技术转移平台，服务于军用技术民用化、军民两用技术开发及转化等。南京理工大学建立与军民两用高新技术成果转化平台，现已成功推进装备与制造技术、光电与信息技术、化工与材料技术、电气与自动化技术、能源与环境技术、生物与医药技术等多类技术转移工作。

二、首都创新体系建设进展与成效

近年来，首都自主创新能力大幅提升，科技对首都经济社会发展的贡献明显提高，科技资源集聚效应不断增强，中关村国家自主创新示范区带动作用显著增强，科技创新创业环境不断优化，首都在创新型国家建设中的作用更加突出。

（一）首都科技创新体系构成及其相互关系

1. 体系构成

按照《规划纲要》、《中共中央国务院关于深化科技体制改革加快国家创新体系建设的意见》（中发〔2012〕6 号）和《中共北京市委北京市人民政府关于深化科技体制改革加快首都创新体系建设的意见》（京发〔2012〕12 号）的相关内容，首都区域创新体系主要包括以下基本内容：

一是技术创新体系。要建设以企业为主体、市场为导向、产学研相结合的技术创新体系，使企业真正成为技术创新决策、科研组织、科技投入和创新成果应用的主体，全面提升企业的自主创新能力。

二是知识创新体系。要充分发挥在京国家科研院所和高等学校在基础研究和前沿技术领域方面的优势，加强关键技术创新与系统集成，推动建立与产业、区域经济紧密结合的成果转化机制，在建设科学研究与高等教育有机结合的知识创新体系中实现服务国家创新战略与促进首都科学发展的统一。

三是科技服务体系。大力培育和发展各类科技中介服务机构。充分发挥高等院校、科研院所和各类社团在科技中介服务中的重要作用。引导科技中介服务机构向专业化、规模化和规范化方向发展。

四是军民融合创新体系。从宏观管理、发展战略和计划、研究开发活动、科技产业化等多个方面，促进军民科技的紧密结合，加强军民两用技术的开发。加强军民科技资源的集成，实现从基础研究、应用研究开发、产品设计制造到技术和产品采购的有机结合，形成军民高技术的共享和相互转移的良好格局，促进军民技术融合发展。

2. 相互关系

首都创新体系各体系之间相互融合、协同发展，形成的一个运行有序、统一开放的有机体。建设首都创新体系，就是要加强各创新体系间的组织与协调，使它们相互作用，实现协同创新。

知识创新体系是知识创新的源泉，以大学和研究机构为中心，通过基础研究和应用研究发现、创造新知识、培养人才，为技术创新体系、军民融合创新体系、科技服务体系提供知识、技术和人才支撑。

以企业为主体、产学研相结合的技术创新体系是首都创新体系的核心。只有以企业为主体，才能坚持技术创新的市场导向，有效整合产学研的力量，切实增强区域产业和经济竞争力。只有产学研结合，才能更有效配置科技资源，激发科研机构等知识创新系统的创新活力，并使企业获得持续创新的能力。

科技服务体系通过各类生产力促进中心、科技企业孵化器、大学科技园、技术市场、评估机构等服务机构，为促进新知识、新技术的传播及应用等提供服务，从而推进知识、技术、人才、信息等在五大创新体系之间的流动。

军民融合创新体系由参与国防科研生产的各种实体组成，通过特定的组织结构和调控制度所组成的网络结构体系，这些实体的活动和交互联系，包括生产、传播和创造性应用国防科学技术，促进武器装备和军民结合高技术产业的创新发展，从而实现与知识创新体系、技术创新体系之间的融合发展。

3. 首都区域创新体系的主要特点

区域创新体系必须与本地区的区域特点和创新资源禀赋密切相关。首都区域创新体系整体体现出“3 化 1 高”的特点：

（1）集中化

作为国家的文化、教育中心，北京是全国科技资源最为集中的地区，在科研机构数量、科研人才、科研资金、科研产出四方面都呈现出高度集中化的特点。北京地区拥有全国 1/4 的重点高校、1/3 的国家重点实验室；在京两院院士占全国一半以上；R&D 经费总额位列全国第二，R&D 经费占地区 GDP 比重远高于其他省市；北京地区获国家级科技奖励占全国两成以上，每万人发明专利的拥有量全国第一。

（2）高端化

从北京地区的经济结构来看，第三产业占地区 GDP 的比重高接近 77,%，位列全国第一；其以金融、科技服务为代表的现代服务业占地区 GDP 比重高达 50%，文化创意产业占地区 GDP 比重高达 12.2%；知识、技术密集行业已成为北京经济发展的重要支柱，首都区域创新呈现高端化态势。中关村国家自主创新示范区是国家创新体系的关键节点。高新技术产业是中关村园区产业主体，电子信息、先进制造等战略性新兴产业已成为园区的重要支柱产业。

（3）开放化

作为我国的国际交流中心，北京的区位优势和科技资源优势成为众多跨国公司和国际组织设立研发机构的首选之地。2011 年，全球 500 大公司（跨国公司和大型企业集团）在京投资企业 495 家，外商投资研发机构超过 200 家，并呈现高度增长态势，并成为北京创新体系中不可忽视的组成部分。在京外商投资研发机构母公司主要位于发达国家（地区），主要从事通信设备、计算机及其他电子设备制造业、计算机服务业、软件业等高技术行业。

（4）高辐射

北京已担负起全国“创新飞地”的使命。一方面北京地区的人才和科技资源成果要服务全国各地的经济社会发展；另一方面，北京要通过国际交往中心的地位吸引全球优秀的科技成果和人才融入全国创新体系。北京是全国自主创新特别是原始创新的龙头，承担着新兴产业的技术供给功能。北京市技术合同成交额占全国的 40%，以绝对领先优势成为国内最大的技术交易中心。八成技术成果流向京外，对全国技术创新起到了重要的辐射作用，并成为全国技术创新网络的中心节点之一。

（二）首都创新体系建设的进展

1. 企业技术创新主体地位进一步强化

首都企业研发经费支出快速增长，2005 年为 160.6 亿元，到 2011 年达到 322.96 亿元，6 年时间翻了一番。高技术产业 R&D 经费支出增长更快，2011 年达到 74.2 亿元，是 2007 年 2.55 倍。

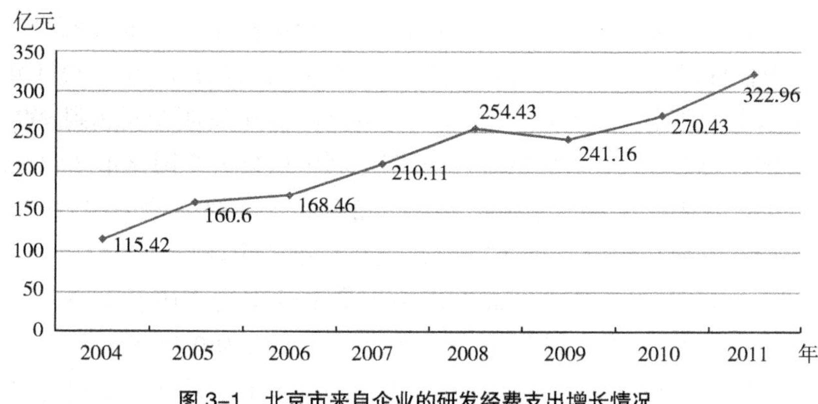

图 3-1 北京市来自企业的研发经费支出增长情况

从研发投入强度来看，2011 年，北京市规模以上工业企业研发投入强度达到 1.05%，比全国平均水平高出 0.34 个百分点，位居全国第一。企业在 R&D 经费支出中所占比重也有所提高，2011 年达到 34.48%，比 2010 年提高了 1.57 个百分点。

北京市企业创新活动较全国其他地区较为活跃。2011 年，北京市有研发机构的企业数占企业总数中的比重达到 14.98%，比全国平均数高出 7.17 个百分点，仅次于浙江，居全国第二位。有研发活动的企业数占比达到 24.85%，居全国第一位，全国平均水平仅为 11.5%。

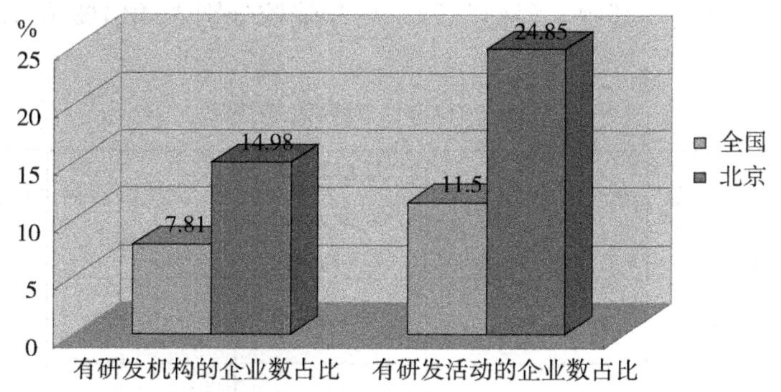

图 3-2 2011 年企业创新活动比较

企业研发人员快速增长，到 2011 年，北京地区规模上工业企业 R&D 人员达到 67421 人；R&D 人员全时当量达到 49829 人年，其中研究人员 R&D 人员全时当量达到 15914 人年。技术市场不断壮大，2011 年，北京技术合同成交总额 1890.28 亿元，比上年增长 19.67%，在全国技术合同成交额中达到约 40%，有力地促进了企业创新能力的提升。专利数量快速增长，2011 年，北京市规模以上工业企业专利申请数达到 13041 件，其中发明专利达到 6997 件，分别比 2009 年增长 85.88% 和 95.83%，发明专利申请数占全国比重达到 5.19%；规模以上工业企业有效发明专利数达到 7342 件，比 2009 年提高 42.07%。

企业创新效率相对较高。2011 年，北京市单位企业申请专利数和发明专利数分别为 3.48 件和 1.87 件，而全国平均水平分别为 1.19 件和 0.41 件；单位企业拥有的有效发明专利数为 1.96 件，全国平均为 0.62 件。从单位 R&D 经费投入取得的专利申请数来看，2011 年，每投入 1 亿元 R&D 经费，北京市规模以上工业企业申请专利和发明专利约 79 件和 42 件，比全国平均水平分别高出 15 件和 20 件。

2. 首都创新资源密集，知识创造水平较高

北京目前拥有数量众多的各类科研机构、高等院校。2011 年，全国 R&D 经费支出 8687 亿元，其中北京经费支出 936.64 亿元，占全国的 10.8%。在政府 R&D 经费支出中，我国政府资金为 1882.97 亿元，其中在北京市支出的占 26.44%，远高于第二位的上海（9.34%）。

与全国和珠三角、长三角等地区不同，北京的特点是科研院所和高等院校的 R&D 活动高于企业的 R&D 活动。根据北京市第二次全国 R&D 资源清查（2009 年）的数据，科研院所和高等院校的 R&D 经费占全市 58.6%，比全国高出 33.4 个百分点。其中，科研院所、高等院校分别占 48.1% 和 10.5%。

表 3–2 2011 年北京科研机构情况

分类	机构数（个）	从业人员年末人数（人）	从事科技活动人员（人）	科技经费筹集（万元）	科技经费支出（万元）
北京科研机构合计	280	71549	71203	3181219	3075402
中央在京科研机构	218	61117	62545	2841491	2752763

而在北京的科研院所和高等院校中，中央属科研机构、高等院校的科技资源占据绝对的优势。截至 2011 年，北京有科研院所 280 个，高等学校 79 所，其中中央所属科研院所为 218 家，教育部直属和国务院委办属高等学校

为 36 家。以科研机构为例，2011 年中央在京科研机构占北京科研机构总数的 77.9%；科技经费筹集额（284.1 亿元）占北京科研机构科技经费筹集总额的 89.3%。

表 3–3　2011 年北京地区科研院所情况

	科研院所				
	合计	中国科学院	中国社会科学院	国务院部门	北京市
院所数（个）	280	40	37	154	49
自然科学院所	187	39	0	107	41
R&D 人员（万人）	5.9	3.4	0.3	1.9	0.3
人均 R&D 经费（万元）	33.1	32.6	20.1	36.0	35.0

中央在京高校和科研院所的高端人才为北京持续发展提供支撑。据 2010 年统计，在北京地区科学院院士有 437 名，占全国的 63%，工程院院士 361 名，占全国的 49%，而且这些两院院士绝大多数都在中央在京高校和科研院所内。中央在京高校和科研院所承担了部分北京市科技计划项目并取得了很好的效果。

表 3–4　2010 年北京地区两院院士情况

	两院院士		占全国比重（%）
	合计（人）	北京市属单位（人）	
中国科学院院士	437	1	63.0
中国工程院院士	361	9	49.0

资料来源：根据中国科学院、中国工程院网站内容整理，数据仅供参考。

此外，中央在京高校和科研院所的提供的人才是企业设立总部和研发部门不可忽视的重要方面。还将会有越来越多的跨国公司地区总部和职能总部，尤其是研发总部落户北京，可以提供高端就业岗位，并有力的拉动北京税收增长。2011 年《财富》世界 500 强中，总部设在北京的企业有 41 家。北京还聚集了跨国公司地区总部 82 家，外商投资公司 183 家，外资研发中心 353 家。

3. 首都创新主体加强互动，产学研结合日益紧密

中央在京高校和科研院所加强与地方合作，形成科技资源开放共享、创

新联盟等多种产学研合作模式。

一是产业技术创新联盟模式。北京通过产业技术创新联盟推动创新活动和成果转化。通过联盟组织，中央在京高校和科研机构基本上都参加了北京市的产业技术创新战略联盟，并在其中发挥了重要作用。产业技术联盟在联合研发、成果转化、标准创制等方面发挥了重要作用，形成多种产学研联盟协同发展，集成创新的活跃局面。据 2010 年的统计，北京地区产业创新联盟约为 120 个左右，聚集了 180 多家国家级重点实验室、工程实验室和工程（技术）研究中心等一批共性技术研发平台，占全国的 30% 以上，展现出蓬勃的生机与活力。

产业创新联盟有效地组合了各成员的创新力量，使创新资源在更大范围、更高层次上得到有效配置，提高了资源的利用率。同时成员之间拥有不同的科研技术，通过企业、高校、院所与政府间的合作使各自的技术创新优势积累、叠加，并通过合作、交流等方式对技术创新的探讨与碰撞产生新的突破，从而满足产业发展、科技创新、资源价值增值等对技术的需要，更加有力地促进了社会生产力的发展。

以中关村数字视频产业技术创新联盟为例，中关村数字视频产业技术创新联盟成立于 2010 年，该联盟由从事数字视频内容数字化与网络化生产、管理、运营技术全面支撑服务的中央在京高校和科研院所、国内外著名企业、中关村开放实验室及其他产业技术创新型单位组成，旨在促进我国数字视频内容生产、管理、运营服务产业链健康、安全、快速发展和有成效地拉动产业链产值。联盟成员包括知名企业 38 家、高校 5 所、国家级研究机构 4 家、事业单位 1 家，其中包括 6 个中关村开放实验室、2 个全国性产业标准技术委员会。他们涉及的科技、产品与市场能力涵盖了数字视频内容生产制作、存储管理、版权交易、运营服务等产业链上下游的各个技术支撑环节，基本上引领或代表了我国在该产业链领域的科技、产品与市场水平。

二是科研人才服务企业模式。在京高校和科研院所为北京提供了可以利用的人才优势。在北京的 218 家中央所属科研院、36 家高等学校的人才为科研人才服务北京企业提供了人才资源。北京市实施的《“科技北京”行动计划（2009—2012 年）》使中央在京高校和院所为北京企业服务更加密集。中科院、清华大学、北京大学等在京高校和院所的科技人才在服务北京企业中发挥了重大作用。在京高校和院所通过加强人才培养，学科布局与北京经济产业发展需求结合，共建人才培养基地，对北京发展高端经济起到汇聚和带动作用。中科院深化和北京的“院市合作”不断深入，北京市科委还与中科院北京分院建立了“院市科技合作”长效机制，带动了中科院科研成果在京转化。在京高校对促进北京经济的作用同样显著。清华大学的人才优势同样体现在带动北京的关联企业发展中，据估算，每年清华和清华科技园对北京GDP的直接贡献在3%～4%。

三是科技资源开放共享模式。北京市科委与中央在京单位共建首都科技条件平台，整合高等院校、科研机构和大企业的科技资源，引入专业服务机构作为核心运营载体，以机制创新为核心，以市场化运作为手段，促进首都科技资源向社会开放共享，支撑企业自主创新。首都科技条件平台针对科技条件资源总量丰富的在京科研院所、高等院校、大中型骨干企业等单位的科技条件资源进行有效整合，形成可供对外开放服务的科技条件资源库。2012年，首都科技条件平台引导562个国家级和市级重点实验室（工程技术研究中心）价值166亿元的科研仪器设备向社会开放共享，为1.1万余家企业提供研发试验服务，服务合同额21.1亿元，筛选出近549项科研成果开放共享和推广应用。形成了政府主导、所有权和经营权相互分离的科技资源开放共享模式。

四是科技成果产业化模式。北京积极吸引中央在京高校和科研院所的重大专项科技成果落地北京。建立了主管市领导牵头、相关部门参加的联席会议制度，形成了“市联席会议—审核工作小组—对接重大专项牵头部门”三级组织管理体系；在全国省级科技部门首家设立了“重大专项办公室”；制定发布《国家科技重大专项配套管理办法》，加强对在北京转化和产业化项目的配套支持；筛选并推动一批重大科技成果在北京落地转化。中央在京高校和科研院所的科技成果在北京落地转化产生了巨大的经济和社会效益。在京中央院校与北京共建良乡、沙河高教园区，中科院与北京共建北京怀柔科教产业园。中科院与北京市科委等有关部门建立长效工作机制，全面推动科技合作。2006—2009年中科院与北京的科技合作项目1107个，企业新增销售收入175亿元。2009—2011年，中科院向北京市政府推荐近30项重大成果，其中13项成果已落户北京。

4. 首都形成了较为完整的科技中介服务体系

首都科技中介服务体系的发展体现在以下几个方面：

一是科技中介机构发展和服务体系的制度化、规范化程度在不断提升。为了促进科技中介服务体系的发展，北京市制定了一系列发展规划、出台了综合性或专门性支持政策，实施了一些专项行动或工程，鼓励和扶持科技中介服务体系发展。专门性政策包括技术市场、生产力促进中心、科技企业孵化器等多个方面，进一步规范了科技中介服务主体的功能和发展方向，并专门出台了科技中介服务体系的政策。除专门政策之外，一些综合规划、政策、技术创新工程中也涵盖了科技中介主体的支持内容。总体来看，围绕科技中介服务体系的建设，北京市进行了许多努力和探索，科技中介机构发展和服务体系的制度化、规范化程度在不断提升。

二是首都科技中介服务机构数量和专业化服务水平提升迅速，服务链向创新链上下游延伸。生产力促进中心、科技孵化器、大学科技园等机构的增长速度都较快。截至 2012 年，北京市各类孵化机构达到 122 家（国家级孵化器 28 家），国家级大学科技园 14 家；总面积 400 万平方米，在孵企业超过 7000 家，向社会提供就业岗位 16 万个，入驻企业总收入超千亿元。累计毕业企业超过 7000 家。累计吸引了 2400 多名高层次留学归国人员，创办了上千家留学生企业。吸引和集聚 67 名国家“千人计划”创业类人才，129 名“海聚”人才、115 名“高聚”人才，占北京市上述高端人才比例近 60%。北京市有国家级技术转移示范机构 44 家，约占全国的 16%。北京市生产力促进中心由 58 家（11 家被认定为“国家级示范生产力促进中心”，共实现服务收入 18.81 亿元，服务企业总数 1.75 万个，为企业增加销售额 101.51 亿元，增加利润 2.66 亿元，增加就业 3.1 万人。北京市科技咨询机构业务门类齐全，形成了决策咨询、管理咨询、工程咨询、技术咨询和专业咨询等业务齐全的发展格局。北京市国家级技术研发平台近 300 家，占全国 30% 以上，其中企业牵头建设的近 50%；累计认定市级重点实验室、工程实验室、工程技术研究中心、企业技术中心、企业研发机构等市级研发平台 1100 多家，其中企业牵头建设的近 70%。首都科技条件平台引导 562 个国家级和市级重点实验室（工程技术研究中心）价值 166 亿元的科研仪器设备向社会开放共享，为 1.1 万余家企业提供研发试验服务，服务合同额 21.1 亿元，筛选出 549 项科研成果开放共享和推广应用。

三是促进技术市场发展和繁荣是科技中介服务体系的重要功能之一，2012 年北京技术交易总额为 2458.5 亿元，占全国总量的 54%，“四技”交易结构逐步得到完善趋于平衡，单笔技术交易合同金额不断放大。各类科技中介服务水平不断增强，特别是综合性服务机构的快速发展，使科技中介服务内容不断向创新链的上下游延伸，出现了技术测试、验证认证、知识产权、企业管理咨询、风险投资、无形资产评估、中小企业创新创业等各种服务业态，创新驿站、创业苗圃、持股孵化等新型服务模式得到有益探索。尤其是孵化器的服务能力持续增强，积极推行“创业苗圃＋孵化器＋加速器”的孵化模式，打造了一条覆盖在孵企业技术创意、产品实现到产业化实施各个阶段的孵化服务链。

四是市场化能力不断增强，服务模式呈现多元化。科技中介机构的区域布局呈现网络化发展形态。科技孵化、技术转移、生产力促进等科技服务体系不断完善，涌现出一批以技术转移、孵化器、生产力促进为代表的具有市场能力强、服务水平高、发展后劲足的科技中介机构，技术服务领域涵盖电子信息、节能环保、新能源汽车、高端装备制造等战略新兴产业。例如，中农博乐为代表的“嵌入式技术转移服务模式”、启迪创业孵化器为代表的“孵化＋创投”模式、中机生产力促进中心为代表的“全链条、全过程、专业化”高水平服务模式。

同时也出现创新工场、车库咖啡等一批新兴创新创业孵化模式。自2011年以来，中关村先后涌现出车库咖啡馆、3W咖啡馆、贝塔咖啡、创新工场、常青藤创业园、亚杰商会、创业邦、创投圈、天使汇、天使湾等十多家新型创业服务机构，这些机构的存在和出现弥补了中关村科技服务体系对企业创业前端服务的不足，向前延长了科技服务体系链条，更有利于发现、培育发展潜力较大的“金种子型企业”。截至2012年底，北京地区科技孵化服务机构122家，总面积近400万平方米，在孵企业超过7000家，入驻企业总收入超过1000亿元；大学科技园26家，其中经科技部、教育部认定的国家大学科技园14家，占全国的16.28%，居全国各省市之首，孵化总面积近220万平方米，在园企业超过2000家，向社会提供就业岗位近8万个，转化或转移科技成果千余项。

五是社会效益较为明显，跨区域的组织体系逐步建立。全市产业技术创新联盟达151家，企业、高校、院所等各类成员单位超过8000家。科技促进服务业发展水平不断提高，北京获准成为联合国教科文组织创意城市网络“设计之都”，标志着北京设计产业的国际影响力不断提高。积极推进“营改增”试点，促进科技服务业发展；完善技术市场发展环境，加强技术市场统计监测；搭建北京技术交易信息服务平台，提高技术市场政策覆盖面；推进技术转移服务业发展，国家级技术转移示范机构达44家，占全国的16%。中意技术转移中心组织近500家企业达成合作意向368项，落地合作项目153项；国际技术转移协作网络（ITTN）成员单位拓展至200家；建设北京市国际科技合作基地 45 家，与 32 个国家 137 家机构建立合作关系，引进国际先进技术 40 项、高端人才 150 名。建设国际技术转移中心和国家技术转移集聚区，借助中美企业创新中心、中芬企业创新中心等渠道，吸引企业、技术、人才（团队）和技术转移机构等国际高端资源落地北京。

专栏 3-4 中关村“车库咖啡”

中关村“车库咖啡”成立于 2011 年 4 月，全称北京创业之路咖啡有限公司，它是一家以创业和投资为主题的咖啡厅，占地 800 平方米，能容纳 150 人左右，主要为创业者提供办公场所，为投资者搭建投资平台，促进创投者的合作与交流；目前“车库咖啡”已经成为北京中关村科技与文化发生碰撞、融合并催生创新场所，成为科技和资本结合并创造价值的新领地。

1. 股东构成

“车库咖啡”发起人苏菂，后又联合艾瑞创始人杨伟庆、联众创始人鲍岳桥、海虹控股副总裁上官永强、我爱我家等天使投资人安盟、春秋资本合伙人刘军、千淘资本合伙人李华兵等 10 位投资人共同出资入股。

2. 商业模式

“车库咖啡”是以咖啡为载体的创业服务机构，定位为广大创业者提供服务，特别是最最早期的创业者，并与创新工场、天使会等孵化机构、投资机构等合作，为在车库咖啡的创业者们牵桥搭线。

服务模式：借鉴了北美的 SUMMIT、Gitizin Place、RocketSpace 等“开放式办公服务模式”，以每天一杯咖啡的办公成本为创业者提供场地及各种办公所需的场地、设备等。

盈利模式：“车库咖啡”除卖咖啡的销售收入外，其盈利主要来自于楼道内每年数十万的广告位出售和车库咖啡俱乐部的会员费，每人每年 1200 元，考虑到资源的配置效率，目前其会员限定在 50 人。为缩减成本，“车库咖啡”积极与各类厂商合作，例如，与阿里云合作，阿里云向其提供了云计算存储及带宽，搭建免费移动 APP 真机云测试平台；与微软合作，微软向其创业者提供免费的 WINDOWS 操作系统及其 OFFICE 办公软件等，采取多项措施后，“车库咖啡”由亏损逐渐转向收支平衡。

经营原则：为加强管理，“车库咖啡”制定了一些独特的经营原则，例如，规定晚7时之前不接待任何活动，白天要保证纯粹的办公环境，拒绝所有商业活动，拒绝任何企业的包场需求，对到车库来的所有团队，都一视同仁等，这在一定程度上保证了“车库咖啡”长期运营的可持续性。

3. 服务内容

（1）为创业者提供开放式办公场所。对到“车库咖啡”的创业者，每人每天点一杯咖啡，就可以使用一天的办公环境，并且“车库咖啡”还向其提供免费的iPhone、Android、平板电脑测试机、投影、桌面触屏等设备，免费的IT界名人图书等。因为是开放式办公场所，创业者们在这里还可以相互磨合自己的产品和想法，丰富自己的创业计划。

（2）为投资者搭建便捷的投资平台。“车库咖啡”利用开放式办公模式，灵活、便捷的服务方式，吸引投资者到来，为投资者搭建服务平台，提高投资者寻找项目、筛选项目的效率。

（3）受投资人委托代其寻找项目。部分投资人委托“车库咖啡”寻找项目，“车库咖啡”利用自身资源，对寻找投资的创业者进行咨询、登记，利用车库咖啡经营者丰富的投资管理经验，帮助投资人寻找“靠谱”的项目。

（4）向创业者和投资人提供需求信息发布服务。利用咖啡厅内的墙壁和网上博客，帮助创业者发布求贤信息、团队组建招聘信息、业务交流信息、资本需求信息，帮助投资者发布招商信息等。同时，咖啡车库上线了Iphone和安卓客户端，免费向创投者提供在线信息咨询、在线对接服务等。

（5）为创业者举办免费创业讲座。“咖啡车库”常常邀请知名投资者和企业家来店指导，进行创业讲座；邀请基金、银行、法律、会计事务所等举办专题讲座、举办沙龙活动等，从创业相关的各个方面为创业者提供指导服务。另外，每天下午，车库咖啡还有一段“Case Show”，让创业者在众人面前介绍项目，并邀请由业内知名投资人或参与者点评等。

（6）向创业者提供套餐。为了方便创业者和投资者，“车库咖啡”推出了创业者套餐：早上一杯咖啡、中午一顿饭、下午一杯茶，外加一些小点心等，做到了贴心服务。

4. 服务成效

车库咖啡自2011年4月成立以来，已接待了1000多个创业团队，形成“常驻”创业团队大约 40 个，并仍有新的团队不定期“入驻”，已经帮助 50 家在这里办公的创业团队找到了资金，另外，还有帮助 10 余个项目被大企业并购、收购，促成总投资金额达到数千万元。

资料来源：李晓峰，王双双．中关村“车库咖啡”：弥补创业前端服务不足的思考与启示．科技管理研究，2013，(13)：25-28.

专栏 3-5 微软创投加速器

微软创投加速器 2012 年开始运营，平均每期投资 6 个月，平均每家投入 200 万元。微软会同创投机构遴选进入企业，主要标准一是看人才，二是看商业模式和产品，三是看未来规划。由微软配备导师辅导，最初有 35 家 VC 机构合作，截至 2014 年 4 月已经有 95 家 VC 机构合作。至今已毕业 66 家企业，毕业企业市值平均增长 5 倍左右。

5. 军民结合创新体系取得积极进展

北京地区是全国国防科技工业最为集中的区域，军工资源丰富，发展军民结合产业优势明显、潜力巨大。北京地区军民资源积累厚重、基础优势明显。基础优势集中体现在五个方面：在物质基础方面，具备在全国乃至全球配置产业发展所需的资本、信息、技术等要素资源的能力；在智力基础方面，拥有国际影响力较大的科研院所创新体系和丰富的科技创新智力资源，军工科研院所数量全国第一，科技人员占全国的八分之一；在技术产业基础方面，在国防科技工业急需突破的基础性领域具备明显优势，可为武器装备的自主保障提供强有力的技术产业基础支撑；在决策基础方面，解放军四总部、各军兵种总部、十一大军工集团总部及一大批二级总部、相关科研机构集聚北京，为北京军民融合式发展提供了强有力的决策资源；在制度基础方面，北京被国家赋予了综合改革试验田的地位，以中关村“先行先试”政策为代表的制度优势，为创新体制机制提供了得天独厚的条件。

（1）高度重视，精心编制发展战略与规划

为贯彻落实 37 号文件，北京市率先出台了《关于加快推进军民结合产业发展的指导意见》，明确了北京发展军民结合产业的重要意义、指导思想、总体目标、重点工作和具体措施。2010 年以来，结合编制“十二五”规划的有利契机，与十一个军工集团公司分别开展了规划对接工作，共同研讨未来首都军民结合产业发展重点领域和方向、重大项目和重点工程。编制完成《北京市国防科技工业“十二五”发展规划》、《北京市航空航天产业“十二五”发展规划》、《北京市战略性新兴产业发展规划——航空航天专项》、《北京市通用航空发展规划（2011—2020 年）》等专项规划，对于促进军民结合产业意义重大。

2012 年，北京市政府发布《关于加快推进军民结合产业发展的指导意见》（京政发〔2011〕21 号）提出，以“高端引领、军民统筹、优化集聚、重点带动”为原则，全面提升高端产业引领能力、军民两用技术创新能力和资源要素互动能力，突出高端研发、先进制造和总部经济的产业形态，将军民结合产业纳入中关村国家自主创新示范区发展范畴，以创新驱动引领产业发展壮大，推动经济发展与国防建设良性互动，实现北京地区军民结合产业又好又快发展。并提出到 2015 年，全市军民结合产业实现总收入超过 5000 亿元，年平均增长 20% 以上；军民结合产业中的工业总产值占全市工业总产值的 8%；增加值占全市工业增加值的 10%。保持北京地区国防科技工业综合实力全国第一的地位。建设 3 个千亿元级军民结合产业集聚地、10 个军民结合特色产业基地，培育 20 个百亿元级军民结合企业集团、50 个十亿元级军民结合企业。形成产业集聚、结构合理、布局优化、核心竞争能力突出的产业发展模式。到 2020 年，全市军民结合产业实现总收入达到 8000 亿元。

（2）创新体制机制，充分激活产业发展的要素资源

在体制机制方面，依托中关村创新平台，成立军民融合创新工作组，由军队与地方人员共同组成，负责推动落实中关村军军民融合科技创新任务，统筹研究军民融合科技创新政策；建立健全军地和部市会商工作机制。在平台建设方面，建立包括中央在京企业、科研机构、高等院校在内的首都科技资源统筹机制。在重大项目方面，落实“1+6”先行先试政策，实施“十百千工程”对接国家重大科技项目。在支持创新主体方面，确立企业创新主体地位，集聚高端创新资源，实施“瞪羚计划”、“展翔计划”等，有效激活中小微企业的创新创业的内在动力和活力。

专栏 3-6 建立军民融合产业联盟

2014 年 9 月，中关村国家自主创新示范区核心区海淀园举行军民融合产业联盟成立大会，联盟的成立，有利于区域性军民融合科技创新体系的构建，有利于促进战略层面军地统筹发展，有利于军民融合机制运行顺畅，有利于科技创新资源军地共享，有利于军民两用技术产业的发展。中关村示范区核心区军民融合产业联盟以推进国家军民融合战略，加快转变首都经济发展方式和部队战斗力生成模式为宗旨，以构建军民深度融合、创新驱动发展格局，在全国发挥引领示范作用为出发点，以区域军民融合科技创新战略需求为导向，促进军地良性互动、资源共享，进一步丰富融合形式、拓展融合范围、提高融合层次、完善政策保障。中关村示范区核心区军民融合产业联盟成立后，将在北京市海淀区政府等有关部门的推动下，搭建军地信息交流共享平台，强化联盟成员间在技术攻关、项目研发、成果转化、示范应用、人才培养等方面的交流与合作；发挥市场配置资源的决定性作用，统筹规划人才、经费以及实验室、检测、认证等方面科技创新资源的合理配置，逐步实现联盟内科技资源共享，带动海淀区军民融合科技创新深度发展。中关村示范区核心区军民融合产业联盟将重点建设军民融合资源数据库，在中关村军民融合科技创新基础资源信息管理系统设计、开发的基础上，完成海淀园“军转民”、“民参军”资源数据库建设；推动军民科技成果双向转移，结合海淀园产业发展布局，推荐国防军工高科技成果产业化项目落地；组织开展科研攻关及项目合作，鼓励和支持联盟内高科技企业与军队系统单位在项目预研和型号研制、生产、保障等方面进行合作；组织军民专题技术对接活动，以光电探测、卫星导航、无人平台为主题，策划组织军民高新技术对接活动，促进海淀园高新技术成果向军队及国防军工系统推广应用。

（3）凝聚军地战略资源，共同推进军民融合式发展

2009 年 7 月，北京市政府与九大军工集团签署战略合作框架协议，大力支持军工集团在京发展；统筹规划，打造特色产业基地；支持承担国家科技重大专项、重大工程项目；支持总部落户，强化对全国的决策指导、资源配置和辐射带动作用；设立高端研发机构，开展军民两用技术成果转化和产业

化应用。2011 年 7 月 28 日，解放军总参谋部、总后勤部、总装备部与北京市人民政府签订军民融合发展战略合作框架协议，在军事采购、项目研发、成果转化、示范应用等方面开展全方位合作。2011 年 8 月 24 日，《中国人民解放军海军　北京市人民政府军民融合创新发展战略合作框架协议》签订，双方以提升自主创新能力为核心，以军事需求牵引、技术创新驱动、产业政策主导、市场资源配置共同作用为模式，加强机制建设，拓展融合范围，提高融合发展的层次和水平。2012 年 8 月 24 日，中国人民解放军海军与北京市政府在京签订共建蓝鲸军民融合创新园合作协议，同年 12 月底，“蓝鲸园”正式奠基。此外，市政府与解放军军事科学研究院、二炮也签署了战略合作框架协议，在多领域推进军民融合式发展。

（4）优化布局、集聚资源，建设军民结合产业基地

优化存量、集聚增量，实现集约式发展。充分利用“1+6”创新优惠政策，建设中关村军民融合科技创新示范基地；依托北京市城南发展计划，利用亦庄国家经济技术开发区现有产业基础，建设大兴国家军民结合产业基地，为军民结合产业发展提供空间保障条件。在中关村科学城范围内建设中航工业航空科技产业园、航天科技集团航天科技创新园、北航国际航空航天创新园等一批特色园区。在丰台、海淀、昌平等建设一批富有特色的军民结合产业专业园区，重点发展航空航天、新兴信息、高端装备制造、新材料、新能源及节能环保、应急救援装备等六大领域。2014 年，为加强与军队的对接，由海军和北京市共同建设的全军首个军民融合创新园区——蓝鲸军民融合创新园正式投入使用。2012 年 8 月 24 日，海军和北京市签署共建蓝鲸军民融合创新园合作协议，确定在北京市亦庄经济技术开发区建设占地 300 余亩的蓝鲸园，并在建设阶段同步推进军民项目转化工作，先后组织了 11 次、涉及项目 100 余项的专场推介和成果对接活动。

专栏 3-7　海淀区建设军民融合科技创新示范基地

海淀区通过《海淀区推进科技产业军民融合发展三年行动计划（2014—2016 年）》，根据《计划》，到 2016 年，将把海淀区打造成为在全国具有引领作用的军民融合科技创新示范基地，建立一套具有海淀特色的军民融合科技创新体制机制，探索出符合海淀实际的军地科技成果双向转化模

式，进一步完善军民融合科技创新服务体系，形成一批有重要影响力的军民融合产业集群。根据《计划》，海淀区将以统筹区域经济发展和国防建设为出发点，以提升军地协同创新能力为核心，以推动军转民、民参军体制机制创新为引领，挖掘区域创新资源丰富的优势，借助高新技术产业聚集优势，创新融合形式，拓展融合范围，提高融合层次，打造具有海淀特色的军地良性互动、协调发展的良好格局，助力核心区早日建成具有全球影响力的科技创新中心。

6. 创新环境和政策优势逐步显现

北京市在增强企业创新主体建设方面形成明显的政策优势。2009 年，国务院同意建设中关村国家自主创新示范区，并批复同意包括股权激励试点、科技金融创新试点等政策措施。试点以来，中关村示范区的各项先行先试改革取得阶段性进展，以《中关村科技园区条例》、《关于进一步促进高新技术产业发展的若干规定》等一系列政策法规出台为代表，北京创新环境得到明显改善。

在落实科技研发机构认定方面，北京市出台《鼓励在京设立科技研究开发机构的规定》，截至 2011 年上半年，经科委认定的研发机构达到 253 家。为引导企业加大研发投入，2005 年，北京市科委专门设立“企业科技研发机构自主创新专项”，五年来总计投入约 5000 万元专项资金，先后支持了近 100 多家企业研发机构。北京市实施的“科技北京”行动计划（2009—2012 年），重点之一是加强企业在北京市科技和经济发展中的作用和地位，该计划实施 4 年来，技术交易额、承担国家级科技项目数占全国的比例、万人发明专利申请量等 8 项主要指标超额完成。

跨国公司在京设立研发机构快速增长，2008 年达到近 250 家，宝洁、朗讯—贝尔实验室、诺基亚、微软等大型研发机构相继落户。2012 年，在全国实际利用外资连续数月下降的情况下，北京市实际利用外资比上年增长 14.0%，达到 80.4 亿美元。2012 年，北京市新增 41 家跨国公司总部企业和研发机构，累计达 663 家[①]。北京是跨国公司研发与营运价值环节集中的投资场所，在京

① 中商情报网，http://big5.askci.com/news/201301/28/2810385857948.shtml

设立的外资研发机构规模、地位和作用不断提升，有向全球研发中心扩展的趋势。在京跨国公司 85% 的 R&D 机构分布在电子信息和先进制造技术领域，从事科技前沿领域的研究与开发。

三、首都创新体系建设存在的问题

（一）政府功能定位有待进一步明确，资源优势仍没有完全发挥

当前，中央和地方政府在首都创新体系建设功能定位仍待进一步明确，政府与市场的功能定位还存在不清晰之处，政府越位和缺位现象仍然存在，政府在提供技术创新服务及相关公共服务方式上也需要进一步创新。

一是政府资源统筹力度和效能有待深化。当前北京市级层面与中央单位的合作还停留在“点对点”的合作机制上，中央单位资源尚未实现充分利用。北京市、国家有关部门与创新相关各方共同参加的首都科技创新协调工作组织体制和运行机制仍需深化完善。首都区域创新体系缺乏从全市层面统筹资源的力度，尚未形成与中央部委、在京高校院所和中央企业的统一对接机制，导致各委办局与在京中央单位在推动一些事项上还力不从心。部门分割，多头管理的现象依然突出，科技资源分散使用和低水平重复配置，政府资源利用效率低下的问题依然存在。市科委、市发改委、中关村管委会、经信化委等部门仍存在着职能交叉重复，投入资金分散、支持对象界限不清晰等现象。

二是推动创新的市场力量薄弱，创新服务水平偏低。北京地区各类科技中介机构主要是由政府投资设立或依托于政府、服务于科研机构的非营利机构，这些机构数量多、规模小，专业化服务手段和能力有限，为创新主体提供咨询服务的科技中介机构水平较低，高端化发展不足。在开展促进跨行业、跨系统、跨部门的技术转移信息交流过程中，大多还停留在浅层信息发布、一般情况介绍，很难针对技术转移活动提供战略咨询、并购、担保和创业投资等专业化服务，对产业技术创新的深度参与和介入能力有限，尤其缺乏对科技成果产业化的评价能力。同时科技中介行业自律管理薄弱、信誉低，发展仍处在无序发展状态。

（二）缺乏世界影响力大学、科研机构和人才，原始创新能力不足

首都是我国科教资源最为密集的地区，但是从总体上看，有世界影响力

的大学、科研机构和人才在我国还都比较缺乏，造成原始创新能力比较缺乏，低水平重复研究多，真正由我国科学家率先提出和开拓的新问题、新理论和新方向很少。2011 年 8 月 15 日上海交通大学世界一流大学研究中心发布了 2011 年“世界大学学术排名”，其中，美国大学的优势仍然非常明显，有 8 所大学进入世界前十名，53 所大学进入世界百强。哈佛大学连续 9 年位列全球第一，斯坦福大学和麻省理工学院分别排在第 2 和第 3 位。英国的剑桥大学和牛津大学也都进入了世界前十名。亚洲地区排名最高的是日本的东京大学和京都大学，分别排在第 21 名和第 24 名。该排名列出了全球领先的 500 所大学，我国内地共 23 所大学榜上有名，只有清华大学位列世界前 200。由于高水平大学和科研机构的缺乏，造成原始科学创新能力偏低。当前北京乃至全国都没有获得诺贝尔科学奖获得者。

（三）技术创新体系是首都创新短板，缺乏具有全球影响力的民营创新型企业

大多数企业主导自主研发的实力欠缺，企业在科技计划立项评审和产业政策制定中缺少话语权。市属国有企业自主创新激励机制、评价机制有待进一步改善。2012 年，北京地区高新技术企业 R&D 经费支出为 92.2 亿元，居全国第 5 位，占全市企业 R&D 经费支出的 46.7%，是全市企业开展 R&D 活动最为活跃的区域，而其 R&D 投入强度为 2.57%，在全国仅位列第 8 位；与陕西、浙江、湖北等高技术产业 R&D 支出规模相当的省份相比，研发经费投入强度仍然偏低。而 2007 年，美国高技术产业 R&D 经费占工业总产值比例达到 16.89%，德国达到 6.87%，日本 2008 年为 10.5%，与发达国家高技术企业研发投入水平差距明显。在这种情况下，北京缺乏像深圳中兴、华为、比亚迪这样的创新型民营领军企业。

（四）对国内和国际创新资源的利用有待加强

自主创新不能靠封闭搞科研，只有在开放的环境下，自主创新能力才能得到真正提升。虽然近年来，北京市科技创新活动的国际化水平不断提高，但提高的力度和幅度仍然不够，主要表现在：一是同全球创新资源的联系还不紧密。聚集高端要素特别是海外高层次人才的能力弱，“走出去”大多停留在产品出口层面，国际合作模式比较单一。二是整合利用全球创新资源不够充分。参与国际技术研发合作、利用国际资源为我所用的能力还不够强；企

业进行海外投资的技术水平还偏低，缺乏国际竞争力，外资研发机构也没有完全融入首都创新体系。京津冀创新合作的行政和市场壁垒亟待进一步破解，开放共赢和利益共享的激励机制仍没有形成。企业作为创新主体，既缺乏国际化能力，又相互协同不够，很难突破创新能力不足的困境。英特尔、宝洁、IBM、苹果、微软、丰田汽车等诸多世界知名公司的成功实践表明，开放式创新能显著降低创新成本、缩短创新周期和提高创新成功率，进而显著提升创新效益和核心竞争能力。

（五）人才激励机制仍需强化，开放的创新生态环境有待完善

一是现行政策存在障碍。现行户籍、人事劳动、社会保障等社会管理制度严重制约了创新型人才的自由流动，社会的优势资源不断为少数成功的高端人才锦上添花，而正在成长的年轻创新人才却可能受到制度制约而无法投入合适的事业。人才评价制度并没有针对不同的创新人才进行更加灵活的革新，而是希望将企业中的创新型人才纳入旧的考评体制中，这对解决人才资源从高校院所到企业自由进出、跨区域自由流动没有起到根本性作用。现有国有科技资产，尤其是科技成果类无形资产管理制度亟待完善。受长期“重有形轻无形”思想的影响，沿用实物固定资产的管理方式来管理技术类无形资产，评估作价、交易退出等方面程序烦琐，阻碍了科技成果转化应用，无法实现其经济和社会效益的最大化。受职称、编制、收入等因素影响，科研人员不能在企业和高校、科研院所间自由流动，也成为阻碍成果转化的瓶颈之一。

二是激励创新的文化氛围没有形成。从整体环境上来看，中关村办公成本日趋增高，空间紧张，导致中关村创业的成本日益提高，难度越来越大。中关村的环境缺少创业企业生存的土壤和氛围。创新文化氛围主要表现在创新原动力不足、创新文化缺位、创新意识淡薄，“鼓励冒险、鼓励成功、容忍失败”的创业文化和“自我设计、自我经营、自由竞争”的创业氛围有待进一步营造，缺乏重视合作与非正式交流的社团文化。高技术产业具有高风险的特点，要创新就会有失败，而且失败率远高于成功率，这一方面要求创业者要有较好的心理素质，另一方面也要求社会上有一种较好的文化氛围，能够容纳失败者。创新精神没有真正融入企业家的血液。政策的开放性还需要进一步提高，当前北京科技计划项目仍然没有向外资研发机构有选择性的开放。

四、加快首都创新体系建设的建议

面向未来，首都创新体系建设的总体思路是：为了更好迎接新一轮科技革命的到来，顺应科技创新的发展态势，坚持市场与政府、首都创新和国家创新、资源整合与开放共享相结合，着力推进人才集聚中心和教育中心建设，着力提高吸纳和配置全球创新资源能力，提高全球科技影响力；着力完善良好的创新生态，形成创新—创业—创富的良性循环机制，为进一步坚持和强化全国科技创新中心核心功能定位提供强力支撑。

到 2020 年，基本建成更加开放、符合科技发展规律的首都创新体系；创新资源高度集聚、创新要素深度融合、创新文化更加开放、创新创业效率更高、辐射引领作用更强，初步建成全球技术创新网络的重要枢纽，为将首都建设成为全球科学中心、技术创新中心和全球人才集聚中心提供有效支撑。

建议如下：

（一）明确政府功能定位，加强资源整合和开放共享

1. 强化政府与市场相结合

市场机制是区域创新体系运行的基础和前提。区域创新体系建设的过程，就是不断深化对政府与市场关系的认识过程，从而逐步界定政府合理的职责范围，使市场在创新体系建设中发挥主导作用。市场对资源的配置主要通过价格机制、供求机制和竞争机制的表现出来。政府应坚持按照市场规律引导资源的流动、集聚和优化资源配置结构。

进一步转变政府职能，管住“闲不住”的手，打破行业垄断，放宽市场准入，营造公平竞争的市场环境，将工作重心转移到为企业创新性人才创业发展营造良好的环境，同时灵活运用各类创新政策工具，解决“市场失灵”问题。在基础研究、前沿技术研究等上游环节，政府要发挥主导、引导作用；在推广应用、产业化等下游环节，应发挥市场对技术研发方向、路线选择、要素价格、各类创新要素配置的导向作用，由市场决定技术创新项目和经费分配、评价成果的机制。对事关国计民生、国家安全和社会公益的重大研究领域，政府要给予重点支持；对产业属性较强、市场前景明确的开发性研究领域，就要以市场为主。

2. 强化资源整合与开放共享相结合

科技资源的分散封闭重复、科研经费的分散投入、科研设施的相互封闭，

对提高科研产出效率产生了“负面影响”。创新链条的条块分割，导致相关领域各自为战、缺乏统筹，虽有可能产生重大突破和创新，却如同一个个“孤岛”，影响了创新效能的整体提升。因此，必须从现有科技资源现状出发，发挥中央在京科研机构和北京科技比较优势，调动民间的科研力量，通过必要的增量带动存量，不断优化科技资源和创新要素的组合和配置，提高科技资源开发、配置、吸纳和共享水平。一是加强科技创新管理宏观统筹。加大科技资源的宏观统筹力度，突破体制分割、资源分散等瓶颈问题，构建各部门合理分工、中央与地方联动的协调机制，汇聚各方资源统筹解决好经济、科技、教育、产业发展的重大问题。打破地域、部门所有制界限，更好地适应区域科技与经济发展的需要，深化部市会商、院市合作等工作机制，构建并完善中央和地方科研及产业资源对接机制。二是加强产业链和创新链的协同。针对产业发展上、中、下游不同环节存在的技术瓶颈，相应地部署基础研究和应用开发，既要打通产业链各环节，也要促进产学研协同创新。构建开放式的平台来集聚各类创新资源，形成创新合力。

3. 强化首都创新与国家创新需求相结合

首先，应强化首都意识和大局意识。新时期首都科技创新体系建设首先必须服务于国家战略，遵从国家创新体系的整体设计，通过创建首都科技创新体系来逐步健全和完善国家创新体系；同时必须以首都资源禀赋、战略目标为着眼点，将北京市的发展与区域整体发展融为一体，将首都区域创新体系纳在国家创新体系的整体框架之下，强化首都意识，克服地方观念。首都创新体系的规划设计必须纳入国家创新系统的区域安排之中，在国家创新系统的框架下，协调跨区域、超区域创新体系间的战略合作和高效运行。因此，首都区域创新体系仅仅依靠地方推动是不可行的，需要中央和地方行政、政策和财政等资源共同努力推动方可行，需要中央和北京及相关关联区域共同参与支持。

其次，突出首都创新特色。从全市层面来说，既要促进区域创新体系的全面建设和发展，又要正视资金有限和各体系发展不平衡的事实，重点促进首都有优势、有特色、有潜力的并适合首都发展的知识和技术创新的发展，根据六高四新，首都经济区域规划，优先形成一批具有世界竞争力的区域创新子体系，既要考虑产业链的完整性，也要注重发展特色优势。放弃发展“大而全”的经济体系，腾笼换鸟，构建“高精尖”的经济结构，使经济发展更好服务于城市战略定位。依托首都科技资源优势和产业基础，积极发展知识经济、总部经济、服务经济和绿色经济，强化产业链、创新链、资金链融合。

再次，采取非对称战略。区域创新体系不应面面俱到。鉴于许多地区历史上的差距并不可能在短时期内改变，在目前的开放环境下，应强化与国家创新体系建设的互动。可在重点创新领域集中优势，在某些关键领域进行重点突破，不求全，但求“一招鲜”。

（二）积极推进全球人才集聚中心和教育中心建设，增强源头创新能力

1）建设一批有全球影响力的研究性大学，打造全球知识创新中心。加强战略谋划，主动布局未来学科方向，支持重点和前沿学科，强化比较优势与特色。改革现有管理体制，培养和吸引世界顶级学者。提升高校的国际化水平和程度，北京地区的高校、院所可以拿出一定比例的岗位，全球招聘国际一流的教师和研究人员。确保研究生培养“精英化”，建立第三方评价机制。

2）推进素质教育，建设全球素质教育中心。素质教育是一个国家科学家队伍素质高低的关键。进一步加大教育和科研经费投入，加快装备高精尖科研设备，同时在全社会树立崇尚科学、应用科学、尊师重教的风尚。大力提倡创新教育，发挥教育培养年轻人创新意识和创新能力的基础作用，探索从学校培养到创意就业的职业发展路径。

3）打造全球人才集聚中心，形成人才高地。人才是全球竞争中最为紧缺的资源，谁占据人才资源高地，谁就占据创新的制高点。首都当前国际一流顶尖人才仍然缺乏，必须聚集一批全球有影响力的创新人才，引进国内外高层次研发人才、建设人才高地、促进人才资源国际化。

主要措施包括：一是积极引进高端创新人才。与国际接轨，建立有国际竞争力的年薪制和长期稳定的经费支持机制。推动大学国际化、卓越化发展，改革现有管理体制，培养和吸引世界顶级学者。北京地区的高校、院所可以拿出一定比例的岗位，全球招聘国际一流的教师和研究人员。在条件许可的范围内，给外来创新人才一定的税收和户籍等优惠政策。推进“跨国雇佣”柔性机制。二是充分借鉴国外经验。印度 10 年前就开始利用政策引导人才“海归”，比如给予他们海外公民权、同享国民待遇等，甚至父辈为印裔的海外归国人才也能隔代“免签”。德国对专门人才实行“绿卡”制度。政府大力支持国外居民移居德国，自 2000 年起面向软件开发、多媒体等专门人才实行“绿卡”制度，规定第一年发放 1 万张绿卡，以后逐年增加。德国每年允许 5 万名外国人移居德国，其中经济和科技方面的尖端人才 2 万人。为吸纳国际顶级科

学家，2007 年 11 月底，德国设立的“国际研究基金奖”，该奖项的最高奖金额度为 500 万欧元。三是完善高端人才激励机制。增强对青年科技工作者的支持，在人员聘用和晋升上，大胆任用具有创新胆识和创新能力的年轻人，激发其创新意识和创业雄心。扩大科研人员经费使用自主权。四是完善大学的人才培养机制。大学的研究课题、教学方法和系所分类等，也应配合产业对人才的需求进行弹性调整。鼓励跨国公司在京设立人才培训中心，使跨国公司在全世界的优秀员工与讲师均能时常汇聚北京，从而创造知识流动与人才流动。

（三）提升企业创新能力，完善协同创新机制

1. 完善企业主体的协同创新机制

企业是技术创新主体，产学研协同创新是促进知识和技术有效流动的重要保障。首先，充分发挥企业在产学研合作中主导作用。强调产学研协同创新，要坚持“产”为主导，只有企业为主导，才能准确把握创新方向，有效整合产学研力量。政府科技项目，凡是产业目标明确的，要由有条件的企业牵头实施。支持产学研共建技术研发平台、产业技术创新战略联盟和科技成果转化实体，增强科研院所和高等学校的基础研究和前沿技术储备，提高其服务企业发展的能力。其次，促进高校院所创新要素要向企业集聚。用创新的机制和政策支持在京中央部委、院校和企业丰富的科技资源对社会开放共享，为企业技术创新提供服务。加强对产业共性技术研发的支持与引导，充分发挥转制院所的骨干作用，支持产业技术联盟等多种形式的产学研合作的健康发展。构建以大学、科研机构为主的知识创新体系，为企业技术创新输送知识源泉，要加强企业与高等院校、科研机构的密切合作，加快产学研一体化，鼓励科技成果转换，提高产业化、市场化的水平。大学、科研院所不但要“仰望星空”，还要“接地气”，着力解决好中国企业转型发展过程中面临的实际技术难题。

2. 完善跨区域合作机制

探索建立跨区域创新辐射与产业转移的协调机制。一是加强战略研究。组建首都经济圈区域协同创新研究中心，围绕首都经济圈地区的创新、均衡、包容、可持续发展中的重大战略问题，开展跨区域的创新驱动发展战略研究，使之成为首都经济圈区域创新发展的综合性研究平台和国际一流的智库。二是加强资源统筹。在尊重市场规律和市场机制的基础上，加强行政统筹，促

进政策、空间、产业和资源协同，促进市场主体和创新要素自由流动，共同营造跨区域的创新创业生态系统，营造适合创新创业的环境。以资本为纽带，通过共同出资，以基金的模式，搭建一个可持续的、有内在动力的、可以长期服务的区域合作平台。三是加强成果转化。搭建科技成果转化与产业化载体，建立区域技术交易市场和成果转移转化服务体系。按照“促联合、促对接、促转化、促市场”四条工作主线促进科技成果转移与产业化。四是加强资源共享。探索政策措施和工作机制新突破，推动大型科学仪器设备设施和数据文献等科技资源和创新要素开放共享。促进科技人才跨区域柔性聘用。此外加强与长三角、泛珠三角、泛北部湾等区域的科技合作。建立区域间资源有偿使用制度和生态补偿制度。建立 GDP 及税收分成、政绩考核等一系列科学的利益共享机制。

（四）吸纳和配置全球创新资源，发挥首都在全球创新网络中的枢纽作用

1. 打造全球研发基地

在全球创新中发挥枢纽作用，集聚众多的跨国公司全球性和区域性的研发机构，形成世界新产品和新技术的创新源地。瞄准世界前沿技术，大力引进国际顶尖人才和团队，吸引跨国公司研发中心、国际知名研究机构和产业组织入驻中关村国家自主创新示范区。不求所有，但求所用，将外资在京研发机构纳入本土创新体系，柔性使用国内外高层次专家和团队。加强中关村国家自主创新示范区与硅谷等国际知名创新中心的合作，探索建立世界顶级实验室或创新中心。支持企业通过自建、并购、合作等多种方式在全球布局研发中心和实验室，培育技术合作战略伙伴。建立中关村海外孵化器，承接国际技术转移和促进自主技术海外推广。优化国际科技合作基地布局，积极推动国际创新园、国际联合研发中心、国际技术转移中心和国际科技合作创新联盟等建设。

2. 加快融入全球创新网络

加强与发达国家的创新政策对话，优化科技开放合作环境。积极推进全球资源“高端链接”，绘制全球创新地图，积极参与全球重大科技问题研究。积极创建或加入国际技术标准和技术联盟，不断推动适应我国需求的技术标准和技术规范的制定。支持企业、高等学校和科研院所与跨国公司、境外知名科研机构开展研发合作和成果转化，探索研发机构参与国际科技项目的模

式。支持企业参与国际展会、承接研发外包业务、扩展海外市场、获取国际认证、申请国际专利、创制国际标准、设立境外分支机构，鼓励企业境内外上市融资和兼并重组。鼓励有实力的企业在境外设立研发机构，提升整合利用全球研发创新资源的能力。鼓励面向全球市场的服务出口。引导和鼓励企业进行商标国际注册和海外维权。建设海外发展服务中心，搭建企业国际化支撑服务平台，为中小企业开展国际化业务和办理货物进出口提供便利。试行科技企业外汇管理制度创新。简化企业人员出入境手续。支持企业消化吸收国外先进技术，支持高新技术企业扩大利用外资规模，支持有实力的企业通过国际并购，获得发展所需的关键技术，拓展市场渠道。

（五）打造开放的创新创业生态系统，打造创新创业栖息地

如果把科技创新比作“种子”，那么创新生态就是“土壤”。针对以中关村国家自主创新示范区为重点，打造与国际接轨的创新环境，逐步构建一个由各种要素相互关联、有机作用的创业生态系统。建议如下：

1. 推进科技金融中心建设

以中关村核心区为重点，加快建设国家科技金融创新中心，增强“一区多园”科技金融服务功能，聚集一批为科技创新服务的创新型金融机构，支持中关村行业领军企业发起设立自担风险的中关村银行。建设科技金融服务平台，推进国家保险产业园建设，支持民间资本依法发起设立中小型银行、金融租赁公司、消费金融公司等金融机构。依托 IT 产业优势，创新发展互联网金融。培育发展科技保险市场，提升科技企业风险管理水平。完善知识产权融资体系，促进科技成果转化。吸引股权投资机构聚集，加快股权投资业发展。聚集天使投资人，支持小微企业孵化成长。大力培育全国场外股权交易市场挂牌资源，加快筹建区域性股权交易市场。加快促进“新三板”发展，支持发展多层次资本市场。逐步开展个人境外直接投资试点，进一步推动资本市场对外开放，探索拓宽境外人民币资金回流渠道。积极争取在人民币资本项目可兑换、金融市场利率市场化、人民币跨境使用等方面开展试点。

2. 鼓励草根创新

青年特别是大学生思想解放、富有激情，搭建有效的创业平台，给予政策和资金上的扶持。设立“草根创新种子基金”，为具有创新点子的个人和大学生提供发展资金等，给让更多怀揣创业梦想的人愿意到中关村来实现梦想。将企业商业模式创新等同于技术创新给予支持，探索将商业模式创新作为高新

技术企业或创新型企业试点的重要考核指标，享受相应的优惠政策支持。

3. 加强微集群建设

要支持创业，在载体建设上，把创业苗圃、孵化器、加速器、专业园一体化，做微集群。创新集群的形成要有生长点，例如一个苗圃、一个孵化器、一个加速器以及几百家企业，有公共平台、大学、投资人和创业导师，形成一个微集群，慢慢在这个专业领域就会形成一个创新型的产业集群。

4. 宽容创新失败

对财政资金资助项目形成的科技成果，经第三方专家评价或原始记录证明项目负责人已经履行了勤勉尽责义务，仍出现研发和成果转化失败或效果不佳的，不影响该科技人员的科技信用和科技计划项目申请。

5. 重视需求侧政策

在政策制定上由侧重供给性政策向需求性政策转变。实施面向创新型产品和服务为导向的公共采购、以技术研发采购为主的商业化前采购政策。采取预留采购份额、附加合同约束等手段支持本土特别是中小企业创新。采取价格补贴、税收优惠、首台套风险补贴和消费信贷等刺激消费者需求。通过强制性标准引导民众使用创新产品，倒逼企业开展技术创新。通过限制性规定、宣传号召等向社会发出“信号”以引导消费文化，形成一种使用创新产品的社会氛围。

6. 加强创新体系之间的融合

建立基础研究、应用研究、成果转化和产业化紧密结合、协调发展机制。支持和鼓励各创新主体根据自身特色和优势，探索多种形式的协同创新模式。完善学科布局，推动学科交叉融合和均衡发展，统筹目标导向和自由探索的科学研究，超前部署对国家长远发展具有带动作用的战略先导研究、重要基础研究和交叉前沿研究。加强技术创新基地建设，发挥骨干企业和转制院所作用，提高产业关键技术研发攻关水平，促进技术成果工程化、产业化。完善军民科技融合机制，建设军民两用技术创新基地和转移平台，扩大民口科研机构和科技型企业对国防科技研发的承接范围。培育、支持和引导科技中介服务机构向服务专业化、功能社会化、组织网络化、运行规范化方向发展，壮大专业研发设计服务企业，培育知识产权服务市场，完善技术交易市场体系，加快发展科技服务业。充分发挥科技社团在推动全社会创新活动中的作用。

第四章　2020：打造先发的战略能力

先发战略能力是首都建设全国科技创新中心的前提，也是首都与国内其他城市相比所具备的最具优势的条件之一。首都不仅具备丰富的科教创新资源，雄厚的基础研究实力，也是我国首屈一指的战略前沿高技术研发和产业化高地，同时还拥有其他城市难以拥有的全方位高水平的科技创新基础设施条件。

一、先发战略能力是打造全球创新中心的前提

所谓战略能力主要是指一个组织在一定时间内有效组织、协调和运用组织内外战略力量，预防和应对各种重大威胁，维护和拓展组织利益的能力。所谓国家战略能力就是指一个国家在一个较长的时期内有效组织、协调和运用国内外战略力量，预防和应对各种重大威胁，维护和拓展国家利益的能力。一个国家战略能力的强弱，直接取决于其经济实力、创新实力、军事实力等“硬实力”，而且取决于其政治掌控能力、民族凝聚能力、文化影响能力和体制运作能力等“软实力”。

在所有构成国家战略能力的要素中，经济实力是基础，军事实力是强制性因素，政治掌控实力是核心，民族凝聚能力、文化影响能力和体制运作能力等是凝聚人心、精神的向心力。而创新实力则是关键先导性因素，决定国家战略能力的长远发展。

以科技创新为核心的全面创新成为推动中国经济社会可持续发展的第一驱动力。中国科学技术发展战略研究院的《国家创新指数报告 2013》借鉴了国内外关于国家竞争力和创新评价等方面的理论与方法，从创新资源、知识创造、企业创新、创新绩效和创新环境 5 个方面构建了国家创新指数的指标体系。从国家创新指数评价评价创新能力的角度出发，科技创新的先发战略能力至少包括三个方面的内容：战略前沿高技术、基础研究和科技创新基地。战略前沿高技术主要面向未来的高技术产业竞争相关的前沿技术研发能力，基础研究主要面向开创性、探索性的新知识创造，科技创新基地主要面向前沿技术研发、高新技术开发和基础研究提供科研基础条件和平台支撑。

作为中央赋予北京的新定位，全国科技创新中心要求首都成为全国顶尖乃至国际一流的科学中心、产业科技创新中心、创新创业高地以及新兴产业培育基地等。而首都科技智力资源丰富，有基础、有条件，更有责任在落实国家创新驱动战略方面有更大担当、更大作为。

先发战略能力为首都成为国际一流的科学中心奠定基础。全国科技创新中心要求首都成为全国顶尖乃至国际一流的科学中心，这就要求首都具备成为国际一流科学中心的基础和条件。而首都拥有在全国范围独一无二的科技创新要素，不管是高层次的科研院所、高水平的人才队伍、高技术的创新企业以及高质量的基础设施。首都科技创新资源的富集程度在世界上也是不多见。如此富集的科技创新资源为首都成为国际一流的科学中心提供了客观条件，也为首都建成全国科技创新中心奠定了坚实的基础。

先发战略能力为首都成为国际一流的高科技创新中心提供源泉。全国科技创新中心要求首都成为全国顶尖乃至国际一流的产业科技创新中心。首都拥有丰富且高质量的科研成果，拥有高水平的科研团队，已经为首都经济社会发展提供了强有力的支撑和保障。例如，中关村是我国科教智力和人才资源最为密集的区域，2013 年中关村示范区高新技术企业增加值占北京市 GDP 比重超过 20%，企业实缴税费 1506.6 亿元，实现出口约占全市出口总额四成，企业科技活动经费支出 1165 亿元。目前，全市科技型企业近 24 万家，占全市企业总数的 30%，其中国家级高新技术企业 9300 家，占全国近 20%，居全国首位，成为促进经济持续健康发展的重要力量。首都丰富的科技创新资源将继续为中关村乃至整个北京市促进产业科技创新提供来源。

先发战略能力为首都成为国际一流的创新创业高地提供保障。全国科技创新中心要求首都成为全国顶尖乃至国际一流的创新创业高地。首都，尤其是中关村已经成为全球知名的创新创业中心，主要得益于首都高质量的科技创新资源和创新基础设施。中关村是中央人才工作协调小组首批授予的“海外高层次人才创新创业基地”，留学归国创业人才超过 1.8 万人，累计创办企业超过 6000 家，是国内留学归国人员创办企业数量最多的地区。首都拥有全国三成的国家重点实验室，近四成的国家工程实验室，两成的国家工程技术研究中心，三成的国家工程研究中心，占四成的全国试点产业联盟。首都已经具备基础和条件，也正在不断营造更加有利于创新的产业创新环境。这将为首都成为国际一流创新创业高地提供坚实的保障。

先发战略能力为首都成为国际一流的高水平创新人才聚集地创造空间。截至 2012 年底，首都拥有全国超过半数的中科院院士，近半的工程院院士，近 3 成“千人计划”的高层次人才。其中，中关村拥有超过全国总数 1/3 的两院院士，超过八成北京市引进的“千人计划”高层次人才，占全国的近二成，已经初步形成了高水平创新人才聚聚的趋势和格局。首都拥有的丰富的科教院所资源、高度集聚的创新企业以及高质量的科研创新基础设施，将成为高水平创新人才选择的关键。这也为首都成为更富吸引力的高水平人才聚集地创造了更大的空间。

总而言之，先发战略能力是首都打造具有全球影响力的全国科技创新中心的基础和核心，也是首都与其他城市和地区相比所具有的独特优势。能否打造全球领先的先发战略能力是首都建成全国科技创新中心的首要与关键。

二、加强基础研究是首都的创新优势

基础研究以深刻认识自然现象、揭示自然规律，获取新知识、新原理、新方法和培养高素质创新人才等为基本使命，是高新技术发展的重要源泉，是未来科学和技术发展的内在动力。基础研究对于培育科学沃土、营造创新环境、活跃创新思想、优化学科布局、涵养科技人才、提高创新能力具有举足轻重的作用。

（一）首都基础研究综合实力位居全国首位

北京市长期以来高度重视基础研究，基础研究能力已取得长足进步，综合实力位居全国之首，呈现出以下几个特点：

北京高校院所云集科技资源丰富。截至 2014 年 6 月，拥有普通高等院校 91 所，其中中央在京高校 38 所，市属高校 43 所。2012 年，北京市全年研究与试验发展（R&D）经费支出 1063.4 亿元，同比增长约 13.5%，相当于地区生产总值的 5.9%，其中基础研究 R&D 经费支出为 125.8 亿元，同比增长 15.9%。截至 2012 年底，北京市研究与试验发展活动人员 32.2 万人，比上年增加 8.6%，其中基础研究人员 3.5 万人，占比 10.9%。

北京基础研究发展的投入持续稳定。北京市制定实施了一系列重大方针政策，并不断加强基础研究的投入，使首都地区基础研究稳步发展。2012 年，北京市财政投入基础研究经费 3.8 亿元，位居全国首位。自然科学基金是支持基础研究的重要渠道，截至 2012 年，全国共有 29 个省市设有省级自然科学基金计划，投入情况排名中江苏、浙江、北京居前三位。2012 年各省市共投入自然科学基金经费 9.11 亿元，北京投入自然科学基金经费 0.85 亿元，占比 9.3%。

北京重点学科和特色学科数量位居全国首位。北京重点学科和特色学科数量位居全国首位。国家一级重点学科 90 个，占全国的 31.5%；国家二级重点学科 124 个，占全国的 18.3%；教育部特色学科 395 个，占全国的 11.7%。

北京基础研究成效显著，产出丰硕。按照高校论文发表数量及引用情况进行排名，北京地区共有 13 所高校进入 ESI（基本科学指标数据库，基于文献的计量评价分析数据库）排名。每年 1/3 以上的国家科技项目落在北京，两院院士半数以上在北京工作和居住，近三成的国家重点实验室、1/3 的国家工程研究中心、超四成的国家重大科学工程、三成的国家重点学科设在北京，连续 20 年发明专利申请量和授权量国内排名第一，科技论文在全国遥遥领先，国家科技大奖绝大多数“花落”北京。

（二）首都基础研究发展潜力有待进一步挖掘

作为我国基础研究能力最强的地区，首都基础研究不仅取得了显著进步，而且还有很多可以进一步提升的空间。主要体现在：

一是科研质量可以进一步提高。首都基础研究各学科获得资助的项目与发表的国际论文数量增长迅速，但与美、欧、日等发达国家和地区相比仍有较大差距，原创性研究成果较少，跟踪模仿研究较多。由北京自主完成的、对所在领域有重大影响的成果较少，由北京学者提出或创立的新概念和新理论还比较缺乏，高引用的研究论文和有重大实际应用价值的原创性成果。

二是基础前瞻可以进一步加强。基础性科学研究开始时往往凭好奇心和兴趣驱使，并不一定马上以实用为目的，但是很多的科学研究成果，往往成为之后一些重大技术突破的基础。比如，若 20 世纪初没有量子论、相对论的发现，就没有今天的半导体产业、纳米技术、航空航天技术等的广泛应用；没有 DNA 双螺旋结构模型的建立，也就没有今天生物工程、生物技术的不断突破和发展。而且，现代技术的核心知识产权，往往赶在向公众发布之前，是在基础研究活动中，在实验室的新发现还没有成为技术的时候，就开始申请专利加以保护了。具有较高风险、更为前沿基础的研究投入不足，导致北京真正致力于原始创新，即提出新理论，创立新观点、新领域，取得有重大影响的新发现，影响人类认知的重大原创性研究成果太少。而且处于国际前沿的、在所在领域有重要影响的顶尖学者较少，并且基础研究过多依靠少数科研院所的少数科学家，这表明北京的基础研究还未达到稳步发展的阶段。

三是对基础研究的支持可以更加稳定。目前，北京市研究机构和高等学校研发经费支出在全社会研发经费支出比重明显高于全国，近 60% 的经费支出来自于研究机构和高等学校。而北京研发机构 R&D 经费支出中，来自于政府的比例达到 86.1%；北京高等学校 R&D 经费支出中，来自于政府的高达 66.32%。但是从调研情况看，很多科学家反映基础研究的功利性较强，往往较为强调基础研究的应用价值，导致科学家将更多的精力和资源投入到更加接近应用技术的基础研究部分。同时，现有基础研究的投入不足，导致科学家仍然需要投入大量的时间和精力申请科研经费。

四是企业可以率先成为基础研究的重要力量。首都科技资源丰富，科研院所和高等学校密集，能否促进产学研有机结合，成为北京市创新能力提升的关键。目前首都基础研究主要靠政府，尤其是中央财政的投入，北京市政府主要投入应用基础研究。北京研发机构 R&D 经费支出中，来自于企业的仅占 1.81%。北京高等学校 R&D 经费支出中，来自于企业的仅占 28.75%。这深刻表明，企业在基础研究投入方面严重不足。这一方面是因为企业研发经费更多投向应用研究和产品开放，另一方面也表明政府未能制定更为吸引企业参与先发战略能力建设的优惠政策环境。首都作为全国科技创新中心，企业不应该和其他省市和地方的企业一样，应该更加重视基础和前沿科学，更加关注具有较大风险的、更加前沿的基础研究，以探索科技未来的发展方向。2013 年中关村示范区共有高新技术企业 1.5 万家，中关村示范区的高新技术企业数量、经济总量、创新实力等稳居全国 105 个高新区之首。这表明首都的企业科技创新能力也明显高于全国平均水平，具备了开展前沿和基础研究的能力和水平。这就要求首都制定更加有利于企业开展基础研究和前沿探索的优惠政策。

（三）首都加强基础研究的重点方向

首都加强基础研究，努力成为科技创新引领者，要结合首都战略需求与科学前沿，坚持服务国家目标与鼓励自由探索相结合，遵循科学发展的规律，重视科学家的探索精神，突出科学的长远价值，稳定支持，超前部署。力争到2020年，首都要成为在国家创新体系中形成具有独特优势的科技创新区域，基础研究投入占比8%以上，产生一批标志性甚至于领跑型的成果，储备一批前沿甚至是颠覆性技术，引进和培育一批具有世界一流水平的创新团队，努力建设全球最具活力的科技创新中心。

基础研究领域的重点方向应包括：生命过程的定量研究与系统整合、凝聚态物质与新效应、物质深层次结构和宇宙大尺度物理学规律、核心数学及其在交叉领域的应用、地球系统过程与资源、环境和灾害效应、新物质创造与转化的化学过程、脑科学与认知科学以及科学实验与观测方法、技术和设备的创新。

同时在农业、能源、信息、资源环境、健康、材料、制造与工程、综合交叉等重点领域部署具有战略性、前瞻性、全局性和带动性的基础研究工作，更加聚焦国家重大战略需求、更加强化科学目标导向、更加注重优秀团队建设、更加注重青年科学家的培养，着力解决制约国家经济社会发展的关键科学问题。

此外，在面向国家战略需求的同时，首都要进一步强化应用基础研究，主要包括：

1）针对首都发展瓶颈问题的形成机理研究的科技需求，要加强对水污染、大气污染、生活垃圾污染等形成机理分析，为提供系统解决方案提供依据。

2）针对首都发展关键问题的系统解决方案的科技需求，要在机制分析的基础上，根据北京市水、电、气、热力供应、交通物流、市政管理的现状和需求，针对重大关键问题提出科学系统的解决方案。

3）针对首都发展重点领域的基础性科技需求，要围绕经济社会发展的各个重点领域如城市地下管网、流动人口管理、人类健康与疾病的生物学、材料科学绿色化发展和信息科学发展等进行基本数据、资料和相关信息收集、梳理、评价和综合分析，为决策提供依据。

三、加速战略前沿高技术研发是首都创新的源泉

（一）首都战略前沿高技术的发展位居前列

战略前沿高技术的研究涉及我国现代化建设关键领域，关系到一国自主创新能力和国家核心竞争力的提升。总体来看，首都战略前沿高技术研发已经取得了重大突破，相关领域的自主创新能力也已显著增强。2009—2012年，北京承担国家科技重大专项项目近1700个，占全国的40%以上。北京市共配套支持重大专项项目209个。在以生命科技、信息科技、纳米科技及其交叉融合为主要特征的新科技革命发生之际，北京市4G、集成电路（integrated circuit,IC）65纳米成套工艺、核电设计软件等一批项目取得技术突破，提升了北京相关领域的自主创新能力。

专栏4-1　超大规模集成电路65-40纳米成套产品工艺研发与产业化

2005年由中芯国际牵头，依托中芯国际研发团队和12英寸先进生产线并联合高校研究所，组织了近千人的产学研团队，投入了37亿多元人民币，经过大量理论研究和3万多次工艺实验，开发了数千步自主创新的工艺步骤，最后通过集成创新研发出国内领先、世界先进的65-40纳米产品大生产成套工艺。同时，开发了相应的设计65-40纳米的模型和IP库，建立了拥有自主知识产权的低功耗、通过和射频混合信号（RF）产品工艺平台，实现了世界IC代工先进主流技术65-40纳米的大规模生产。

拥有自主知识产权发明专利2000多项（已授权1000多项），软件著权5项，在国际核心刊物和会议发表论文50余篇，掌握了一系列技术细节秘密（know-how）。65/55纳米成套工艺技术研究在国内大生产线上首次实现了应变硅、镍化硅、源漏组合注入等关键核心技术，集成度超过每平方厘米10亿个晶体管。

在战略性新兴产业培育发展方面取得新成效，八大战略性新兴产业发展

专项规划发布实施，2013 年实现销售收入超过 2.7 万亿元。“智慧北京”和“宽带北京”行动计划发布实施，新一代移动通信产业跻身国际最高水平。4G 作为新一代移动宽带技术的领军技术，已经在全球快速发展商用，全球用户已达数千万，我国移动通信从 1G 和 2G 的跟随、3G 时代的同步，实现了 4G 时代的赶超和领跑世界。

结合新一代移动通信和下一代移动互联网的发展，“北京新一代移动通信技术及产品突破工程”，即“4G 工程”应用服务创新计划，组织产、学、研、用多方，以移动通信运营、互联网、移动终端开发的龙头企业和科研院所为主，带动创新型中小企业和个人开发者创新创业，孵化新的应用服务和商业模式，形成产业链聚集发展，加强企业间合作，实现各类平台间的资源共享和整合。

专栏 4-2 智慧北京

“智慧北京”是首都信息化发展的新形态，是未来十年本市信息化发展的主题，“智慧北京”的基本特征是宽带泛在的基础设施、智能融合的信息化应用和创新可持续的发展环境。

到 2015 年，“智慧北京”的发展目标是，实施“智慧北京”八大行动计划，建成泛在、融合、智能、可信的信息基础设施，基本实施人口精准管理、交通智能监管、资源科学调配、安全切实保障的城市运行管理体系，基本建成覆盖城乡居民、伴随市民一生的集成化、个性化、人性化的数字生活环境，基本普及信息化与工业化深度融合、信息技术引领企业创新变革的新型企业运营模式，全面构建以市民需求为中心、高效运行的政府整合服务体系，形成信息化与城市经济社会各方面深度整合的发展态势，信息化整体发展达到世界一流水平，从“数字北京”向“智慧北京”全面跃升。

通过实施“4G 工程”，首都已掌握了一批具有自主知识产权的核心技术，形成专利 3200 余项，国家标准化提案 2500 余项，研制出了一批具有自主知识产权的芯片、系统设备、终端等产品，技术、标准、芯片、系统设备、终端和应用等产业链各环节实现协调发展，基于 4G 的应用产品和服务业态不断涌现。首都已初步具备了开展 4G 应用服务的基础条件。

专栏 4-3　北京新一代移动通信技术及产品突破工程（4G 工程）

2011 年 11 月 6 日，北京市启动了“北京新一代移动通信技术及产品突破工程（4G 工程）”，由北京市科委具体实施。该工程贯彻落实《北京市国民经济和社会发展第十二个五年规划纲要》，发挥首都科技资源聚集优势，着力提升北京在 4G 标准制定、芯片设计、设备研制等方面的核心竞争力，突破一系列 4G 核心技术及产品，实现超前布局，创新引领 4G 产业发展，推动北京在 4G 时代领跑全国，并带动北京市物联网、空间信息及内容服务等相关产业发展。

北京高端数控装备产业技术跨越发展工程（简称“精机工程”），以数控机床、智能机器人和 3D 打印为重点，支持高端装备制造业在关键技术攻关、关键部件研制、整机研发和产业化、行业应用等产业链协同发展。通过两年多的实施，“精机工程”取得的积极成效。首先，面向航空航天、集成电路等领域需求，实现了一批高端整机的突破。在航空航天领域应用方面，支持北京广宇大成数控机床有限公司成功研制出具有自主知识产权的高精度高速磨削技术研究中心，并对接国家高档数控机床与基础制造装备重大专项，获行业权威“春燕奖”，打破了国外垄断。北京市科委启动科技重大项目推动 04 专项成果在京落地，支持北京市电加工研究所在 04 专项成果基础上进一步实现整机及功能部件突破，研制高效智能精密数控电火花机床，实现加工效率倍增，打破封锁，成果将在航天 211 厂进行示范应用。在集成电路领域应用方面，支持北二机床成功研制出 0.5 μ m 级主轴类零件精密磨削设备，引导采用主轴、转台、液压系统、润滑系统、尾架等功能部件成果，实现复杂形状工件的高效精密复合加工。同时，通过统筹项目、重大科技项目等多种手段推动开展关键技术攻关、成果转化和产业化工作，带动产业链上下游共同发展。以数控切削制造为例，北京市以整机突破和产业化为核心，推动全产业链协调发展。通过整机带动，一方面深度挖掘产业链上游的关键功能部件、数控系统及关键技术攻关；另一方面针对产业链下游的航空航天、汽车、轨道交通、船舶等重点行业用户需求，开展用户工艺研究，推进国产装备应用，逐步替代进口。

专栏 4-4　北京高端数控装备产业技术跨越发展工程（精机工程）实施框架

为促进北京市加快落实《国务院关于加快振兴装备制造业的若干意见》、《装备制造业调整和振兴规划》，引导行业加强资源整合、科技创新和机制创新，促进产业技术进步，实施北京高端数控装备制造产业技术跨越式发展，北京市特制定精机工程实施方案。其工程目标是以高端数控机床整机研发和产业化为牵引，带动数控系统及关键功能部件研发及产业化，带动核心技术、共性技术突破，打破国外封锁，满足重点产业和重大工程应用需求，使北京成为国际一流的高端数控装备创新制造中心。其重点任务包括研制一批高端整机，并以整机牵引带动产业链各环节发展；面向重点行业、重大工程需求，开展用户工艺技术研究，推动整机应用和产业化。

2010 年 4 月 23 日，北京市政府启动了北京生物医药产业跨越发展工程即“G20 工程”。一期工程于 2010—2012 年实施，目标是到 2012 年，北京生物医药产业销售收入（不含商业）突破 1000 亿。二期工程在此基础上利用 5 年时间，将生物医药产业对北京 GDP 的贡献度提高至 5% 以上，推动生物医药产业成为支撑首都经济社会发展的支柱产业。目前，“G20 工程”第二期有序推进，已先后认定三批，包括规模企业、潜力企业和引进企业在内的 50 家骨干企业，辐射带动北京市生物医药产业实现营业收入约 1200 亿元，同比增长约 10%。纳米发电机、碳纳米管集成电路、纳米机器人等 20 余项具有国际领先水平的纳米原始创新技术成果在北京落地。

专栏 4-5　G20 工程

北京生物医药产业跨越发展工程（即：G20 工程）是北京市政府于 2010 年 4 月 23 日启动的北京生物医药产业跨越发展工程，意在失去北京生物医药产业成为首都具有战略意义的支柱产业。核心是“聚焦支持一批规模企业，培育一批潜力企业，引进一批国内外重点企业”，使“G20”

成为北京生物医药产业的标志，打造一批北京有规模、全国有地位、世界有声音的代表企业。“G20”立足北京在科技、人才、市场等方面的突出优势，建设一批“国际化、高水平、有规模”的公共服务平台，重点建设拥有核心技术、达到国际先进水平的“专、精、特”发展的生物医药“代工线”，为北京生物医药创新成果孵化和产品规模化生产等提供服务支撑。

（二）首都战略前沿高技术发展面临机遇和挑战

世界新科技革命和产业变革的历史性交汇给首都战略前沿高技术的发展带来了新的机遇。未来 5 年，全球知识创造和技术创新速度将进一步加快，科学技术交叉融合群体跃升的态势日益明显，信息、生物、新能源、职能制造领域不断突破融合，新一轮科技革命和产业变革孕育兴起，并形成历史性交汇。

亚洲将成为新的全球研发中心和科技创新中心，中国要力争主导，北京要力争占先。亚洲日益成为全球研发的新引擎，2013 年亚洲 20 国研发投入占全球研发投入的比重为 38.4%，超过美洲继续领跑全球研发投入第一，其中中国占比达到 13.7%。亚太地区科技地位稳步提升，在未来 5 ～ 10 年，亚洲有可能发展成为世界上重要的知识加工、研发、高技术产业投资和贸易中心。中国已成为全球最大的高技术产品出口国，基础型、创新型本地化研究占比有所上升，越来越多的跨国公司将在华研发中心作为其亚太区研发总部，有些甚至升级为全球技术研发中心。当前，北京已经成为外资研发投资的重点之一。2012 年，在全国实际利用外资连续数月下降的情况下，北京市实际外资达到 80.4 亿美元，增长 14.0%，再上历史新台阶。外资总部企业和研发机构进一步聚集，2012 年新认定 15 家跨国公司地区总部，使跨国公司地区总部累计达到 127 家，其中 84 家为世界 500 强在京地区总部。新增 41 家跨国公司总部企业和研发机构，累计达 663 家。北京仍然是跨国公司研发与营运价值链环节最为集中的投资场所，在京设立的外资研发机构规模、地位和作用不断提升，有向全球研发中心扩展的趋势。在京跨国公司 85% 的 R&D 机构分布在电子信息和先进制造技术领域，从事科技前沿领域的研究与开发。因此，北京要牢牢把握全球研发中心东移的趋势，依靠北京的雄厚科技创新实力在其中争取先发优势。

专栏 4-6 北京蝉联世界 500 强企业总部数量全球第一

据美国《财富》杂志最新公布的 2014 年世界 500 强企业榜单，北京拥有的世界 500 强企业总部由 2013 年的 48 家增加至 52 家，蝉联全球城市第一。除了数量增加，北京拥有的世界 500 强企业总部还呈现整体位次继续前移、营收实力不断增强、所涉领域进一步拓宽等特点。2014 年，北京采取多项措施巩固“总部之者”地位，进一步优化总部企业在京发展环境，完善投资促进机制，建立健全总部企业重大项目投资发展机制和跟进服务机制，搭建总部企业市场服务平台，鼓励跨国公司在京设立地区总部、研发中心、采购中心、财务管理中心等功能性机构。除北京外，全球拥有世界 500 强企业总部排名第 2 至 5 名的城市分别为：日本东京、法国巴黎、美国纽约和英国伦敦。

首都虽然具有先行先试的特权，不断优化推动战略前沿高技术成果转化的政策环境，但仍然存在进一步优化的空间。以中关村国家自主创新示范区实施的创新试点政策为例，股权激励试点政策方面，实施激励企业存续时间长，股权方式使用率、激励强度低。科技成果处置权和收益权试点政策方面，多业务条线管理与成果转化相机选择的实际需求相悖，监管重心过于偏重维护国有资产安全，对成果以处置等方式进行转化的激励措施规定不够到位，科技成果处置有关操作环节障碍较多。研发税收加计扣除政策方面，可加计扣除的研发费用科目仍然偏窄，企业在享受优惠过程中环节多、程序复杂，大量小微企业因申报成本高、收益低而弃权。教育经费税前 8% 扣除税收政策方面，主要实施对象为高新技术企业，其他创新企业无法激励。股权奖励个人所得税政策方面，对实施主体限制过严，且试点期太短。科研经费管理政策方面，实施间接费用补偿的科研计划仅为部分类别项目，间接费用覆盖范围及比例有待进一步细化。

（三）首都战略前沿高技术发展的重点方向

战略前沿高技术的研究涉及我国现代化建设关键领域，事关自主创新能力和国家核心竞争力提升，必须从战略高度重视加强，务求实现高技术领域中具有战略性、前瞻性、先导性和探索性的重大技术更大突破，瞄准并促进未来新科技革命可能发生的前沿方向以及能带动技术创新、促进产业变革的重要科学问题，前瞻布局，持续攻关。

首都突破战略前沿高技术产业领域重大关键、共性技术，加速战略高技术产业发展，是扩充首都经济总量，提高经济发展质量的战略选择。首都前沿技术的研究主要依托中央在京科研力量及部分市属科研力量而展开，国家战略和北京长远需求是推动北京发展前沿技术的两大推动力。首都推动前沿高技术发展的重点需求包括：

1）人类生命健康领域的关键性突破科技需求。加大科技投入，组织联合攻关，力争在功能基因组、蛋白质组、干细胞、组织工程等方面取得突破性进展，为人类健康做出贡献。

2）先进制造及材料领域的关键性突破科技需求。部署科技力量，力争在高温超导、纳米、高效能源材料、智能制造与应用技术方面突破技术瓶颈，推动先进制造和材料领域的快速发展。

3）新能源领域的关键性突破科技需求。在氢能及燃料电池、洁净煤燃烧和分布式电力技术等方面加强科技部署，力求取得突破，为解决能源问题开拓路径。

重点技术方向及关键技术应包括但不限于：功能基因组与蛋白质工程、干细胞与组织工程、网格技术与高性能计算机、高温超导技术、纳米材料技术、高效能源材料技术、智能制造与应用技术、氢能及燃料电池技术、分布式电力技术以及承担国家重大科技专项任务和工作。

四、一流科技创新基地是首都创新的保障

（一）北京科技创新基地建设取得显著成效

北京市重点实验室和工程技术研究中心是首都技术创新体系的重要组成部分，是开展高水平基础研究、应用基础研究、前沿技术和共性关键技术研究，促进重大科技成果转化和产业化的重要科技创新基地，是建设以企业为主体、市场为导向、政产学研用相结合的技术创新体系的重要载体。经过多年的建设与发展，北京市在科技创新基地建设方面已取得重要进展，搭建各类科技创新平台，撬动科技创新资源开放共享，为在京企业、高校、院所营造更好的发展环境。

一是建设一批高水平的科研创新基础设施。据不完全统计，截至 2014 年 6 月，北京市拥有国家重点实验室 111 家，占全国的 30.9%；国家工程实验室 50 家，占全国的 36.0%；国家工程技术研究中心 66 家，占全国的 19.1%；国家工程研究中心 41 家，占全国的 31.3%。经北京市认定的省部级重点实验室 330 个、工程实验室 74 个、工程（技术）研究中心 275 家、企业技术中心 464 家，企业研发机构 348 家。自 2006 年 6 月正式启动以来，中关村开放实验室工程已先后进行了七批挂牌，目前挂牌实验室达到 134 家；直接受益企业上万家，促进了经济效益和社会效益的提升，牵动了上千亿元产业发展。历经七年的发展，中关村开放实验室平台凝聚各项资源已达到一定规模，成为集科研人才、专业设备、高精尖技术及产业化项目信息等多种资源于一体的开放创新平台。

专栏 4-7　中关村开放实施工程

中关村开放实验室是中关村国家自主创新示范区为充分发挥北京地区独有的高科技创新资源集聚优势，强力推动产学研合作，积极促进科技成果转化而重点推动的一项工程。中关村开放实验室可以为企业提供联合研发、委托研发、设计、中试和检测等服务。自 2006 年 6 月正式启动以来，已先后完成了 7 批中关村开放实验室挂牌，总数已达 134 家。

中关村开放实验室工程坚持以市场为导向、以企业为主体、以要素集成为路径，持续开展机制创新、体制创新、服务创新、组织创新和文化创新，失去政产学研介五位一体的创新平台建设。目前，中关村开放实验室已成为有规模、有体系、有政策、有模式、有成果、有品牌、有持续发展能力的开放式产学研结合创新服务平台。

二是搭建首都科技条件平台。2009 年以来，北京市通过科学合理的市场化制度安排，跨部门、跨领域整合仪器设备、科技成果和科技人才三类科技资源，提供测试检测、联合研发及技术转移等服务，实现了对在京高校院所企业科技资源的有效整合、高效运营和市场化服务，为全社会特别是科技型中小企业的自主创新提供了有力支持。首都科技条件平台建立了以 27 家研发实验服务基地、12 个领域中心、14 个区县工作站为主体的“小核心、大网络”的工作体系和科技资源开放服务体系，形成了科技资源整合促进产学研用协同创新的“北京模式”。截至目前，促进 676 个国家级、北京市级重点实验室、工程中心价值 192 亿元，3.84 万台（套）仪器设备向社会开放共享；梳理了 559 项较成熟的科研成果促进其转移转化；聚集了包括两院院士、长江学者等高端人才在内的 9003 位专家，形成了仪器设备、科技成果和研发服务人才队伍共同开放的大格局。2014 年，平台通过开展“首都科技条件平台百家重点实验室进千家企业”等活动，促进资源和需求有效对接，取得了非常好的效果，共促进 129 项科技成果落地北京实现技术转移转化，有 8420 家企业享受到首都科技条件平台的各类服务，服务合同额达 17.21 亿元，在服务企业不同层次创新需求的同时，也提升了首都创新的内生动力。在平台运营过程中，进一步培育了专业服务机构的服务能力，2014 年专业服务机构实现服务合同达 1.56 亿元。与此同时，建立了京蒙、京津、贵阳、银川 4 家区域合作站，2014 年共服务合作站 596 家企业，实现服务合同额达 0.57 亿元，其中天津 0.31 亿元，内蒙古 0.18 亿元，贵阳 0.05 亿元，银川 0.03 亿元。并针对贵阳、内蒙古等地的需求，在前期有效对接的基础上，召开了供需专场对接会。

表 4–1　首都科技条件平台仪器设备开发数据

所属领域	仪器设备（台 / 套）	开放科技资源量（万元）
生物医药	5980	366381.28
电子信息	6079	137070080
新材料	6273	530311.1
能源环保	4859	225492.56
工业设计	325	20299.074
装备制造	3976	144336.7
现代农业	1980	97070.82
科技孵化器领域中心	6	82.1
检测认证领域中心	748	13821.244
军民融合领域中心	368	56171.25
技术转移领域中心	11	2370.7495

数据来源：http://www.sdtjpt.gov.cn/publicfiles//business/htmlfiles/tjpt/index.html。

三是搭建政产学研用跨界合作平台，形成协同创新发展的新引擎。截至目前，北京市科委共推动构建了北京新一代移动通信产业创新联盟、全国印刷电子产业技术创新联盟、北京材料分析测试服务联盟、北京数字化制造产业技术创新联盟、长风开放标准平台软件联盟等 150 余家以龙头企业为主导的产业技术联盟，其中，科技部试点联盟 63 家，占全国试点联盟的 42%，居全国首位。支持成立首都创新大联盟，推动产业融合、协同创新，71 家产业技术创新联盟涵盖企业、高等学校和科研院所等各类创新主体 5000 多家，形成了以企业为主体、产学研用协同创新的新型社会组织，以市场为导向的互利共赢机制进一步深化。市级科技创新基地累计达 1400 家，其中企业研发机构 348 家。

专栏 4-8 中关村创新创业孵化一条街

2014 年 6 月 12 日，“中关村创业大街”正式开街。这条特色街区正以创业企业的需求为导向，致力于构建服务功能完善的创业环境。这第街聚集的机构，提供的服务代表着核心区正在加速形成的创新创业生态系统。

截至 2014 年底，中关村创业大街已聚集了车库咖啡、3W 咖啡、36 氪等 16 家新型创业服务机构，形成了涵盖投融资对接、商业模式构建、团队融合、媒体资讯等服务在内的创业生态体系。入孵创业团队总数达 339 个，其中海归团队 48 个；合作的天使投资人和投资机构超过 2000 个，已有 123 个团队获得融资，平均融资额 500 万元，累计融资约 6.15 亿元，入驻机构先后举办的线上线下创新创业活动 369 场，累计参与人数达 2.8 万人。

下一步，创新创业孵化一条街将精选入驻机构，提升对创业团队的多样化、差异化服务功能，继续加大空间腾退和高端机构引入力度，在全球范围内筛选顶尖机构进驻街区。在完善政府公共服务体系方面，街区将引入行政服务中心，建设“创业会客厅”，集中为街区机构、企业提供审批服务和政策咨询服务；区相关部门将加强对街区入驻机构的规范和引导，制定服务手册，提供简洁、透明的指导；将强化创业展示服务功能，建设“创新展示中心”，宣传展示街区创业企业和中关村新技术新产品。

四是搭建科技型中小企业孵化与转化平台，鼓励社会资本投资兴办孵化机构，支持孵化机构品牌和服务输出，培育和推广新型孵化服务模式。截至目前，北京市拥有科技孵化机构 130 家，总面积近 400 万平方米，在孵企业 8500家，涌现出一批创新型孵化器和孵化服务新兴业态。联想之星、车库咖啡、36 氪等 17 家创新型孵化器纳入国家级科技企业孵化器的管理体系，支持在核心区打造“一城三街”，即建设软件城、知识产权和标准化一条街、创新创业孵化一条街、科技金融一条街。

专栏 4-9　中关村创新平台

北京市政府会同中关村国家自主创新示范区部际协调小组相关部门，共同组建中关村科技创新和产业化促进中心（简称首都创新资源平台）。首都创新资源平台在市政府和中央相关部门共同领导下，负责落实示范区建设的各项重大决策，整合资源，提高效率，对跨层级审批和跨部门审批加强协调和督办，促进重大科技成果产业化，构建有利于政策先行先试的工作机制，形成高效运转、充满活力的科技创新和产业化服务体系。中关村管委会加挂中关村科技创新和产业化促进中心综合办公室牌子。中关村管委会作为市政府的派出机构，同时又是中关村科技创新和产业化促进中心的办事机构。综合办公室主任由中关村管委会主任兼任。综合办公室负责保障首都创新资源正常运行，统一开展审批受理、内部协调和对外联络服务等工作。

五是搭建中关村创新工作平台，完善跨层级、跨部门、央地合作联动的协同创新工作机制，统筹解决创新驱动发展过程中存在的突出问题和政策障碍，推动形成创新发展合力。其中，重大科技成果产业化项目审批联席会议办公室，具体研究审定项目的确定、资金支持、选址和产业布局等重大问题，主要支持国家科技重大专项、科技基础设施和重大科技成果产业化；科技金融工作组，负责协调金融机构开展符合科技企业特点的制度创新、产品创新、服务创新，吸引聚集金融服务资源，推动全国场外交易市场的管理机构落户中关村国家自主创新示范区，推动开展知识产权质押、信用贷款等科技金融创新业务，推动股权投资聚集和发展，支持企业在境内外资本市场上市和利用资本市场开展兼并重组，及时提出需要由首都创新资源平台协调解决的重大事项。人才工作组，负责搭建吸引和聚集高端领军人才创新创业的服务平台，吸引国际一流人才团队和科研机构，推动建立有利于创新工作的学术环境和与国际接轨的创新创业服务体系。新技术新产品政府采购和应用推广工作组，负责推动实施新技术、新产品政府采购和重大应用示范工程，促进新技术、新产品的应用和推广。政策先行先试工作组，负责研究制订中关村国家自主创新示范区内有关单位股权激励试点方案审批实施细则，加快推进股权激励试点工作；联合审定示范区内有关单位申报的股权激励试点方案；推动落实间接经费列支、高新技术企业认定、品牌和标准建设等先行先试政策，及时提出需要由首都创新资源平台协调解决的重大事项。规划建设工作组，按照土地集约利用原则，负责推进实施中关村国家自主创新示范区产业空间布局规划，协调推进重大科技成果产业化项目的选址、规划建设等方面审批工作，促进重大项目落地实施。中关村科学城工作组，负责协调推进中关村科学城建设的相关工作；负责按照产业发展规划，组织提出特色产业园的建设方案；统一受理中关村科学城区域内的特色产业园项目、重大科技成果产业化项目、产业技术研究院项目的申报，并汇总整理和组织筛选；会同其他职能部门开展项目落地服务工作。现代服务业工作组，组织制定中关村现代服务业总体发展规划及分领域规划、总体实施方案及分领域方案；组织研究财税、金融、土地等创新政策；组织建立评价体系和统计体系；研究提出领导小组会议、部市会商工作议题；组织协调市相关部门和协调落实中央部委相关工作；制定试点项目资金管理办法；组织做好政策宣传推广；制定考核奖惩管理办法。

（二）首都科技创新基地建设面临的机遇和挑战

在科学合作日益成为研发全球化最重要手段的同时，日益深入的科学共享也成为研发全球化的显著特征，这给首都创新基地建设带来了新的机遇。

1988 年，多作者合写的文章占所有科学和工程文章总数的 40%，到 2010 年该比重超过了 67%。2008 年 6 月，38 个国家在韩国首尔签署《世界科学联盟协议》，为世界各国的多种科学资源和专业知识提供一个单一的、精确的接入点，任何连接互联网的人可以通过该网站查询 44 个国家的 32 个国家级科学数据库。2013 年，全球研究理事会（Global Research Council，GRC）通过

《科技论文开放获取行动计划》。2014年，根据对世界64个主要资助机构《科技论文开放获取行动计划》总体执行情况的评估表明：开放获取已成为全球趋势，几乎所有资助机构都在积极推进，且对科学数据的共享越来越感兴趣。科学共享不仅有利于推动科学合作更加无缝连接，而且有利于为促进人类的发展而更加高效地共同攻克科学难题。

专栏4-10　全球研究理事会（GRC）

全球研究理事会（GRC）由美国国家科学基金会，德国科学基金会和中国科学院等11家机构于2012年共同创立。是个非官方科学组织，旨在探讨和寻求国际科技界能够共同接受的科学发展方略，推动和实现更多更好的国际科技合作。随着全球科研经费的不断增长，世界上有更多的科技人员参与知识创新工作，世界各国不断跨越国界的限制开展各种形式的国际合作。国际合作能够有效地提高科学研究的质量，避免重复性工作，促进规模经济的形成，同时解决诸多必须通过合作才能够解决的全球性问题。作为科技界的代表，国立科学研究理事会和科研机构有责任和义务促进科学的健康发展和推动广泛、实质和高质量的国际合作，包括推动科学按照规范的原则和方法来开展。GRC正是在这样的全球背景下成立的。

GRC的目标是改善国家研究理事会之间的沟通与合作，推动高质量科研工作产生的数据和方法的共享，提供国家研究理事会和科研组织领导人定期讨论和会晤的机制，应对在研究和教育资助工作中所面临的共同挑战，寻找支持全球科技界的有效合作机制，并集中力量推动以科研质量为决策基础的原则。GRC以始终保持“自愿”和“虚拟”组织为准则，不设秘书处，不收取会员费和其他费用，其产生的文件不具有法律约束力。

研发的全球组织方式不断丰富，区域化、集群化、虚拟化等创新模式日益受到重视，合同研发外包不断发展。科技创新与金融资本、商业模式融合更加紧密、创业投资、贷款投资、担保投资、企业股权交易与并购、多层次资本市场等金融手段不断发展，众筹、余额贷款等互联网金融工具层出不穷。

开放式创新合作要求首都各类创新基地能与时俱进，走更加开放与国际化的建设与发展之路。但首都创新基地建设仍然有巨大的发展空间。

一是创新基地建设可以进一步聚焦重点。北京拥有国家级科技创新基地和市级科技创新基地，在数量上已经位居全国首位。但从实际情况来看，众多国家级和市级科技创新基地实力良莠不齐，产生的效果参差不齐，发挥作用也差强人意。

二是围绕创新链各环节进一步衔接，建立开放合作的创新模式，以满足以国家战略为目标的重大创新需求。从科技创新基地分布的情况看，各技术领域分布缺乏重点，未能有效地将有限的资源集中到北京市需要重点发展的方向。

三是创新载体之间存在系统封闭问题，缺乏协同创新机制，整体创新效能有待提升，创新资源相对分散，统筹协调不足，创新要素的流动与集聚机制有待建立。

为解决上述问题，进一步发挥创新链上各类创新载体的整体优势，亟需在现有创新载体基础上，优化和集成创新资源，建设面向首都需求和国家战略的创新基地，以新的组织形式，跨领域、跨部门、跨区域集中组织实施面向国家目标的协同创新。

（三）首都科技创新基地建设的重点方向

科技创新基地的建设关系到首都基础研究、前沿科学知识探索积累、战略高技术突破和战略新兴产业培育等创新链上各环节的对接，关系到经济社会发展和国家安全重大科技问题的解决。北京在建设科技创新基地上不仅要加强科技创新基地“硬基础”——创新基础设施的建设，还要强化科技创新基地“软基础”的建设——创新“软实力”的提升。

到 2020 年，北京市要基本建成布局完整、技术先进、运行高效、支撑有力的重大科技基础设施体系。传统大科学领域设施得到完善和提升，新兴领域设施建设布局较为完整，能够全面支撑前沿科技领域开展原创性研究；设施技术水平持续提高，一大批设施的技术指标居国际领先地位；设施共建、共管、共享的体制机制更加完善，运行和使用效率整体进入世界前列；基本形成若干布局合理的世界级重大科技基础设施集群，设施整体国际影响力和地位显著提高。其重点任务包括：

1）组织重大技术创新项目和协同创新，如探索依托联盟建立国家（工程）实验室和工程技术研究中心，北京市重点（工程）实验室、北京市工程（技术）

研究中心带动产业共性和关键技术研发；支持联盟开展产业技术路线图研究、技术标准制修订、知识产权共享机制建设和共性成果推广等创新活动，引导联盟加强服务产业的功能。

2）强化企业技术创新的主体地位，如支持高校和科研院所建立新型产业技术研究院、行业工程技术中心、产业创新园、国际技术转移中心，组建企业化运营实体，或与企业联合建设研发机构和开发实验室；鼓励企业建立研发和科技成果转化基金、研发准备金，加大研发投入力度。

3）大力培育和发展要素市场，全面布局首都创新的新格局，将北京打造成为全球有影响力的国际技术转移枢纽。一要继续集中力量打造中关村科学城，把中关村科学城建成战略性新兴产业策源地、体制机制创新的前沿阵地、科技成果转化的辐射源和区域创新的先行示范区的建设向前推进一步。二要突出生态环保、科技示范作用，高标准建设园区基础设施和配套生态环境，集中力量打造以中关村国家工程技术创新基地为代表的未来科技城。积极推进中央企业创新资源集聚发展，引进海外高层次创新人才，建设一流科研人才的集聚地、引领科技创新的研发平台和全新运行机制的人才特区，探索实行国际通行的科学研究和科技开发、创业机制，打造成为具有国际影响力的大型企业集团技术创新和成果转化的基地。

第五章　2020：创新引领首都产业“高精尖”转型升级

通过加快体制机制创新步伐，积极推动科技成果转化，坚持创新驱动，努力构建“高精尖”经济结构，促进首都经济可持续发展。

一、创新引领首都产业转型升级的基础

（一）首都产业创新发展现状

1. 产业结构高级化趋势显著

近年来，北京以“优化一产，做强二产，做大三产”为基本思路推动产业结构优化升级，产业结构在合理化基础上不断向高级化方向发展。

（1）服务经济格局初步确立，生产性服务业成为主导产业

从 1995 年开始，北京形成“三、二、一”的产业结构。2000 年以来，“三、二、一”的产业结构进一步巩固。第三产业在北京地区生产总值中的比重持续提升，由 2000 年的 64.8% 提高至 2013 年的 76.9%；第二产业在地区生产总值中的比重缓慢下降，由 2000 年的 32.7% 下降至 2013 年的 22.3%；第一产业比重在低位继续下降，由 2000 年的 2.5% 下降至 2013 年 0.8%。2013 年，第一、第二、第三产业分别实现增加值 161.8 亿元、4352.3 亿元、14986.5 亿元。服务经济格局已经确立。其中，包括科技服务、信息服务、商务服务、金融

服务、流通服务的生产性服务业，以创新实现对产业发展的全面融合渗透，逐步成长为主导产业。2013 年，北京生产性服务业实现增加值 9811.8 亿元，是 2004 年 2261 亿元的 4.3 倍，年均增速 17.7%，在地区生产总值中的比重由 37.5% 上升为 50.3%。

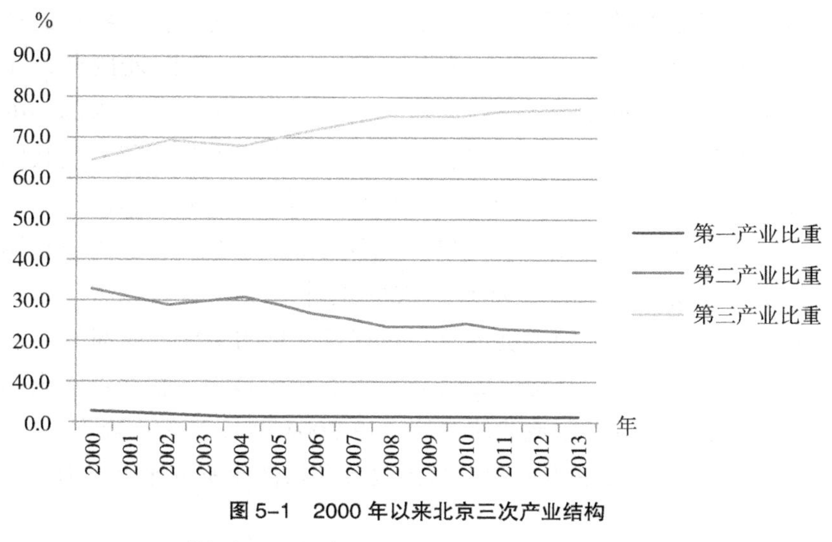

图 5-1　2000 年以来北京三次产业结构

数据来源：根据《北京统计年鉴 2014》相关数据计算。

（2）产业价值链高端服务环节呈现集聚发展的态势，相关服务业在产业体系中的地位不断上升

科技服务代表了价值链上游的研发、设计环节，是产业创新的重要实施载体。北京的科学研究、技术服务与地质勘查业实现增加值由 2004 年的 276.5 亿元上升为 2013 年的 1444.3 亿元，年均增速 20%，在地区生产总值中的比重相应由 4.6% 上升为 7.4%。商务服务代表了管理控制环节及其相关服务，是产业创新的重要推动力和支撑。北京的租赁和商务服务业实现增加值由 2004 年的 276.6 亿元上升为 2013 年的 1536.6 亿元，年均增速 21%，在地区生产总值中的比重相应由 4.6% 上升为 7.9%。

新兴服务业初步形成较完整的产业链和产业体系，成为重要增长点。科技、文化、经济相结合而形成的文化创意产业，充分融合了首都优势，近年来呈现良好的发展势头，在稳定经济增长方面发挥了重要作用。以设计服务、新闻出版等行业为载体，形成了包括创意构思、创意生产、版权实现等环节

的创意产业链。北京文化创意产业实现增加值由 2004 年的 573 亿元发展到 2013 年的 2406.7 亿元，年均增速 17.3%，占地区生产总值比重相应由 9.5% 上升为 12.3%。为充分发挥文化创意在推动产业创新发展中的作用夯实了基础。

（3）产业内部结构升级明显

第二产业内部，主要涵盖电子、交通、机电、医药领域，以高科技含量、高附加值、高产业关联、低物质资源消耗、环境友好为导向和特征的现代制造业发展平稳，实现增加值由 2005 年的 602.7 亿元上升为 2012 年的 1396.1 亿元，在工业中的比重相应由 35.3% 上升为 42.4%。第三产业内部，由新技术应用、业态创新推动形成的新兴服务业和改造升级的传统服务业共同组成的现代服务业，实现增加值由 2004 年的 2669.6 亿元上升为 2012 年的 9435.3 亿元，在第三产业中的比重相应由 65% 上升为 69%。生产性服务业在第三产业中的比重也不断增加，由 2004 年的 55% 上升为 2012 年的 65%。信息产业作为引领新一轮产业变革的关键环节，一直是北京的主导产业部门。2004 年以来，信息产业占地区生产总值的比重一直在 14% 以上。信息产业内部结构不断升级。电子信息设备制造业所占比重由 2004 年的 25% 下降到 2012 年的 14.6%；代表产业高端发展方向的计算机服务和软件业所占比重由 18.9% 上升至 37.5%。

2. 创新初步成为驱动产业发展的重要力量

（1）创新要素在产业发展中的作用增强

总体上来看，知识资本、技术资本、人力资本等创新要素在北京产业发展中的作用不断增强。以科技服务、信息服务、商务服务等为代表的生产性服务业是将知识资本、技术资本，人力资本等创新要素导入产业发展的“过程产业”。与这些产业的融合发展一定程度上反映了创新要素在产业发展中的驱动作用。第一、第二、第三产业对创新要素的消耗使用都在提高。每单位服务业产出所投入的科技服务由 2007 年的 0.0323 单位提高到 2010 年的 0.0408 单位，所投入的商务服务由 0.0551 提高到 0.0903 单位；每单位第二产业产出所投入的科技服务由 2007 年的 0.0137 单位提高到 2010 年的 0.0212 单位，所投入的商务服务由 0.0118 提高到 0.0165 单位；每单位第一产业产出所投入的科技服务由 2007 年的 0.0357 提高到 2010 年的 0.0547，所投入的商务服务由 0.001 提高到 0.0014 单位。这一定程度上表明创新要素在三次产业发展中的作用在增强。

表 5-1　三次产业对创新服务的融合度

投入 产出	科技服务		信息服务		商务服务	
	2010 年	2007 年	2010 年	2007 年	2010 年	2007 年
第一产业	0.0547	0.0357	0.00008	0.00013	0.0014	0.001
第二产业	0.0212	0.0137	0.001	0.0016	0.0165	0.0118
第三产业	0.0408	0.0323	0.0163	0.0326	0.0903	0.0551

注：表中数据为第一、第二、第三产业对科技服务等创新服务的直接消耗系数。

数据来源：根据相关年度北京市投入产出表和投入产出延长表计算。

（2）服务业成为产业创新发展的主导力量

科技服务业作为产业价值链创新环节垂直分离所形成的专业化、市场化、社会化发展的独立业态，是产业创新的重要支撑力量。2013 年，政府部门属的研究与开发机构共有 287 个，R&D 经费内部支出总计 246.8 亿元，占全市的 21%；R&D 人员折合全时当量 5.5 万人年，占全市的 23%；人均 R&D 经费 37 万元，是全市平均水平 17 万元的 2 倍多。取得了较好的创新成果。每万名研发人员发明专利授权数为 419 件，高于全市平均水平 304 件。

信息服务业作为信息技术应用与扩散的主要载体，是北京产业创新的重要领域。2013 年，限额以上信息传输、软件和信息技术服务业企业 R&D 人员折合全时当量 2.8 万人年，占全市的 12%；R&D 经费内部支出 110.3 亿元，占全市的 9%。每万名 R&D 人员发明专利申请数为 2313 件，是全市平均水平 991 件的 2 倍。

在创新要素的驱动下，北京服务业发展效率效益不断提升。从 2009 年开始，规模以上第三产业的收入利润率迈上新台阶，达到 19%，2010—2013 年一直保持在 15% 左右。2013 年，人均实现利润 32 万元，是规模以上工业企业人均利润 11 万元的近 3 倍。

（3）第二产业创新发展主要由高技术制造业拉动，但其创新效率有待进一步增强

高技术制造业是北京第二产业创新的主导产业。2013 年，规模以上高技术制造业的 R&D 人员折合全时当量、R&D 经费支出、新产品销售收入、发明专利申请数分别占规模以上工业的 41%、50%、40%、58%。但其创新驱动力有待进一步增强。与第二产业总体平均水平相比，高技术制造业对创新要素的投入并无明显优势。在 2010 年，通信设备、计算机及其他电子设备制造

业，通用、专用设备制造业，电气机械及器材制造业每单位产出对科技服务的投入水平均不及第二产业的总体水平。创新绩效有待进一步提高。如规模以上高技术制造业中，电子及通信设备制造业，电子计算机及办公设备制造业 2013 年的收入利润率分别为 5% 和 2.8%，不及规模以上工业收入利润率的 6.9%。

表 5-2 高技术制造业对创新服务的融合度

投入 产出	科技服务		信息服务		商务服务	
	2010 年	2007 年	2010 年	2007 年	2010 年	2007 年
通用、专用设备制造业	0.0174	0.0127	0.0023	0.0035	0.0245	0.0152
交通运输设备制造业	0.0165	0.0158	0.0004	0.0008	0.0121	0.0108
电气机械及器材制造业	0.0210	0.0168	0.0010	0.0018	0.0203	0.0151
通信设备、计算机及其他电子设备制造业	0.0066	0.0060	0.0007	0.0013	0.0118	0.0089
仪器仪表及文化办公用机械制造业	0.0213	0.0179	0.0018	0.0031	0.0234	0.0164

注：表中数据为相关产业对科技服务等创新服务的直接消耗系数。

数据来源：根据相关年度北京市投入产出表和投入产出延长表计算。

（4）第一产业的产业融合与创新活动较活跃

北京的农村经济也呈现“三、二、一”的产业结构。2013 年，农村经济收入中，第一、第二、第三产业营业收入比重分别为 5.4%、40.3%、46.7%。农业的创新活动较活跃，科技创新、文化创意推动农业创新发展的作用已初步显现。2010 年，每单位第一产业的产出使用 0.0547 单位的科技服务，在三次产业中居首位。2013 年，种业收入在农业收入中的比重达到 12%，设施农业收入比重达到 49%。种业收入中，销往外埠的收入达到 59%。以“种业之都”和国家现代农业科技城建设为重心，北京作为全国农业科技创新中心和服务中心的地位初现端倪。农业与文化创意产业融合形成的新业态成为农业发展新的增长点。2013 年，农业观光园实现收入 27 亿元，占农业收入的比重由 2012 年的 23% 增加到 23.5%；民俗旅游实现收入 10 亿元，占农业收入的比重由 2012 年的 7.7% 增加到 8.8%。同时，北京农业发挥了重要的生态服务功能。2013 年，都市型现代农业生态服务价值年值为 3449.78 亿元，其中文化旅游服务价值为 598 亿元。

3. 总体上仍处于从全球价值链的中低端向高端攀升的阶段，产业发展方式有待进一步转变

虽然支撑北京产业创新发展的核心技术、关键技术不断取得突破，在新一代信息技术、生物医药、高端装备、新能源、新材料等战略性新兴领域掌握了一批核心技术和相关技术储备。但总体上，与发达国家相比北京所拥有的对全球产业发展具有重大影响力的核心关键技术仍然有较大差距，世界一流的企业、研究机构和拥有自主知识产权的技术、标准、产品较少，许多产业领域核心、关键技术受制于跨国公司。由此造成建立在自主创新能力基础上的产业主导权和控制力缺乏，北京创造、北京服务的科技含量、附加值和品牌影响力都有待进一步提高。

自主创新能力的不足使得产业价值链上的生产制造环节仍以加工组装为主，附加值较低。北京规模以上工业的增加值率由 1996 年的 31% 逐步下降到 2013 年的 19%，收入利润率更是由 1978 年的 34% 不断下降，从 1990 年开始低于 10%，为 8%，并不断在低位徘徊，2013 年仅为 6.9%。规模以上高技术制造业的收入利润率也仅为 7.7%。

自主创新能力的不足也表现在现代制造业与创新型服务业的产业关联不强。例如，每单位通信设备、计算机及其他电子设备制造业的产出直接使用信息服务业仅 0.0007 单位，不及第二产业 0.001 的平均水平。创新链所依托的产业链载体尚未完全形成，从科技成果产出至产业化的创新链条有待进一步贯通。

专栏 5-1　海淀移动互联产业集群

改革开放以来，中关村在世界新技术革命的大潮中，通过制度创新和技术创新，从“中关村电子一条街”逐步发展成为我国最具特色和活力的创新中心和高新技术产业引领区。2009 年，国务院批复中关村建设第一个国家自主创新示范区，明确了先行先试，建设具有全球影响力的科技创新中心的战略目标；北京市批复海淀区成为中关村国家自主创新示范区核心区，确立了“体制改革与机制创新示范区、区域发展方式转变、高端要素聚合区、创新创业聚集地、战略产业策源地”的战略定位。

1. 移动互联网产业集群规模效应开始显现

海淀区互联网和通信企业在新世纪的 2G 时代就开始了探索通过手机等移动终端与互联网资源结合的相关技术和商业模式，并产生了空中网等我国第一批专注于移动互联网的移动应用服务企业。截至 2010 年底，海淀区移动互联网相关企业近 3000 家，其中上市企业 39 家，十百千企业 35 家，产业集群范围内从业人员超过 10 万人。经过 10 年的发展，海淀区在移动互联网产业链的各个环节都聚集了一批极具创新能力的企业，初步形成了各细分领域布局完善的移动互联网产业集群。

2. 移动互联网产业资源聚集，形成产业链完整的产业布局

海淀区移动互联网产业链完整，取得了一批关键核心技术的突破，已形成覆盖移动终端芯片、移动操作系统、移动开发平台、移动互联网终端、网络传输、应用商店和开放平台、个人与行业应用、移动安全等领域的完整产业链，聚集了移动终端软硬件、移动娱乐、移动资讯、移动商务、移动社交等各个领域重点应用的领军企业。

比如在核心芯片方面，以创毅视讯、君正、大唐微电子、芯原微、华砂微、方舟科技为代表；在移动智能终端方面，以联想、汉王、爱国者等为代表；在网络设备方面，以信威、天元网络为代表；在网络运营方面，以易动互联、新网互联、赛金传媒为代表；在移动终端操作系统方面，以播思通讯、中科创达、风灵创景、京联云为代表；在浏览器方面，以优视公司为代表；在移动平台方面，以博云、百度、腾讯为代表；在移动中间件方面，以数字天堂为代表；在网络安全领域，以启明星辰、奇虎、网秦、明朝万达、海泰方圆为代表；在移动搜索方面，以百度、遨游世界为代表；在移动支付方面，以易宝支付、网银在线、银达润和为代表；在移动娱乐方面，以优酷、暴风影音、乐视网为代表；在移动阅读方面，以北大方正、中文在线为代表；在移动社交方面，以新浪、搜狐、人人网为代表；在移动电子商务方面，以赶集网、当当网为代表；在手机游戏方面，以锐易通、完美世界为代表；在企业级移动应用方面，以用友软件、华胜天成、慧点科技为代表；在其他移动应用方面，以广联达、朗德华信、捷通华声为代表。

3. 移动互联网新型产业组织不断涌现，商业模式和新技术创新活跃

海淀区聚集了移动互联网、TD、闪联、RFID 产业联盟等 40 余家产业技术联盟，其中 TD-SCDMA、长风软件等 10 家联盟被纳入科技部产

业技术创新战略联盟试点。在移动互联网产业支撑组织方面，中关村支持优视、网秦等领军企业牵头，联合北京移动、北京联通、大唐电信等17家企业成立了移动互联网产业联盟，开展了有关产业链合作对接、产业政策研究等工作。

海淀区具有移动互联网核心技术研发、网络传输、计算和行业应用示范以及产业联盟协同创新方面的良好基础，以产学研合作推动移动互联网领域的协同创新，率先探索了移动电子商务、企业级移动应用、移动支付等新兴商业模式。

4. 移动互联网标准体系逐步完善，国际化辐射能力持续增强

海淀区企业共主导创制了66项国际标准、590余项国家标准。其中，闪联标准成为全球标准，TD-SCDMA作为全球三大3G标准之一已进入商业化运营阶段，TD-LTE-Advanced成为4G国际标准之一。SCDMA联盟利用自主知识产权的无线通信核心技术，在印度、尼日利亚、斯里兰卡、南非、蒙古国等国家建设了商用网络。同时，海淀区企业还在技术标准和虚拟化、移动应用等关键技术方面取得突破，涌现出曙光安全防火墙、百度框计算等创新成果。

5. 移动互联网产业集群支撑平台建设工作取得明显成效

海淀区以12个专业园区和产业基地、35家科技企业孵化器、20余家大学科技园以及留学人员创业园为主体，建立起了多层次、专业化的创新创业载体，在移动互联网技术研发服务平台、新产品测试认证平台、技术服务平台、新成果展示和交易平台等服务平台和体系建设方面取得了初步成效。在技术与学术支撑平台方面，依托联想研究院、微软亚洲研究院、北邮、清华大学信息科学与技术国家实验室等中关村开放实验室，建设了面向重大需求和应用的移动互联网产学研应用联合实验室，为移动互联网产业的市场化发展提供了有力支撑。

（二）产业创新发展面临重要战略机遇

1. 创新驱动发展战略深入推进，这成为首都产业创新发展的重要动力

党的十七大提出加快转变经济发展方式、推动产业结构优化升级的“三

个转变”，其中之一就是“促进经济增长由主要增加物质资源消耗向主要依靠科技进步、劳动者素质提高、管理创新转变”。将创新驱动确立为经济发展方式转变和产业转型升级的重要路径；党的十八大更加鲜明地提出实施创新驱动发展战略，强调“科技创新是提高社会生产力和综合国力的战略支撑，必须摆在国家发展全局的核心位置”，创新驱动发展战略上升为国家战略。按照党中央、国务院部署，到 2020 年，我国要进入创新型国家行列，这要求科技创新、文化创新及与之相匹配的商业模式创新、管理创新、组织创新等成为经济社会发展的主要驱动力。

北京作为首都，是我国科技智力资源最密集的地区，应率先形成创新驱动的发展格局，以创新为牵引力，实现经济发展方式转变和产业转型升级，并在全国起到示范引领和辐射带动作用。近年来，北京以服务国家创新战略和促进首都经济社会发展为导向，不断完善和深化创新驱动发展的战略安排和政策体系，制定实施了多项支持科技创新及产业化和创新型产业发展的地方法规、政府规章和规范性文件，为深入实施创新驱动发展战略提供了目标导向和制度保障。在 2008 年发布的《北京市中长期科学和技术发展规划纲要（2008—2020 年）》中，明确提出大力实施首都创新战略，全面推进创新型城市建设。要站在全球化创新的高度，凝聚优势资源，大幅度提升自主创新能力，带动首都经济结构高端化转型。提出到 2020 年，使北京成为创新驱动发展的国际先进的创新型城市，北京的全国科技创新中心地位得到进一步强化，成为我国创新发展的核心引领区和联结全球创新网络的重要节点。2012 年，在《关于深化科技体制改革加快首都创新体系建设的意见》中，提出北京要率先形成科技创新、文化创新“双轮驱动”的发展格局。指出深化科技体制改革、加快首都创新体系建设，是北京建设国家创新中心、掌握经济科技竞争制高点和产业发展主动权的迫切需要，是加快经济发展方式转变和经济结构调整的战略举措，是推动首都科学发展、建设中国特色世界城市的重要动力。提出到 2020 年，把北京初步建设成为全球技术创新网络的重要枢纽和有世界影响力的科技文化创新之城。2014 年 2 月，习近平总书记进一步明确了北京作为科技创新中心的新定位，强调要坚持和强化首都科技创新中心的核心功能。9 月，发布实施《关于进一步创新体制机制加快全国科技创新中心建设的意见》，为巩固提升全国科技创新中心的功能地位进一步夯实了制度保障。

与此同时，首都经济已进入更加注重效率和效益、提升发展质量、优化发展模式、依靠创新驱动内生增长的新阶段。产业转型升级也由三次产业间比例的调整，转向创新驱动的产业内升级和创新型产业体系的构建。科技创新与产业创新发展具有内在的密切联系。科技创新与产业创新发展相辅相成，相互促进。科技创新迫切需要以产业创新为重要推动力和转化器，转化成效率更高、效益更优的现实生产力。产业发展必须以创新尤其科技创新为推动力，才能实现生产要素的新组合，提高生产要素的生产率，从而促进产业发展效率效益提高和转型升级。创新驱动战略的深入推进实施与产业转型升级相结合，使得产业创新发展成为内在的必然趋势。在创新驱动发展战略支持下，首都产业创新及其推动的产业跨越发展和突破发展有了坚实的动力源泉。

2. 新的科技革命和产业变革为首都产业创新并实现跨越、赶超发展提供了重要机遇

以信息、生物、新能源、新材料、智能制造为代表的一系列重大技术突破及其相互融合渗透带动的核心技术的群体突破，正推动全球产业变革加速进行。在这新一轮的科技革命和产业变革中，科技创新与产业创新应用都不成熟，全球产业竞争格局尚未完全确立，许多国家面临相同领域的发明创造和产业创新所决定的共同主攻方向[①]。这意味着包括我国在内的发展中国家在科技创新和产业创新上与发达国家进入同一创新起跑线，赶超发展的“机会窗口”已经打开，我国产业创新和转型升级面临重要战略机遇。北京有能力、也有责任引领我国抓住机遇，实现战略赶超。在以北京为龙头的科技经济发达地区带领下，研发拥有自主知识产权的创新成果，推进相关领域科学发现向新技术转化，实现产业应用，占领世界科技和产业的制高点。我国就能够抓住这一战略机遇，实现科技创新能力的跨越式升级，并以科技创新为先导实现经济发展方式转变和产业转型升级。这一过程，为北京发挥高端引领作用并实现向全球价值链高端位置升级提供了重要平台。

3. 世界产业创新发展新趋势，为首都产业创新发展明确了方向

新一轮的科技革命和产业变革，由新一代信息技术、绿色能源、智能制造等技术的快速进步和深入应用推动，这一过程中产业的“数字化”、“智能化”、“个性化”发展趋势将对全球产业体系产生深远影响[②]。制造业的“数字

① 洪银兴．论创新驱动经济发展．南京：南京大学出版社，2013.

② 黄群慧，贺俊．“第三次工业革命”与中国经济发展战略调整．中国工业经济，2013，(1)：5–18.

化”、“智能化”依赖于复杂“技术簇群”的支撑。数字制造、人工智能、工业机器人和添加制造等基础制造技术群体突破和应用条件逐渐趋于成熟，将有力推动整个生产体系生产效率和发展水平的提升。以 3D 打印为代表的新型生产设备，在计算机数控技术等先进制造技术和新材料等技术的支持下，促进生产方式实现重大变革。在这一变革中，以高端数控机床为代表的高端装备制造业、新材料产业等成为制造业体系中的关键部门。而装备制造业等部门正是北京的支柱产业。在产业变革中，如果迅速吸收应用最新的科技和前沿制造技术，并持续改进，在积极的组织学习和产业生态系统的创新完善中进行产业升级，则能够打造产业变革的战略引擎。通过将现代制造技术、制造装备和生产工艺引入现代制造业，能大幅度提升北京制造业的技术含量和生产效率，激发其转型升级的内在活力。同时，北京具有一定基础的新能源等新技术与汽车等传统行业的融合，将促进新能源汽车等新兴产业加快发展。

新的产业变革有力推动了现代制造业与服务业的深度融合。在制造业的智能化变革中，随着全过程数字制造技术的成熟和应用，生产制造环节主要由高效率、高智能的新型装备完成，设计、开发与制造的一体化程度提高，传统的线性创新成为一体化的并行创新过程，制造成为创新的一部分。制造流程简化、科技含量提高、成本降低、价值创造能力增强。同时，信息技术全面嵌入生产流程，生产系统在网络信息技术支撑下全面趋向数字化、智能化，互联网成为信息交流的关键渠道。研发、设计和与制造业相关的软件信息、流通营销等生产性服务业成为制造业的主要业态。制造业和服务业不仅在产业链上纵向融合，而且产业链上设计、生产到销售各环节都需要实现第二、第三产业的深度融合。北京拥有较大规模的独立的研发设计服务业及商务服务、流通服务等生产性服务业，在新的产业发展趋势下，这些高端服务部门与装备制造等高端制造部门基于价值链各维度深度融合互动，实现一体化发展。这一过程一方面将推动北京制造业服务化的深度拓展，提升建立在此基础上的制造业竞争力；另一方面，会通过产业关联对高端服务产生高端需求，进一步促进北京相关服务业尤其知识、信息密集型服务业的衍生发展。

新一轮的科技革命和产业变革更加有利于首都经济的绿色化发展。新的融合型产业体系以知识资本、人力资本等智力资本投入为主，与首都的资源要素禀赋优势相符合；输出更大程度上是实物与服务的融合型产品；生产组织更加科学，制造过程应用信息技术和智能化的制造工艺。这都决定了新型产业体系对资源的使用更加集约、对环境的影响更加友好。

新一轮的科技革命和产业变革也为服务业创新提供了新的动力。服务业的创新发展是科技革命转化、落实为产业变革的重要保障。科技创新在生产系统中的应用，必须由组织、管理系统的变革相配合才能实现。新一代制造技术的应用和执行过程从来都是制造技术与企业战略、营销和基础管理工作的系统性协调变革。制造业变革必然与研发、流通、信息等服务业的变革相伴而生。商业模式创新是促进新技术应用实现与产业化的重要支撑。商业模式创新的实施需要服务业创新相配套，制造业服务化是商业模式创新的重要形式。服务业尤其生产性服务业已成为首都创新型产业体系的主导产业，也是承担首都全国创新中心功能的重要产业载体。我国和北京基于新一轮科技革命和产业变革的经济发展方式转变和产业转型升级，对北京服务业进一步创新发展提出更高水平的需求、提供了更高层次的市场。同时，服务业创新以高新技术为支撑、以商业模式创新和业态创新为中心，也是新一轮产业变革的重要内容。新一代信息技术在服务业中的扩散和应用，提高了服务业的运营效率和发展水平，促进了服务业与其他产业的融合，产生了新的服务业态。新技术也成为服务业创新的直接动力源泉。服务业创新呈现平台化、社会化、数据智能化等新特征。平台化创新借助云计算等技术手段提供了一种全新的服务交付模式，推动了服务业产业链的重构和扁平化发展；社会化意味着用户更加深入地参与服务创新过程，集纳个人智慧、实现服务个性化成为服务模式创新的重要方向；基于“大数据”技术的应用为服务创新开辟了广阔的空间，数据成为服务业创新的核心要素，数据分析能力成为企业的核心竞争能力之一。北京拥有较高水平的信息技术和集聚发展的信息产业，推动信息技术及产业在深度融合中支撑服务业转型升级和创新发展，将助力于首都服务经济发展水平的整体提升。

北京产业创新发展和转型升级处于重要的战略机遇期。创新资源优势和科技创新中心的功能定位，赋予北京引领国家产业创新升级、服务国家战略转型的历史使命。北京虽然具有首都地位带来的创新资源密集、创新中心功能等优势，但同时也具有产业化成本高、区域产业支撑薄弱等劣势；北京虽然拥有重大战略机遇，但同时也面临体制机制改革深度推进、来自国际国内其他城市的竞争等挑战。北京必须做好顶层设计，抓住机遇、迎接挑战、发挥优势、克服劣势，才能不断实现产业创新升级和跨越式发展。

二、首都产业创新发展的总体要求

（一）首都创新型产业体系的功能定位

首都创新型产业体系。一是建立科技有效支撑产业发展的机制，围绕战略性新兴产业需求部署创新链，突破技术瓶颈，掌握核心关键技术，推动节能环保、新一代信息技术、生物、高端装备制造、新能源、新材料、新能源汽车等产业快速发展，增强市场竞争力。加强技术创新，推动技术改造，促进传统产业优化升级。二是围绕品种质量、节能降耗、生态环境、安全生产等重点，完善新技术新工艺新产品的应用推广机制，提升传统产业创新发展能力。针对行业和技术领域特点，整合资源构建共性技术研发基地，在重点产业领域建设技术创新平台。建立健全知识转移和技术扩散机制，加快科技成果转化应用。通过创新型产业体系的建设，实现以下功能：

1. 将首都创新资源向高端、高效、高辐射的现实生产力转化

北京作为首都，其产业创新发展的根基在于高度密集的高端创新要素。将创新要素转化为现实的生产能力，必须要建立高效的驱动创新的产业体系。只有充分发挥产业创新体系的创新要素整合、创新资源转化功能，才能增强首都创新要素在驱动经济内生增长中的作用，并最终实现创新主导的经济增长。通过研发设计服务业，进行有效的科研组织，创新科技服务运营体制机制，整合人力资本、科技项目等创新要素，组织创新资源，进行原始创新、集成创新，研发具有世界先进水平的技术、标准等自主创新成果。通过科技中介服务、商务服务、信息服务等服务业的桥梁纽带、催化剂功能和服务支撑作用，在战略性新兴产业、先进制造业、现代服务业、现代农业的企业创新发展和产业升级中，对创新资源进行新的组合，推广应用创新成果，实现产业化，将其转化为高科技含量、高附加值、高带动力的产品、服务和高影响力、高辐射力的“首都创造”、“首都服务”品牌。不断提升高端生产性服务业的作用，将其打造为创新型生产力的战略引擎。

2. 将基于创新资源的比较优势转化成基于创新能力的产业竞争优势

基于创新资源的比较优势是北京参与全球产业分工的重要基础。以低成本的人力资本等高端要素为基础嵌入全球产业价值链，决定了北京在全球产业创新分工中处于跟随状态，承担的是科技含量和附加值都相对较低的价值链环节。拥有产业技术的原始创新、集成创新等自主创新能力，才能建立产

业核心竞争力，获取产业竞争优势。要通过产业创新体系的完善，打造产业创新链，增强产业创新能力。在具有发展基础和潜力的传统产业领域和战略性新兴产业领域，形成具有全球影响力的自主知识产权，打造建立在较强自主创新能力基础上的产业竞争力。从而推动北京建立基于较强创新能力的产业竞争优势，向全球产业价值链高端环节升级，在全球产业分工中占据具有较强控制力和创新力的优势地位。

3. 在区域和国家产业创新体系中，起到高端引领作用，促进区域和国家经济发展方式转变和产业创新升级

北京的产业创新体系在首都经济圈和国家产业创新体系中具有十分重要的地位和作用。一方面，北京在首都经济圈和全国产业价值链中处于高端创新环节，是创新链的源头。北京产业创新活动产生的高端创新成果，以产业链分工、技术转移等形式在其他地区实现产业化，发挥对区域和全国产业创新升级的辐射带动功能。另一方面，北京的科技创新服务体系为全国的产业创新活动提供了研发服务、知识产权服务、中介服务等，有力支撑了各产业领域自主创新能力的提升。应在北京产业创新能力提升及创新体系完善的同时，充分发挥在区域和国家产业创新体系中的高端引领作用。成为我国进入全球产业创新网络的桥头堡和带动全国参与全球产业竞争、攀升高端分工地位的战略引擎。发挥高端引领作用的过程，为北京产业创新体系开拓了市场，提供了高端需求，进一步拉动北京产业创新水平提高和功能完善。

（二）首都创新型产业体系建设的目标与思路

1. 建设思路

以加快构建“高精尖”经济结构为出发点，全面推进首都经济提质增效。运用市场机制推动构建“高精尖”经济结构。坚持高端引领、创新驱动、绿色发展，强化节能、节地、节水以及人口、环境、技术、安全等产业准入标准，引导产业转型升级和产业融合创新发展，促进产业向价值链中高端跃升。创新政府投入模式，发挥财政性资金的杠杆效应和导向作用，扩大战略性新兴产业创投引导基金规模，引导社会资本支持创新型中小企业发展，推动结构调整和产业升级，促进创新型经济加快成长。

一是积极促进进战略协同、组织协同、制度协同，在具有一定基础和发展优势的战略性新兴产业、现代制造业、现代服务业等行业领域，加快形成以产、学、研协同创新为主线，以行业组织、中介服务、金融服务等为支撑，

以国家战略和政府规划推动、用户需求引领的产业协同创新网络。开发产业发展的核心技术、关键技术、共性技术，不断形成具有全球影响力的技术标准。

二是以国家重大科技专项实施等为抓手，以产业创新联盟等为主要载体，以开放式合作实验室、研发中心等为组织形式，建立利益共享、风险共担的合作机制。实现创新资源与要素的整合与分工，形成知识生产、技术转移转化的创新链，并实现良性循环互动和产学研知识库的知识螺旋发展。同时，推动产业链与创新链相互融合与协同，围绕产业技术路线图，针对产业链上的具体节点进行协同创新，提高产业协同创新效果。

三是充分发挥北京创新型服务业优势，加强服务业对产业协同创新网络的融合和支撑。以科技研发、科技中介服务全链条融入并支持产业创新的协同化与网络化；以信息服务推进协同创新活动组织的柔性化与并行化；以流通服务提升产业创新的市场融合渗透能力与用户导向；以商务服务保障产业协同创新网络运行的知识产权保护运营机制。形成服务于产业协同创新网络的服务创新体系。

四是通过生产性服务业主导产业升级，充分发挥北京知识资本和人力资本优势，以知识服务发挥知识外溢作用，产生正外部性，促进其他产业发展收益递增，实现建立在产业分工深化、迂回化生产基础上的产业结构演进和结构效益提升。在此过程中，基于产业价值链研发设计环节的研发服务业以创新创意提高了产业创新水平和知识技术含量；基于产业价值链流通营销环节的流通服务业以渠道建设和品牌经营促进产业高效地实现市场附加价值。

2. 建设目标

以“做新一产，做优二产，做强三产”为主线，以高端创新型生产性服务业为引擎，以战略性新兴产业为突破口，以现代制造业创新发展为重要支撑，以现代服务业和文化创意产业创新发展为基础，建设创新型的现代产业体系。到 2020 年，形成具有一定影响力的全球产业创新中心。知识资本、技术资本和人力资本等创新要素成为产业发展的重要驱动力量。知识密集型生产性服务业对产业发展形成全面融合渗透，并与产业创新发展形成良性循环和互动。以科技创新、文化创新为两翼，以技术创新、商业模式创新、组织创新、管理创新为重要手段，以制度创新为重要保障，促进产品和服务创新、过程创新、功能创新，实现在全球产业分工和全球价值链中地位的升级。

具体目标包括：

其一，充分发挥科技创新、文化创新的作用，促进农业创新发展、高端发展。到2020年，形成与科技创新、文化创意深度融合，以技术研发、高端产业培育、创新服务为主线，具有国际影响力和辐射力的现代农业体系。

其二，进一步优化第二产业结构。充分发挥战略性新兴产业带动第二产业优化升级的战略引擎作用，促进战略性新兴产业由先导产业发展成为主导产业。进一步提升现代制造业服务化和知识化水平。到2020年，产品结构以“高精尖”为主，形成一批具有自主知识产权的高端产品、标准和自主品牌，打造具有较强国际竞争力的龙头企业和产业集群，培育具有国际影响力的“首都智造”、“首都创造”品牌。

其三，在提高北京服务业市场化、规模化、专业化发展基础上，深入推进创新驱动发展战略，进一步提升服务业竞争力。以科技创新支撑服务业升级，以高端产业需求拉动服务业升级，以新兴业态和增长点推动服务业升级。到2020年，打造具有较强竞争优势的现代服务业体系。服务功能不断提升，服务辐射力不断增强，服务主导的产业融合和产业升级不断推进，服务经济的发展效率效益不断提高。

三、首都产业创新发展的战略路径

（一）做“新”一产

以科技创新支撑农业高端发展。以国家现代农业科技城建设为载体，面向世界、立足北京、服务全国，加快建设农业科技创新服务中心[①]。加强创新组织建设，整合研发资源，促进产学研等创新主体协同创新。以籽种产业为核心推动高端农业发展。重点发展产业链高端的研发和服务环节。促进良种创制与育种技术共享服务平台建设、高效育种技术研发与突破性品种选育等，建设商业化的育种体系和高端、高效的产业服务平台。培育生物农业、精准农业等高端产业。促进物联网、云计算、大数据等新一代信息技术在农业中的创新应用，带动农业信息化、网络化、智能化发展。推动“农业云”建设，对农业生产要素进行数字化设计、智能化控制、精准化运行、科学化管理、市场化运营，提高农业生产率和产业附加值。

推动文化创意向农业深度融合。充分发挥北京文化创意产业优势，促进

---

① 首都科技发展战略研究院．首都科技创新发展报告2013. 北京：科学出版社，2014.

文化创意产业与农业融合发展。提升农业领域的文化内涵和创意设计水平，促进创意农业发展。加强都市休闲农业与新型乡村生态旅游的创意设计，支持建设集农耕体验、田园观光、教育展示、文化创意于一体的休闲农业创意园。打造特色鲜明的创意农业知名品牌。深度挖掘特色农业的文化内涵，丰富农产品的创意设计，以创意设计进一步创新农产品营销模式，提升农产品的文化附加值。

（二）做“优”二产

1. 战略性新兴产业突破发展

加强科技创新，掌握战略性新兴产业关键核心技术和自主知识产权，打造产业核心竞争力；加强商业模式创新，打造战略性新兴产业价值网络和产业生态。深入推进“创新驱动、高端发展、重点跨越、引领示范”发展战略，到 2020 年，将北京建设成为具有全球影响力的战略性新兴产业创新中心和策源地。战略性新兴产业由先导产业发展为主导产业，成为带动现代制造业转型升级的战略引擎和推动新兴服务业发展的重要动力。

（1）加强技术创新，提高自主创新能力

在战略性新兴产业领域，进一步加强协同创新的产业组织建设[①]。支持以龙头企业、优势企业为核心，联合相关领域的高校院所，建设产业技术创新、标准、服务等产业联盟组织。推动高校院所创新体制机制，面向产业需求建设涵盖中试开发、技术转移、成果孵化等功能的新型产业技术研究院。加强建设各类创新平台，有效整合各方面的高端创新资源。以创新平台为载体，进一步完善科技成果转化和产业化的促进机制。支持企业与企业、企业与高校院所围绕产业链开展联合研发和技术合作。围绕经济社会发展的重大战略需求，组织、承担重大项目和重大工程，开展联合攻关，以此为引擎，带动战略性新兴产业领域核心关键技术、共性技术突破。

支持新型创新组织和企业承担核心电子器件、高端通用芯片及基础软件，新一代宽带无线移动通信网，重大新药创制等重大专项。建设蛋白质、航空遥感等国家重大科技基础设施，建设纳米科技、生命科学等重点领域的重要研发基地。在战略性新兴产业领域进一步建设一批国家和北京市工程（技术）研究中心、重点实验室、工程实验室、企业技术中心。支持企业、新型创新

① 李晓华，刘峰 . 产业生态系统与战略性新兴产业发展 . 中国工业经济，2013，(3)：20–32.

组织承担国家科技计划和产业化项目、北京市重大科技项目、重大科技成果产业化与应用示范项目。支持企业实施知识产权和技术标准战略。支持企业和产业技术联盟构建专利池，培育国际品牌。在信息、生物医药、节能环保、新能源、航空航天、新材料等领域部署开展一批重大技术标准创制项目，支持企业、高校院所和创新组织参与国家和国际技术标准的创制。支持企业以产业链为纽带形成标准联盟，推进相关标准的技术和产品应用推广。

（2）建设研发与生产制造相融合的产业集群

新一代信息技术产业。促进产业融合，完善相关产业链，提高系统集成和信息增值服务能力。推动新一代移动通信、下一代互联网、下一代广播电视网等领域核心芯片、高端装备及智能终端的研发和产业化，加快发展移动通信增值服务、数字电视增值服务、数字电视运营服务等。在下一代互联网等领域建设关键技术和评测认证公共服务平台。在移动通信与互联网领域形成全球领先的技术群与产品群，抢占国际标准制高点。掌握新型显示、集成电路等领域的关键技术与先进成套制造工艺，实现规模化生产。研发新一代数字电视、三网融合关键技术，推进其产业化。建设数字电视产业集群，培育新型显示产业集群。加强无线通信终端核心芯片研发及整体解决方案开发，建设涵盖新一代移动通信标准创制、核心芯片、系统设备、终端产品、运营服务的产业链，推动智能移动终端与多媒体应用、内容和增值服务融合。建设涵盖设计、制造、封装、测试、装备的集成电路产业链，促进各环节融合互动，形成具有较强竞争力的产业集群。支持关键技术研发，开发具有自主知识产权的芯片、制造装备和成套工艺，以软件牵引硬件发展。建设芯片设计与整机制造合作平台，推动各产业链环节有效衔接协作。加强发展高端软件。研发具有自主知识产权的操作系统、通用数据库、中间件、信息安全软件，满足重点行业应用、服务业发展和新技术趋势要求的应用软件，互联网通信、数字家电、信息安全和移动计算平台等重点领域的嵌入式软件等专用基础软件。研发推广软件应用解决方案，创新软件应用服务模式，建立以运营服务平台为基础的软件核心价值链。研发高端传感器、核心芯片、核心设备制造等物联网领域的关键技术，推进产业链建设和示范应用，培育物联网新兴服务业。研发虚拟化、云安全等云计算领域核心关键技术，加强云计算基础设施统筹部署，推动云计算服务创新发展，建设以基础设施服务、平台服务、软件服务为主线的云计算产业链和产业体系。

生物产业。推动生物高端制造、医药研发、医疗服务互动融合。结合国家重大新药创制科技重大专项等的实施，掌握新药创制关键核心技术，形成以现代科技为支撑、企业主导的新药创制和安全评价体系，加强生物医药关键产品和技术开发。研发重大医药创新产品，促进化学药、生物制药、新型中药的创新发展。推动新药开发合同研究、健康管理等新业态发展。依托优势企业建设医产学研协同创新的新药研发平台，推进专业园区、医药孵化器等建设研发、中试、生产服务外包平台，完善创新研发环境。以企业为主体，实现医产学研紧密结合，提升生物医学工程产品开发能力，加强先进医疗设备的研发和产业化。突破生物制造关键技术。加强 CRO（研发服务外包）临床研究平台、蛋白抗体药物 CMO（生产服务外包）平台、医疗器械核心部件研发生产平台等公共服务平台建设，有效整合生物产业链。支持中国生物技术创新服务联盟等生物领域产业技术联盟发展。进一步完善产业链，促进生物医药、生物农业、生物制造和相关服务业提升产业规模和竞争力，构建具有国际先进水平的现代生物产业体系。

新能源汽车产业。发展自主品牌的新能源汽车。加强技术开发、规模生产、配套设施完善、运营服务体系构建，打造完整的产业链。建设新能源汽车技术研发及测试平台，建设电池、电机、整车环节的共性技术平台和中试基地。推进整车控制系统、车载能源系统、驱动系统等关键系统和动力电池等关键零部件的产业化，提升整车及关键零部件的开发能力，加强纯电动汽车的应用推广。研究制定充换电技术标准和规范，完善充电网络基础设施和配套服务体系，优化充电模式，完善网络化、智能化的能源供给体系。成为全国高端研发和装备制造中心。

节能环保产业。加强高效节能、先进环保和资源循环利用关键技术及装备的研发和产业化。面向工业、交通、建筑等重点领域，开发推广高效节能技术装备和产品。成为全国技术创新中心和高端制造基地。培育集工程设计与建造、设备制造、技术服务、运行管理于一体的系统集成商。

新能源产业。推动新能源产业实现关键技术突破、核心装备研制及产业化、运行体系建设和重大示范应用，构建安全、经济、绿色的现代能源产业体系。进一步强化太阳能光伏领域的装备研发和高端制造优势。加强风电设备制造和系统集成能力。提高太阳能热利用和风电技术服务业运营水平。提高生物质能、页岩气资源开发利用、分布式发电和智能微电网、地热能等的关键技术研发水平和工程服务能力。提高新能源产业研发创新能力，培育具有较强竞争力的系统集成商和技术服务商。

新材料产业。推进新型功能材料、先进结构材料、复合材料和纳米、超导、智能等共性基础材料的研发创新，实现关键技术突破。面向电子信息、生物、航空航天、新能源、节能环保、装备、汽车等战略性新兴产业和现代制造业需求发展先进适用材料，对产业发展形成重要支撑。形成纳米材料、稀土永磁材料、超导材料、显示与照明材料、电子材料、生物医药材料、太阳能电池材料等特色优势产业链和产业集群。促进产学研紧密结合，打造具有较强自主创新能力、研发生产于一体的新材料产业集群。促进核心设备及生产工艺的自主研发，建设研发服务平台和中试基地。

航空航天产业。依托载人航天与探月工程等国家科技重大专项实施，推动航空航天产业创新发展。促进航空关键材料研发和产业化，研发系统控制、发动机、航空技术等关键技术，加强发展航空科技产业。打造涵盖研发、生产、运营的通用航空产业链。促进产品、系统应用、运营服务一体的民用航天产业规模化发展。加强发展北斗卫星导航系统，打造卫星应用产业集群。加强发展芯片、数据分析处理、系统集成、运营服务等关键环节，建设基础数据、卫星导航与卫星通信综合应用系统等公共服务平台，促进卫星通信、卫星导航、卫星遥感标准体系研制。以研发、总部、高端服务集成应用等产业链高端环节引领我国卫星应用产业发展。

高端装备制造产业。开展关键共性技术研究，实现技术突破，培育自主知识产权。实现关键装备的自主发展，提高整机、关键零部件以及高端通用仪器仪表的设计制造能力。推动高档数控机床、3D 打印、工业智能机器人、自动化成套生产线等智能装备的研发和产业化，突破自动控制系统等核心关键技术，提高成套系统集成能力，提升重点领域制造过程自动化、智能化、绿色化水平。在集成电路、轨道交通、新能源、节能环保等战略性新兴产业领域，提高成套装备能力。培育发展通用航空航天等新兴装备。围绕整机企业，培育关键部件和基础元器件等配套企业。促进高端装备制造与研发设计、服务等环节融合互动。提升高端装备的整体研发、系统设计和技术服务等系统集成能力。

（3）加强商业模式创新，提高市场拓展能力

以新型应用促进商业模式创新。在新一代信息技术领域，结合云运营和大数据应用等，促进下一代互联网技术在政务、金融、农业、能源等行业创新应用，带动其产业化发展。建设云计算应用支撑的配套虚拟化平台，促进海量数据存储、数据挖掘和分析等技术的行业应用。通过商业模式创新，促

进移动互联网技术在电子商务、新媒体、互联网金融等领域规模应用。在移动支付、远程教育、移动办公等领域创新移动互联网综合应用的新模式；推动新一代移动通信在制造等行业成熟应用。

以服务模式创新带动商业模式创新。在生物医药领域，促进以生物产业研发外包为重点的生物技术服务业规模化发展，培育健康管理服务，发展医疗保险、第三方独立医学检验等新服务模式。在节能环保领域，推动节能诊断、节能改造、合同能源管理、能源监测及管理等节能服务产业发展，发展设备维护、监测认定、安全审查、标准制定等服务。创新合同能源管理、环境合同管理、碳交易等商业模式，提高涵盖设计、咨询、运营、服务全产业链的系统解决方案提供能力。在新能源汽车领域，通过车电分离模式、定向购买模式、租赁模式、换电模式等创新型营销和流通模式，重构市场，创造市场需求，推动产业化实现[①]。

进一步完善战略性新兴产业商业模式创新的市场服务体系。建设技术创新平台、综合服务平台、配套设施等，促进金融机构为战略性新兴产业的市场应用推广提供融资服务和资金支持。培育各类市场主体，为商业模式创新提供基础支撑。进一步营造开放、公平、竞争有序的市场环境，规范行业管理，适当放松管制，建立宽松的市场准入制度，改革体制机制，促进具有自主产权的创新产品、创意服务快速实现市场化，为商业模式创新创造有利条件。

专栏 5-2 首都战略性新兴产业加速发展

北京市积极落实八大产业规划，90% 的市重大科技成果转化和产业项目资金投向战略性新兴产业，争取国家资金支持，上半年战略性新兴产业增加值同比增长 14.9%，对工业贡献率 50.8%。设立了总规模 300 亿元的集成电路产业股权投资基金，国家集成电路基金公司和管理公司落户我市，中芯国际二期将于 2015 年一季度投产。

实施科技创新促进产业跨越发展重大工程。生物医药产业跨越发展工程带动产业实现收入 1200 亿元，总产值增长 12%，形成了化学制药、中

① 中国工程科技发展战略研究院．中国战略性新兴产业发展报告 2014. 北京：科学出版社，2014.

药制药、生物制药和医疗器械为主体的行业结构，同仁堂产业园、拜耳医药综合扩建等项目抓紧推进。高端数控装备产业技术跨越发展工程，加快3D 打印、智能机器人等关键技术和重大装备研发和应用。新一代移动通信技术及产品突破工程，从技术、标准、芯片、系统设备、终端和应用等环节协同推进，前瞻布局“5G”关键技术研发。纳米科技产业跃升工程，支持纳米前沿技术突破，促进成果转化，41 家企业入驻纳米产业园。技术创新支持轨道交通产业发展专项，着重支持信号系统技术和工程技术研究，扩大我市铁路四电系统集成及城轨列控系统产业优势，壮大了轨道交通工程技术服务业规模。

加快新能源汽车产业发展。电机、电池、电控“三大电”和电动空调、电动助力专项、电制动“三小电”不断实现技术创新，核心零部件产能初步形成；落实电动汽车推广应用行动计划，制定实施细则，加大购车、用车基础设施建设运营管理和服务保障等环节政策覆盖，2014 年新能源汽车新投运 3957 台、累计 9489 台，其中纯电动汽车新投运 3850 台、累计 9382 台。

继续完善信息基础设施，信息惠民取得新进展。692 万户家庭具备光纤接入能力，489 万户利用固定宽带接入互联网，4G 基站 11880 个，实现主城区、郊区县城及 187 个乡镇全覆盖。升级信息消费产品，云计算、北斗导航与位置服务、大数据等加速推广应用，发布“北京健康云”，服务内容多样化。电子商务示范城市建设继续向商品交易、中小企业、社区便民服务等领域推进，预计 2014 年电子商务交易额 1 万亿元。

2. 现代制造业高端发展

深度推进制造业与服务业融合发展。依托北京服务经济优势，推动现代服务业向制造业各环节全面融合渗透，促进制造业实现服务化战略转型和升级。到 2020 年，形成研发设计、高端制造、品牌营销为一体的现代服务型制造业体系，生产制造过程科技含量进一步提高，效益进一步优化。

（1）构建具有较强竞争力的产品服务系统

促进服务与产品融合，以软件提升硬件价值，实现商业模式创新，重构产业价值链。在电子信息产业，随着信息技术应用的不断深化，手机通信终端、个人娱乐终端等领域的制造厂商推动硬件产品与数字内容服务整合，硬件通过软件和内容提升功能，软件和内容通过硬件联结市场。形成了以终端、内容分销渠道和数字内容为主的产业链，通过产品整合和产业融合实现虚拟化、动态化的个性体验。鼓励北京的电子产品制造商抓住机遇，顺应行业发展趋势，进行服务转型和战略升级。支持相关电子产品制造商与信息服务商联合，深入研究并细分本土各类客户群和应用需求，开发应用程序产品，与电子产品耦合提供附加服务和产品增值服务，形成差异化竞争优势，提高产品使用体验度，实现产品持续增值效应。以此为基础，在移动通信产业领域，开发适应 4G/5G 网络和移动互联网需求的各类增值服务，构造以自主开发环境为基础，以应用软件商店为门户的商业模式，实现芯片解决方案与多媒体应用内容和增值服务相结合。加强通信设备制造、网络运营、集成播控、内容服务之间的融合互动。提高数字版权集约水平，完善智能终端产业服务体系，推动产品设计制造与内容服务、应用商店模式整合发展。促进数字电视终端制造业与数字内容服务业融合发展。进一步建设关键技术研发、高端产品制造、内容服务为一体的数字电视、平板电脑等新型终端产品产业链。促进机械、装备、电子、汽车等制造企业进一步完善与产品相配套的电子控制、信息系统、软件包、操作系统等服务系统，提高产品的差异化水平和竞争力。

推动制造业企业由提供产品向提供服务转型升级。提升新能源装备、节能环保装备、高端制造装备等行业的集成服务能力，实现由生产型制造向服务型制造转型。促进发展工程技术服务，加强工程总包和系统成套服务技术研发，建设工程项目协调服务平台。支持装备制造骨干企业在工程承包、工程设计、系统集成、整体解决方案、再制造等方面拓展增值服务，通过成套服务、交钥匙工程为客户提供一体化的成套安装，开拓集成化的专业服务，提升总集成总承包服务能级，实现向系统解决方案提供商的战略转型。

（2）加强制造业产业链上的服务环节

通过企业内部服务增强、与外部服务形成战略合作，进一步提升研发设计、营销交易、售后服务等价值链高端环节的服务能力，创新服务手段和方式，向价值链高端环节升级，实现商业模式创新[①]。

提升研发设计创新服务水平。在信息技术应用支撑下，促进制造业研发设计向个性化、网络化、协同化发展，提高制造业产品的设计水平，提升产

① 安筱鹏．制造业服务化路线图：机理、模式与选择．北京：商务印书馆，2012.

品功能，丰富产品文化内涵，推动科技创新、文化创意产品和服务的发展，提高产品附加值。推动装备制造、生物医药、汽车、电子信息、服装、家具等行业的龙头企业通过模块化等技术，实现个性化设计，满足市场多样化需求，打造差异化竞争优势。进一步提升面向行业服务研发设计企业的服务范围和水平。促进文化创意元素融入研发设计环节，支持基于新技术、新工艺、新装备、新材料、新需求的设计应用研究，促进工业设计向高端综合设计服务转变，推动工业设计服务范围拓展、服务模式创新。加强高端装备制造产品的外观、结构和功能设计。运用市场机制促进在优势制造业领域建设协同设计云架构体系，通过协同设计云平台促进企业间设计资源共享、开展协同设计创新，创造全新的资源使用与组合创新模式。

进一步提高售后服务的专业化水平。通过提高制造产品的智能化水平、开展智能化和实时化的售后服务，拓展可持续的利润增长点，实现向服务化转型。支持装备制造、汽车等领域企业开展实时的在线支持服务，对所提供的大型、关键设备产品进行实时监控、远程运行监测、故障诊断、预测维护，对客户设备运行实施全过程、全方位的状态管理，及时进行备品备件、维修服务，提高产品的可靠性，保障其正常运行，为客户提供专业、实时服务。

实现精准化的供应链管理。在电子、汽车、医药、钢铁、石化等制造业领域，加强精益供应链管理。以简化供应链流程，提高资源配置效率和生产效率，增强快速响应市场的能力，降低产品全生命周期的运行成本。实现生产、采购、库存、销售、财务等全产业链的协同运作和管理，建设信息平台，支撑企业与产业链上下游及关联机构的有效衔接。支持骨干制造企业优化供应链管理，在提高自身供应链功能的同时拓展市场服务，面向行业提供专业的物流和供应链管理服务。促进第三方物流企业发展。在电子、汽车等产业集群中，推动龙头企业、中小企业及第三方供应链管理企业共同组成运行高效的供应链体系，提高相关产业集群的整体竞争力。

加强电子商务功能，便利市场交易。促进装备、汽车、电子等领域骨干企业运用电子商务，创新交易模式，提高交易效率。建设集采购、销售、客户服务等为一体的电子商务交易平台，整合外部资源，对采购实现全过程统一管理，对客户需求实现全过程服务，有效组织产业链环节。推动钢铁、石化等领域龙头企业扩展自身平台、面向行业建设电子商务交易平台，加快向服务型企业转型。促进制造企业与软件等信息服务企业实现战略合作，提升电子商务平台的功能。支持企业拓展移动电子商务。推动大数据在电子商务中的应用。支持企业依托电子商务平台，建立收集、挖掘商品和服务供需信息的大数据分析和服务系统，基于大数据进行精准营销、精准物流、市场决策分析等智能商务服务，促进电子商务模式创新。

开展多元化的融资服务。支持骨干企业在产品销售、使用等阶段提供多元化的金融融资服务，促进产品销售模式创新，开拓市场。促进在新能源、节能环保装备制造等领域开展融资租赁销售，构建融资租赁销售服务网络，提供多样化的租赁方案，配合专业化集成服务，拓展市场占有率，创新盈利模式。支持汽车等领域企业完善信贷服务，提供租赁服务，拓展市场。支持行业龙头企业建立专业化的金融服务公司，面向行业提供服务，加快实现服务化转型。

（3）促进制造过程向数字化、智能化发展

进一步加强制造业与高端生产服务的融合，促进新一代信息技术在制造过程中的应用，推动信息体系与研发设计制造一体化发展。促进传感器、海量信息智能分析技术等物联网技术在制造业生产管理中的应用，加强生产信息的自动化采集能力，提升信息系统的信息集成能力和分析能力，为生产管理的智能化提供技术保障。通过分布式计算、云安全、云平台等云计算技术的综合应用，促进云制造的实现。在云环境下开展产品开发测试，使研发部门能够高效、共享、安全地与各个部门紧密协作，推动研发制造一体化发展。促进生产管理信息系统快速、弹性地部署在云计算平台上，为生产数据的存储、计算提供强大的计算能力，提高信息系统的响应速度。应用大数据技术实现工厂设施、产品模型、研发成果和生产管理的数字化与数据化，加强数字工厂建设，提高企业资源能源利用、智能控制、安全生产、数据资产管理水平。支持企业利用大数据和互联网建设生产规划和评价系统，提高数据分析对生产经营决策的服务能力。

促进 3D 打印等技术的产业应用，提高设计制造一体化水平。支持核心技术装备和高端技术研发，突破低成本材料与制造、智能人机交互、创意设计服务平台等核心关键技术，推动 3D 打印在工业设计、文化创意、高端汽车和模具制造、航空航天、医疗和生物工程等领域的应用，带动制造技术变革。应用数字、网络技术促进印刷业转型升级，推动数字绿色印刷发展，引导印刷复制加工向综合创意和设计服务转变。基于 ASP 模式建设网络化制造系统，打造具有较强竞争力的制造业集群。

（三）做“强”三产

1. 完善科技服务业体系

依托首都科技创新资源密集优势，充分发挥市场机制作用，创新体制机制和科技服务模式，进一步提高科技服务业市场化、专业化、网络化、国际化水平，增强创新服务和辐射能力，围绕产业转型升级和新兴产业衍生形成的产业创新链，完善科技创新服务链。到2020年，形成具有较强竞争力和影响力的科技创新服务体系，把北京打造成为具有全球辐射力的科技创新中心和科技服务中心。培育具有较强竞争力的科技服务机构和龙头企业，打造具有首都特色的科技服务产业集群，形成具有全球影响力的科技服务品牌。全面支撑首都产业创新、打造优良的创新创业生态；引领全国科技服务业发展、服务产业转型升级；凝聚全球创新资源、引领全球产业创新链。

（1）加强发展研发服务

促进基础研究、应用研究、试验发展活动协同发展、良性互动。促进大学的基础研究、科研院所的应用研究、企业的试验发展活动形成有效联系和融合互动。加大基础研究投入力度，提高基础研究能力和水平，捕捉科学发现和突破的先机；促进科研院所以市场需求为导向，承接基础研究成果，提高推向市场的科技成果的成熟度；进一步夯实企业技术创新主体地位。推动基础研究、应用研究、试验发展形成协同创新的长效机制。

深度推进产学研协同创新。在北京具有一定竞争力和发展潜力的产业领域，推进产学研各方在战略层面、知识层面、组织层面实现创新协同，并形成战略协同、知识协同、组织协同的良性互动。以战略协同为基础，以实现核心技术、关键共性技术突破、产业创新能力提升和竞争优势建立为战略目标，统领建设战略性合作伙伴关系；以知识协同为核心，推动知识在产学研之间的有效流动和共享集成，提高企业技术能力，促进学、研获取最新信息，进一步提高源头创新水平；以组织协同为保障，进一步进行组织创新。以产业创新联盟、产业技术研究院等组织为引擎，建设产、学、研协同创新平台，实现资源共享、优势互补、利益共赢、风险共担，围绕产业发展的核心技术、关键技术、共性技术，深入开展产学研合作。充分发挥首都优势，面向科技重大专项和重大工程，建设协同创新平台，支撑其组织实施；面向产业技术创新，从国家战略角度建设支撑产业尤其是战略性新兴产业领域技术研发及产业化的创新平台。进一步健全保障机制，在政府投入基础上，进一步鼓励社会资本参与平台建设，形成中央与地方、企业共建机制。进一步利用现代信息网络技术，形成网络化、柔性化、虚拟型组织，实现研发并行化，提升产学研协同创新的组织效率。尝试利用云计算技术，建立产学研协同创新云平台，以 IaaS、PaaS、SaaS 等云服务，整合各创新主体、服务机构等分散的创新资源、需求和能力，构建开放的信息共享和交互渠道，提高协同创新水平和效率。通过云平台，吸纳、整合全国优势产业创新资源，提高首都产学研协同创新平台的辐射力、影响力和高端创新能力。

进一步促进研发机构和企业集聚发展。在北京具有一定优势和发展潜力的产业领域尤其战略性新兴产业领域，加快由北京市、在京高校院所共建新型应用型科研机构，有效联结基础研究与企业技术创新，进行体制机制创新和市场化运作，为培育新兴产业发挥重要作用。推动在京行业领军企业的研发部门市场化发展，面向全行业提供研发创新服务，形成专业研发机构。在"反向创新"新趋势下，进一步吸引跨国企业尤其世界 500 强企业在京建立研发机构。充分发挥其知识外溢、机制示范等正外部性，加强与本土产业链上、下游企业的创新关联，促进跨国公司研发机构与行业创新组织形成有效联动。

进一步创新研发组织方式，推动开放式创新。促进合同研发组织、专业研发外包企业做大做强。在生物医药、软件和计算机服务等领域承接全球研发外包，全面嵌入跨国公司主导的开放式研发创新网络；运用新一代信息技术创新外包交付方式，提高服务效率；以高水平、专业化的研发外包服务，推动本土企业进行产业链垂直分解和研发外包，进一步促进产业创新、创造市场需求，开拓国内市场。借助信息网络技术，建立市场化的众包创新平台，突破时空界限，充分发挥包括用户在内的各方智慧，提高研发能力和效率。

加强科技资源的服务辐射能力。进一步创新机制，引导和支持国家重点实验室、国家工程实验室、国家工程（技术）研究中心、大型科学仪器中心、分析测试中心等向企业和行业提供服务，促进高校、科研院所的科研设施和仪器设备向企业和行业开放服务。引入市场机制，培育科研仪器设备租赁等新业态。加强区域合作，促进首都科技资源面向京津冀区域和全国其他地区提供创新服务，推动科技成果面向全国进行辐射和产业化。

（2）健全科技中介服务体系

技术转移服务。建立健全技术转移服务体系。面向企业和市场需求，促进技术转移服务机构在代表技术发展方向和社会重大需求的领域实现特色化、专业化、市场化发展，创新服务模式，提高专业水准，开发技术市场价值，推进技术运营，做大做强。培育具有较强竞争力的技术转移服务机构，提高其服务辐射能力，在全国实现网络化发展。进一步推进技术市场、创新驿站、技术转移示范机构建设。支持高校院所采用多种形式面向市场建立技术转移服务机构。促进高校院所加强与专业技术转移服务机构的关联，提高研发的市场导向和产业化率，实现研发与技术转移协调发展。加强产学研联盟等新型产业组织的技术转移功能，推动其成为研发和技术转移一体化的高效创新组织。完善各类技术转移主体之间的衔接交易机制，推动形成完善的技术转移链和技术转移服务体系。进一步吸引和集聚一批国内外知名技术转移机构，建设国际研发转移交付平台，提升国际技术转移服务集聚区功能，建设技术转移服务联盟，打造具有全球影响力的国际技术转移和技术交易中心。同时，借助信息网络技术，加强网络平台建设，实现市场需求和研发成果、创新资源的高效对接和最优配置。促进技术转移服务体系面向区域和全国实现网络化发展，为区域科技创新、研发合作和技术市场的发展提供全方位的服务平台。从而，促进首都科技研发成果在全国扩散转移，推动首都基础研究成果、应用研究成果服务全国产业转型升级，形成更高效的现实生产力。

创业孵化服务。进一步完善创新创业服务机制、优化创新创业服务环境，促进科技孵化机构专业化、市场化、网络化、国际化发展，建设具有全球影响力的科技企业孵化体系，打造具有首都特色的创新创业生态网络，为培育具有自主知识产权和核心竞争力的科技型企业提供软性基础设施。完善“孵化—中试—产业化”的成果转化服务链，提升“创业苗圃—孵化器—加速器—产业园”孵化链的功能，完善孵化服务网络。促进孵化机构聚焦具有优势和发展潜力的战略性新兴产业、现代服务业领域，提高专业化服务水平和原创产业培育能力。鼓励孵化机构针对专业领域特点形成涵盖专业技术、创业指导、技术转移、天使投资和市场拓展的孵化服务机制，以“孵化 + 创投”为基础进一步创新孵化模式。支持孵化机构完善研发试验服务平台，建设中试基地，向创业企业提供中试熟化等专业服务。推进孵化机构与高校院所、独立研发机构、产业创新联盟、各类服务平台、金融机构、中介服务机构等机构联合，为在孵企业提供研发试验、战略与管理、市场运营、融资、科技咨询、知识产权、人力资源等专业服务。促进孵化机构在区域和全国网络化、连锁化发展，提升首都科技成果辐射范围和产业化水平。促进孵化机构开展国际技术转移服务，引进国际领先的原创技术，提升创业企业的技术竞争力。

知识产权服务。围绕实施首都知识产权战略，进一步完善包括代理服务、法律服务、信息服务、商用化服务等组成的知识产权服务体系，创新服务模式，提升服务水平。培育具有较强竞争力的专业化、规模化、规范化的知识产权服务机构。促进知识产权服务机构提升综合服务能力，开展综合服务，为市场需求主体提供一站式知识产权服务。进一步创新服务业态，促进知识产权服务机构与技术转移机构实现深度战略合作，为专利技术的转移转化、商业化应用提供整体解决方案和综合咨询服务。通过品牌培育、行业自律、标准规范，引导知识产权服务机构不断提升服务水平。支持知识产权服务机构创新商业模式，加强知识产权资本化运营，拓展长效盈利机制。促进知识产权服务机构与企业、高校、科研院所等各类创新主体建立有效的对接机制。鼓励知识产权服务机构开展国际交流合作，将国际先进水平的专利技术引入我国自主创新体系，助力我国产业核心技术、关键技术、共性技术的突破。促进知识产权服务机构在区域和全国实现网络化、连锁化发展，提高北京知识产权服务业的辐射能力。健全知识产权管理和保护机制，研究在新的信息网络技术环境和服务模式下知识产权保护的有效措施手段；探索、创新知识产权共享机制，提高产学研协同创新效率。建立知识产权保护平台等公共服务平台。

健全科技中介服务标准体系，推进科技中介服务机构规范化、专业化发展。支持科技中介机构参与科技成果产业化和关键技术应用示范工程，参与各类科技资源平台、条件平台和新型产业创新组织。围绕科技创新、科技成果转化和产业化，打造综合的功能强大的科技成果转化平台，构建涵盖技术评估、中试孵化、技术融资、技术转移、推广应用等服务环节的科技中介服务产业链。

2. 提升信息服务业创新能力和服务功能

以信息技术进步和应用促进信息服务业自主创新能力提升和创新发展，打造建立在自主知识产权基础上的信息产业核心竞争力。以新技术应用为牵引，实现信息服务模式创新。加强软件、互联网等信息服务业的生产性服务功能，促进信息服务对服务业的全面融合渗透，推动信息化与工业化的深度融合，促进信息技术在农业中的应用。推动信息服务业在与其他产业的融合中不断发展升级。促进生产、生活需求拉动的升级和技术进步推动的升级实现良性互动。到 2020 年，建立具有较强创新能力的信息服务业体系，引领全国信息服务业高端化发展，为全国产业转型升级提供重要支撑。成为具有全球影响力的信息服务业创新中心和信息服务枢纽。

（1）增强自主创新能力

支持各类创新主体和产业联盟等产业组织承接国家和北京市信息技术领域重大科技专项和科技基础设施。以此为重要抓手，促进基础软件和行业应用软件关键技术、新一代宽带移动通信技术、下一代网络关键技术与服务等领域核心、关键、共性技术实现突破。完善云计算等新兴领域工程实验室和工程（技术）研究中心建设，进一步提升产学研用一体的产业创新联盟功能，加强信息技术创新和标准创制公共服务平台建设，支持信息技术企业和产业组织进行行业标准、国家标准、国际标准的创制，形成完善的国际领先的标准和技术体系。为信息服务业自主发展提供支撑。以新兴应用拓展促进产业化。面向行业应用需求，创新应用服务模式，延伸技术应用产业链，提升产业化应用水平。培育具有自主知识产权的产品、服务，形成具有国际影响力的自主品牌和龙头企业。

（2）推进高端化升级

进一步增强信息服务核心基础产业发展能力。加强具有战略意义的基础软件、核心软件和关键软件的开发，提高其安全性、可靠性和成熟度。进一步整合产业链上下游环节，建设国产基础软件集成应用方案，加强应用推广。加快研发针对云计算等新技术和复杂网络环境的信息安全产品和服务。在三网融合等重点领域，进一步提升自主集成电路产品的市场竞争力。以新一代信息技术发展为突破口，抢占产业发展制高点。加快建设具有国际先进水平的宽带、融合、安全、泛在的信息网络，在新一代网络运营中，支持各类融合业务创新，促进电信等产业形成新的增长点。以超大网络管理和海量数据处理为导向，发展具有较强竞争力的新型平台软件、新型应用软件、大型核心通用应用软件等高端软件。

（3）创新商业模式

进一步促进软件与网络深度耦合，软件与硬件、应用、服务深度融合，推动服务方式和商业模式创新。加快整合硬件与软件、内容与终端、应用与服务，促进硬件承载软件和信息服务、软件和信息服务提升硬件价值的良性互动，形成硬件、软件和信息服务协调发展、相互融合的产业链体系。以云计算技术为支撑，引导、支持信息技术企业实施平台战略，实现战略转型，打造一体化的具有较强竞争力的自主信息服务运营平台。以新型网络终端为载体，以应用软件商店为门户，打造自主的智能手机、平板电脑等移动互联网信息服务运营平台，提升其产业带动作用，推动其成为国际主流平台。促进搜索引擎、门户网站、网游动漫等领域成熟网站向综合性信息服务平台转型升级，支持新一代信息服务平台规模化发展。打造具有世界先进水平的互联网信息服务运营平台。加速三网融合，促进网络电视等融合性网络电视信息服务运营平台规模化发展。以具有较强竞争力的自主平台为核心，整合带动软件和信息服务企业，打造自主发展的信息产业价值链和价值网络，成为我国信息产业高端发展的战略引擎。

（4）促进服务化转型

网络化环境进一步推动软件开发、部署、运行、服务模式的创新。以用户为中心，按需动态提供计算、存储和数据资源、软件应用等服务成为软件服务的主要模式。抓住产业变革机遇，以云计算技术为支撑，进一步促进传统软件企业向信息服务提供商转型升级。支持软件企业加强以软件即服务（SaaS）方式提供面向企业应用的软件服务创新，进一步丰富应用产品，对企业应用需求进行有效整合，面向企业和行业综合应用开展 SaaS 服务，在开拓国内市场潜在需求的同时加快实现业务创新和战略转型。进一步提升 IT 服务产业链高端发展能力，促进行业应用软件服务化、高端化发展。围绕制造、金融等具有一定优势的行业应用软件，加强 IT 高端咨询能力和设计规划能力，利用云计算技术进行能力提升和服务模式创新，实现向云服务的战略转型，打造世界一流的面向重点产业领域的综合解决方案，进一步增强全球化发展能力和全产业链的整体解决方案发展能力。支持行业解决方案提供商转型升级，利用云计算技术建设推广面向行业应用的 SaaS 平台，创新服务模式，全面拓展国际国内市场，提升服务能力和水平。

（5）提升生产性服务功能

加强互联网服务业的生产性服务功能，促进互联网服务业从消费性向生产性互联网服务延伸。加快推进互联网与其他产业的渗透融合，大力发展生产性互联网应用创新服务。面向制造业领域，促进互联网服务与研发设计、生产营销、经营管理融合，开展网络化、协同化的研发设计、供应链管理、产业链协同电子商务等新型业务。如建设协同设计服务云平台，构建包括 IaaS、PaaS、SaaS 三层服务的功能架构，面向行业提供服务。充分发挥首都互联网服务业优势，为全国制造业转型升级提供新的动力和支撑。全面推动互联网服务在服务业中的深度应用，推动金融、流通等服务领域的网络化运营，提高服务效率和服务能力。

以我国深度推进工业化和信息化融合为契机，进一步提升工业软件业的核心竞争力。在研发设计数字化、装备制造数字化、生产过程自动化、管理信息化领域，面向全国提供完善的工业软件产品体系，围绕工业生产打造一体化的工业软件产业链，培育具有国际竞争力的自主知识产权产品和企业。

（6）大力发展战略性新兴信息服务

促进云计算产业进一步规模化、高端化发展。整合信息服务业资源，围绕云计算的基础设施服务（IaaS）、平台服务（PaaS）、软件服务（SaaS）等典型服务模式，促进电信运营商、软件提供商、信息服务提供商、内容提供商实现基于云计算的战略转型，打造具有核心技术能力和自主发展能力的云计算产业链和产业集群。促进行业解决方案提供商面向云计算服务实现战略转型，研发、推广各行业应用云计算技术的解决方案。进一步支持以新型云计算终端产品为龙头，整合硬件、软件、服务、内容的云计算平台。面向北京和全国的产业转型升级，通过重大示范应用和信息技术企业创新升级，深度推进云计算技术应用与第一、第二、第三产业的融合，充分发挥信息技术对产业转型升级的作用。在第一产业，打造“农业云”，提高农业生产率和产业附加值。在第二产业，打造“工业设计云”、“制造云”、“供应链云”，为制造业企业提供涵盖研发设计、制造、流通全过程的信息化支撑，提高企业创新效率和经营效益。在第三产业，打造金融云、电信云、教育科研云、医疗健康云等，在金融、电信、教育、科技服务、医疗等领域，提高服务能力，为服务创新打造关键核心平台，支撑全新商业模式的实施。以北京为龙头带动我国逐步形成完整、自主的云计算产业生态系统。

以中关村国家自主创新示范区为引擎，加快培育大数据产业集群。推动设立大数据重大科技专项，建设大数据公共服务平台。依托已经形成的完整产业链和企业创新主体，建设大数据产业创新联盟和数据信息协作创新体系，以我为主，实施开放式创新。通过自主研发、引进再创新，突破数据处理、存储、应用等方面的共性关键技术，形成具有世界领先水平的自主知识产权。支持大数据、互联网龙头企业深度实施大数据战略，创立大数据行业解决方案，提供大数据基础设施服务，开发大数据资源，全面提升大数据挖掘和大数据服务能力。加快推进大数据行业应用，推动数据成为重要生产要素，充分挖掘和发挥数据驱动生产方式创新、促进生产力水平提升的作用。支持互联网龙头企业利用云计算技术，建设数据应用孵化平台，促进大数据服务创新；支持大数据企业依托互联网建设行业数据共享和应用平台，面向企业和公众提供数据服务。面向北京和全国产业转型升级的创新需求，加快推动大数据对全产业链的全面融合。推动生产制造智能化服务、商业智能服务等大数据行业应用，实施大数据解决方案，实现大数据与信息、生物、高端制造、节能环保、新能源、金融、商业、文化教育、医疗等产业的深度融合，提高行业的信息化、网络化、智能化水平，促进农业、制造业、服务业的研发设计、生产经营效率提升和商业模式创新。支持建设中小企业数据中心，为中小企业提供行业数据分析等增值服务，进一步完善大数据产业生态系统。

3. 促进文化创意产业创新发展

以创新发展为主线，打造文化创意产业核心竞争力。到2020年，文化与科技深度融合，科技创新成为文化创意产业发展的重要支撑。文化创意产业与整体产业体系实现全方位、深层次的融合渗透，文化创意产业的主导地位确立。以文化创意产业为载体的文化创新成为首都创新驱动发展战略实施的核心引擎之一，与科技创新共同支撑首都"双轮驱动"发展格局。

（1）夯实文化创意产业发展的创新支撑

加强文化内容创新。促进产品研发和内容原创，推动创新精神贯穿文化创作生产全过程，支持创作生产民族特色与时代特点相结合、积极向上的优秀原创文化产品，在动漫游戏、创意设计等领域打造具有较强感召力和自主知识产权的原创精品。

为文化产权的培育打造良好的市场环境。完善文化产权市场体系，活跃知识产权交易，促进文化产权流通和市场化实现，建设文化产权交易平台。建设知识产权保护的有效机制，加强对数字版权的保护能力。为文化创新营造宽松的制度环境，逐步推行负面清单管理模式，进一步激发市场创造力。

完善以企业为主体、以市场为主导、产学研用相结合的文化科技创新体系。支持文化科技企业创新发展，在重点领域建设重点实验室和工程技术研究中心，支持建设文化产业共性技术平台。建设以技术创新型企业、文化综合服务运营商、骨干文化企业、文化行业学研机构组成的文化创新产学研战略联盟。加强战略性前沿技术战略布局。面向文化内容创作、生产、管理、消费等，对文化领域重点科技需求进行分析凝练，通过实施文化科技项目等途径，加强文化产业领域核心技术、关键技术、共性技术攻关，实现重大技术突破和集成创新，增强共性技术支撑能力。创新制度支撑产权，为创新驱动文化创意产业营造良好的软环境。

（2）深度推进产业融合，发挥文化创意产业的生产性服务功能

以文化创意产业为载体，促进文化元素与创新创意向产业链各环节融合

渗透，推动产业发展向价值链高端的研发设计、营销品牌攀升，实现产业发展方式转变。加快建设具有全球影响力的设计创新中心，提高设计产业规模，提升设计创新能力和水平。重点发展工业设计、平面设计，大力发展工程设计、动漫设计、建筑设计、工艺美术设计，培育集成电路设计、服装设计等。面向高端装备制造、电子信息、新能源汽车、生物医药、航空航天等重点行业提供高端设计创新服务。加强设计对金融、商务、现代物流等服务业的提升作用。以创意和设计引领商贸流通业创新，加强广告营销策划，提升品牌营销的文化内涵，完善品牌价值体系。促进广告会展业创新发展，综合提升广告设计、创意策划、媒介投放、效果评估、产品展示等产业链关键环节的发展水平，创新商业模式与营销模式。

深入推进文化与商务、旅游、体育、制造、农业的融合发展，提升其他产业的文化含量和文化附加值。提高商贸流通领域企业的文化创意设计和策划能力，提升商品和服务的文化内涵进而扩大其增值空间，促进文化产品与现代流通的有机结合，建设新型文化流通网络。

（3）促进文化与科技深度融合

数字技术、网络技术、通信技术等信息技术对文化创意产业的发展发挥了重要支撑作用。加大信息技术应用的深度与广度，促进文化创意产业服务理念、服务生产方式、服务递送和交互方式创新以及盈利模式和创意产品创新。进一步提高文化产品的表现力、感染力、传播力，促进传统文化产业生产效率提升，催化文化新产品、新服务、新业态。加强文化对信息产业的设计创意内容支撑，提高文化创意产业生产、传播、流通的数字化、网络化程度，培育信息产业和文化创意产业双向深度融合的新业态。

以文化创意产业发展需求为导向应用新技术，实现“内容为王”和“科技引领”深度融合。推动广播影视业实现数字化转型，全面推进三网融合，鼓励交互式网络电视、手机电视等新型业务应用；发展新兴出版业，推动传统出版业利用数字技术、网络技术发展数字出版、移动出版，重塑基于版权的盈利模式和数字出版产业链。提高数字版权集约水平，完善智能终端产业服务体系，促进产品设计制造与内容服务、应用商店模式整合发展；支持广告业跨媒体综合运营，促进广告业与新媒体融合。支持广告产业链上在线实时分析与大数据处理技术专业化发展；支持动漫游戏业的技术进步和集成应用，促进其传播渠道向新媒体和移动终端发展；推进移动互联网应用，以大数据、云计算、移动电子商务等为重点，建设关键技术支撑、创新应用示范的移动互联网应用服务产业集群；促进高新技术在视听新媒体领域的应用，形成网络电视、手机电视等业态协同发展新格局；促进互联网技术、数字技术等在创意设计服务领域的应用，构建协同式创意设计云平台，加强数字化互动式新媒体展示，提升创意设计效率、质量和表现力。支持以产业链延伸、平台经济等模式发展数字文化产业。促进电信运营商通过平台模式向媒体业务拓展。

4. 打造生产性服务战略引擎

充分运用新一代信息技术，促进北京生产性服务业创新服务方式和商业模式，提高服务水平和辐射能力。服务于产业研发创新、品牌建设、贸易流通、资本运营组成的全产业价值链，打造创新驱动产业发展的战略引擎。到 2020 年，形成立足北京和区域，服务全国，辐射全球的生产性服务业体系。

（1）建设战略性新兴产业创新服务网络

战略性新兴产业已成为我国和北京在新一轮科技革命和产业变革中抓住机遇、实现战略转型和升级的重要突破口。北京应在全国率先形成全面支撑战略性新兴产业发展的创新服务网络体系，促进技术创新与商业模式创新相辅相成，推动新兴产业不断规模化、市场化发展。不但要大力发展支撑技术创新的研发设计服务和支撑技术扩散的科技中介服务，形成技术创新社会化服务网络；更重要的，是形成促进技术创新市场化实现的商业网络，为战略性新兴领域技术创新的产业化实现和商业化应用打造完整的市场服务体系。以战略咨询、关键资源提供、渠道和品牌建设等专业创新服务支持企业战略设计、运营管理等，将新的产品和服务推向市场；进一步支持企业统筹安排内外部各种资源，协调与用户、供应商等之间的关系，打造具有竞争优势的价值网络。为战略性新兴产业的勃兴打造良好的产业生态。这一过程要以商业模式创新为导向，促进金融服务、信息服务、商务服务、流通服务等实现全方位的创新变革。新型平台服务是市场化服务体系实现的重要载体。在节能环保、信息、生物、新能源等战略性新兴产业领域，建设面向行业的涵盖技术创新、中介服务、信息网络、融资支持、制度支持等的综合性服务平台，整合行业优质资源，有效联结供、需等产业链各方，降低交易成本，为行业发展的价值网络构建提供基础设施。

（2）培育新的增长点

面向新兴产业需求领域，创新生产服务业务。例如，在金融业，为全面支持科技创新和文化创意，结合知识产权的无形性等特殊性质，进一步创新管理体制和运营机制，推进科技和金融、文化和金融深度融合发展。形成具有首都特色的科技金融服务、文化金融服务，并向区域和全国辐射扩展。面向首都绿色经济、低碳经济发展要求，创新服务机制，支持绿色金融、生态金融发展，形成更加可持续的新兴业务增长点。面向网络经济发展需求，进一步发展互联网金融、电子商务等服务新业态，促进电子认证服务等基础支撑服务的配套发展，营造良好的网络信任交易环境。

（3）进一步应用信息技术创新服务模式

充分促进信息网络技术在生产性服务行业中的深度渗透，改进和创新服务模式，扩大服务范围，提高服务能力和服务效率。推动大数据在生产服务行业的应用，实施大数据解决方案。促进大数据服务为资金融通、支付、信息中介等金融环节创新提供技术支撑和商业模式创新支撑。推动金融机构利用大数据综合分析客户资产负债、支付等情况，评估客户信用等级，进行系统性的金融风险管控。支持基于大数据技术的互联网金融服务，促进业务模式创新，建立健全信用评估和风险管理体系。推动基于大数据的商业智能服务。促进商务服务、流通服务向互联网、移动电子商务方向拓展。支持企业建立深度挖掘供需信息的大数据分析和服务系统，促进基于大数据分析的精准营销、精准物流、销售预测、广告精细管理、市场决策分析等商业服务。加强电子商务应用和商业模式创新，推进互联网营销模式。

促进服务外包进一步融合利用云计算、大数据等新一代信息技术，实现平台化、高端化发展和服务模式创新。促进信息技术、研发设计等领域的外包企业向基于云平台和云模式的云外包拓展和转型升级，针对用户需求提供标准化或定制化的服务，形成基于云外包的全流程一体化服务模式，提高服务外包的交付效率。充分发挥云外包的优势，促进外包服务领域向更复杂、更高知识含量的核心业务外包升级。推动大数据外包发展，支持大数据外包企业提供数据外包解决方案，帮助用户进行数据挖掘。推动大数据外包成为北京知识流程外包的重要增长点。

（4）推进生产服务组织创新

支持金融业等知识密集型生产服务业基于模块化组织架构实现服务创新。促进知识服务流程的模块化分解，加快以网络化、扁平化为重要特征的组织结构变革和业务流程再造，提升服务环节的标准化、规模化水平，提高服务效率。促进金融等服务机构在功能模块分解基础上，进行前台业务和后台业务分离。加强后台业务处理中心建设，提高信息和数据的集约化处理能力。大力发展面向金融、信息等生产服务领域的战略咨询、解决方案、研发创新等专业的高端服务和知识流程外包，促进金融、信息等领域生产服务机构向专业服务商外包后台业务，促进生产服务企业后台业务向高端服务延伸。支持生产性服务机构在模块分解基础上，以更好满足用户需求为导向，将通用模块、专用模块进行有机耦合，高效地向用户提供大规模定制的创新服务，形成功能集成和协同创新，实现规模经济和范围经济效应。

（5）延伸产业价值链，促进生产服务环节专业化发展

进一步优化市场环境，降低交易成本，促进价值链延伸并实现垂直分解，推动新兴生产性服务业发展。促进研发设计机构独立化、规模化、市场化发展，面向行业提供专业服务；构建包括工程咨询、节能评估、节能减排投融资等的第三方节能环保服务体系，支持节能服务公司以合同能源管理的商业模式提供市场化节能服务；进一步促进第三方检验检测认证服务发展，加强高端装备制造、新材料、新能源汽车等战略性新兴产业领域和金融、电子商务等现代服务业领域的第三方检验检测认证服务。

第六章　2020：开放与协同的创新新空间

首都作为全国科技创新中心，应充分发挥科技创新的辐射带动作用，着力于京津冀的协同发展、打造协同创新共同体，同时在区域经济和创新一体化中发挥龙头作用，并能够充分利用全球创新资源，发挥在“一带一路”建设中的引领和带动作用。

一、创新驱动京津冀协同发展

在我国的区域发展格局中，京津冀成为目前关注度最高的热点地区。在经济全球化与区域经济一体化大背景下，以首都为龙头的首都圈地区不仅是经济最为活跃的区域之一，同时也是科技合作和协同创新最为活跃的地区之一。京津冀地缘相接、人缘相亲，地域一体，文化一脉，具备了在更高起点上加快实现创新驱动和协同发展的独特优势和良好条件[①]。

2014 年 2 月 26 日，习近平总书记在北京主持召开的座谈会上指出，实现京津冀协同发展，是面向未来打造新的首都经济圈、推进区域发展体制机制创新的需要，是探索完善城市群布局和形态、为优化开发区域发展提供示范和样板的需要，是探索生态文明建设有效路径、促进人口经济资源环境相协调的需要，是实现京津冀优势互补、促进环渤海经济区发展、带动北方腹地

① http://news.sina.com.cn/c/2015-09-16/doc-ifxhxzxp4377478.shtml

发展的需要，是一个重大国家战略，要坚持优势互补、互利共赢、扎实推进，加快走出一条科学持续的协同发展路子来。

推动京津冀协同发展，是党中央、国务院从国家发展全局出发，审时度势、深谋远虑做出的决策部署。推动京津冀协同发展，加速京津冀一体化进程，需要充分发挥各自的要素禀赋优势，以提升创新能级推动产业转型，以协同创新引领协同发展，共同治理环境和解决社会发展难题，形成巨大的协同效应和经济势能，推动首都经济圈成为带动国家经济发展的创新中枢和参与国际竞争的战略区域。

（一）京津冀协同发展的需求

1. 京津冀区位优势未能切实推动协同发展

作为中国最具活力的三大城市群之一，京津冀地区在科技创新、政策导向和要素聚集等方面都处于优势地位，汇聚了全国 1/4 以上的著名高校、1/4 以上的国家重点实验室和科研技术中心，2/3 以上的两院院士，建成了以中关村国家自主创新示范区为代表的 7 个国家高新区，已成为我国科技创新资源最聚集、创新成果最丰富、创新活力最强的区域之一[①]。

然而，自“京津冀”概念首次提出至今三十余年来，始终没有取得如同另外两大城市群——长三角地区、珠三角地区一样的突破性进展。与长三角、珠三角等成熟区域发展相比，京津冀差距不小。数据显示，从经济总量看，京津冀仅相当于长三角的 52.7%；人均 GDP 是长三角的 77.5%，珠三角的 63.6%。从京津冀内部来看，2012 年人均 GDP 天津和北京分别为 93173 元和 87475 元，位居全国第一和第二名，而河北省只有 36584 元，位居全国第 15 名，不仅远远低于京津两市，甚至低于同期全国平均水平。京津冀的“羞处”不仅在此。2005 年，学界提出了“环京津贫困带”的概念，这一贫困带区域环绕了 3798 个贫困村、32 个贫困县、272.6 万贫困人口。由于京津冀区域发展的不协调，中心城市的虹吸效应，导致地区间经济梯度落差过大。数据显示，2012 年，北京市、天津市城镇人口比率分别达到 86.20% 和 81.55%，已迈入高度城镇化阶段，而同年河北省的城镇人口比率只有 46.80%，尚处在城市化中期阶段[②]。

---

① http://www.nbd.com.cn/articles/2014-08-27/859019.html

② http://www.nbd.com.cn/articles/2014-08-27/859019.html

2. 将“科技势能”转化为“创新动能”促进京津冀协同发展

当今世界，科技创新成为经济社会发展的主要驱动力，科技创新和产业发展的相互结合，经济全球化和信息化的交叉发展，是必须抓住和用好的机遇。党的十八大提出实施创新驱动发展战略，为依靠创新驱动京津冀协同发展指明了方向。京津冀地区是我国北方最发达的地区，国家首都、中央机构、科研院所、企业总部汇集于此，是国家决策中心、要素配置和管控中心，这是京津冀最显著的优势。北京汇集了国家级科研机构和高等院校，科研人才实力雄厚，基础研究和原始创新能力强，知识性和服务性产业发展具有优势；天津技术研发成果转化能力特别突出，雄厚的产业技术基础使其具有高端制造的优势；河北具有很强的后发优势和互补优势，技术承载能力明显。

只有将“科技势能”转化为“创新动能”，京津冀才能率先实现创新驱动，向具有全球影响力的世界级都市圈坚实迈进。以开放、互补、互利、共赢的姿态，充分发挥北京作为国家首都在创新能力、高端产业发展以及高端人才集聚等方面的优势，发挥周边区域在空间资源、劳动力资源等方面的优势，加强合作，协同发展，北京为研发设计“新高地”，天津为对外开放的“主战场”，河北为高端制造“新腹地”①，最终形成“研发设计—高端制造—产品销售”一条龙的京津冀一体化产业新格局，京津冀地区的整体竞争力必将会得到强化，形成首都中心城市带动、区域中心城市支撑、腹地共同发展的一体化协同发展新格局。

（二）创新驱动京津冀协同发展开局良好

京津冀一体化被提至国家战略层面后，从中央到地方、从政府到社会的一致共识，使得区域协同发展从自发上升到自觉，由区域利益驱动发展到国家战略驱动，重点从双边推动上升到多边合作与协调机制建构、完善。

1. 发挥中关村“科技高地”的辐射影响推进产业创新合作

近年来，中关村不断聚焦滨海—中关村科技园、曹妃甸、新机场临空经济区、张承生态经济带的发展，深入挖掘三方的创新合作需求，不断开展多层次、多领域的协同合作。目前，中关村主要通过输送先进科技园、研发合作、人才共享、技术支撑等方式，积极与天津、河北共享和对接各种创新要素，推动产业升级，以京津冀三地为支点的“创新社区”已初显雏形。据不

① http://www.cien.com.cn/html/Home/report/14051486-1.htm

完全统计，截至目前，中关村 476 家重点企业已在河北设立分支机构 1029 家，393 家重点企业在天津设立 503 家分支机构[①]。

2014 年 4 月，天津宣布将与北京中关村联合打造具有世界创新影响力的京津创新共同体，形成具有国际竞争力的（中关村）科技创新中心和（滨海新区）产业创新中心。双方开始共建武清、北辰、宝坻、东丽、滨海科技园 5 大创新社区，发挥中关村科研与产业的溢出效应、示范效应[②]。

5 月，中关村海淀科技园全国首家分园——秦皇岛分园实现开园，承接了中关村高端制造、高新技术、节能环保产业和高端人才转移，北京千方科技、碧水源、闪联等一批企业重点项目签约入驻[③]。未来该分园将成为首都经济圈重要的新兴产业策源地，带动秦皇岛开发区转型升级的新引擎。廊坊与北京经济技术开发区合作在廊坊共建了北京经济技术开发区廊坊新兴产业示范区。目前廊坊市 90% 以上的企业和北京大专院校、科研院所有科技合作关系，也和几十所高校签订了合作协议[④]。

北大科技园与天津宝坻区政府签署了共建北京大学京津科技园的合作框架协议[⑤]。科技园建成后，北京大学信息科学技术学院等院系相关科研成果的转化落地将在天津获得更大的物理发展空间；同时，电子商务、服务外包、移动互联网等相关领域的创新企业入驻也将在北大科技园品牌影响力的号召下，向天津集聚。

8 月，天津再次与北京签署多项协议，协议决定在 30 个重点领域深化合作，协同推动科技创新一体化发展[⑥]。未来将发挥北京全国科技创新中心、天津现代制造中心的优势，以北京中关村、天津滨海新区等园区为重点，共同推动双方创新链深度融合。充分发挥首都科技条件平台的作用，鼓励双方开放重点实验室、工程技术研究中心、企业中试基地、科技孵化机构等。

10 月，北京交控轨道交通高科产业园项目正式落户天津武清[⑦]。这个拟投资 12 亿元的产业园，将定位在城市轨道交通领域高端设计咨询、核心技术

① http://www.zgc.gov.cn/dt/mtgc/95864.htm

② 张璐 . 联手中关村打造京津创新共同体 . 天津日报，2014-4-11（001）.

③ 刘军 . 中关村海淀园秦皇岛分园正式开园 . 秦皇岛日报，2014-5-12（001）。

④ 朱麦林、朱希山等 . 京津冀协同发展的实践探索——来自河北省廊坊市的调研报告 . 经济论坛，2014（12）：4-45.

⑤ http://www.beijing.gov.cn/tzbj/tzxx/kfqdt/t1370459.htm

⑥ http://www.cien.com.cn/html1/report/1410/1792-1.htm

⑦ http://www.zgc.gov.cn/dt/mtgc/95864.htm

研发与精密制造、全场景测试、全系统中试、国际领先认证与评估、高端专业化培训等领域。除了北京交控轨道交通高科产业园，中关村还正积极推进京津中关村科技新城共建，与保定、唐山、廊坊共同启动科技成果产业化基地建设，积极筹建京津冀大数据走廊。其中，京津中关村科技新城建设已完成空间、产业规划的编制工作；与廊坊共建的固安中关村高新技术产业基地，已有 10 个亿元以上项目签约。

10 月 22 日，由中国机器人联盟、中关村未来制造业产业技术国际创新战略联盟、河北省机械行业协会、天津市滨海新区智能制造产业技术创新战略联盟等京津冀三地 10 个产业协会（联盟）共同组建的“京津冀智能制造协作一体化发展大联盟”在滨海新区成立①。该联盟将推进建立畅通高效的信息交流和资源共享机制，建设智能制造装备集群化、一体化发展及应用平台，打造具有战略性、前瞻性的智能制造产业智力支撑体系。

与此同时，北京中关村大力支持企业与津冀两地开展技术研发合作、设立分支机构等，促成一批先进项目落地转化。代表性企业如用友软件在河北保定、沧州、唐山、石家庄设有 4 家分公司，开展信息传输、软件和信息技术销售及服务等业务。目前中关村企业在天津有稳定合作关系的有 1000 家以上，代表性企业有曙光、华旗、搜狐畅游、天坛生物、中牧股份、星新材料等。

在三地人才交流方面，北京中关村与天津滨海新区，河北承德、保定、唐山等地开展了干部挂职交流、培训等合作，以共建科技园区为载体，着力加强中关村创新创业模式的导入，吸引聚集人才、资本等创新要素，推动形成跨区域的政产学研用创新体系的形成。

针对备受社会关注的京津冀大气治理问题，中关村示范区企业围绕节能综合服务、清洁能源利用、垃圾处理、污水处理、电厂脱硫脱硝、污泥处理、海水淡化等七大领域，积极为解决大气污染治理等热点难点问题提供科技支撑。目前中关村正在谋划打造以“中关村数据研发—张家口、承德数据存储—天津数据装备制造”为主线的“京津冀大数据走廊”，形成对京津冀产业整体升级的有力支撑，带动世界级智慧城市群建设。

2. 科技合作机制和平台建设取得新突破

2014 年 8 月，北京市科委、天津市科委、河北省科技厅签署“共同推动

---

① 杨明 . 京津冀协同发展智能制造产业率先提速 . 中国工业报，2014-10-30（A04）.

京津冀国际科技合作框架协议"，加强在国际科技合作信息方面的交流共享，让国际科技项目、人才、信息等在京津冀区域内实现高效对接[①]。积极参与中国（北京）国际技术转移大会和中意创新论坛，通过举办天津、河北分会场等活动，推动国外先进技术转移至京津冀地区。利用国际技术转移服务协作网络和驻外科技外交官服务平台，推动国际专家资源和技术信息共享，为三地科技型企业提供多方面服务。通过中意技术转移中心、中韩合作创新中心等政府间合作平台以及国际智能生产创新合作中心等国际平台，共享国际科技合作信息。建立国际科技项目、人才、金融联动机制，推动建立京津冀科技金融合作平台，鼓励跨省市开展科技风险投资活动。推动国际创新示范园、国际新兴产业孵化园、国际科技产业园等国际科技创新园区落户京津冀地区，带动产业快速发展。吸引国际知名大学技术转移办公室、国际技术转移机构等在京津冀地区落地，推动区域国际化发展。

3. 战略研究和基础研究合作取得新成效

2014年8月中旬，北京市科委、天津市科委、河北省科技厅正式签署"京津冀协同创新发展战略研究和基础研究合作框架协议"，建立京津冀区域协同创新发展战略研究和基础研究长效合作机制，搭建三地共同研究战略平台，重点聚焦科技创新一体化、生态建设、产业协同发展、政策协同创新、科技资源共享等方面，打造京津冀科技协同创新发展的"软环境"[②]。

在战略研究层面，着力搭建协同创新战略研究平台，依托首都科技发展战略研究院，充分调动中央和三地智库的研究力量，广泛吸纳各类创新主体的参与，围绕协同创新重大战略问题凝聚共识，积极探索"共同出题、共同组织、共同研究、共享成果"的合作研究机制与模式，打造京津冀创新发展战略高地，为促进全国科技创新中心建设和京津冀协同发展提供决策支撑。

在基础研究层面，着力搭建基础研究交流平台，推动基础研究资源共享，服务京津冀协同创新发展。通过完善专家资源交换、科技资源共享等机制，加快推动科技资源流动，实现基础研究项目成果的开放共享；针对共同面临的热点、难点科学问题和产业共性关键技术需求，在重点领域探索开展实质

① 冯建平、郭伟．京津冀签署国际科技合作框架协议——三地共建国际科技合作平台．河北日报，2014-4-20（1）．

② http://www.hebstd.gov.cn/news/dongtai/content_104803.htm

性研究合作，构建三地基础研究合作新模式；整合京津冀重点实验室等创新资源，在重点领域引导和支持建立重点实验室创新战略联盟，深入推进三地产学研用协同创新；共同举办京津冀青年科学家论坛，搭建科研人员交流与合作平台，促进科技人才的成长与交流。

三方还将建立和完善战略对话、信息交流、工作对接的协同机制和长效机制，共享战略研究成果和信息，实现战略研究资源和研究成果的开放共享。同时，积极探索新型智库建设，围绕京津冀协同创新发展，发挥三方人才和战略研究的优势，培育科技战略研究团队。

4. 京津冀协同尚面临的问题

第一，科技体制改革不到位与开放程度不高，阻碍了京津冀协同创新。目前京津冀区域中没有一个经济特区，我国现行的规定在移民签证、跨国投资、外汇、技术并购等方面有一些限制，难以在大区域范围内聚集和整合全球高端创新资源。改革不到位、开放程度相对不高阻碍了京津冀地区的创新。

第二，市场一体化程度较低，市场在创新资源配置中的决定性作用发挥不充分。京津冀区域从经济结构来看，国有经济占据主导地位，民营经济发展相对不足，再加上行政干预、地方保护、贸易壁垒的普遍存在，导致三地新技术、新产业、政府采购和推广应用统一市场难以建立，公平竞争、创新资源、高效资源配置市场环境不健全。

第三，行政区域制约，多层次常态化的创新机制没有形成。长期以来，京津冀三地各自从区域定位、优势出发来谋划经济社会发展，更多地考虑自己行政辖区的发展问题，站在京津冀发展大背景下审视不够；创新生态和产业结构的支撑体系、经济上的关联度、创新资源匹配度和产业间的协同配套不够；政府对市场主体开展合作的需求掌握不足，客观上存在着政府自说自话，市场主体自行发展的两张皮现象。

此外，京津冀三地经济发展、公共服务水平落差也比较大，区域功能定位不明确，这些问题也不利于形成高端产业和要素有效协同。

（三）创新驱动京津冀协同发展的构想

1. 创新驱动京津冀发展的基本原则

2014 年 12 月，中央 2015 年经济工作会议将优化经济发展空间格局作为主要任务之一，突出强调重点实施“一带一路”、京津冀协同发展、长江经济带三大战略，争取明年有个良好开局。创新驱动京津冀协同发展应坚持以下基本要求：

一是坚持把协同创新放在突出的战略位置，加强联动部署，实现创新资源、产业对接，彻底摆脱局限的外延式发展方式，转向创新驱动发展，在全国率先形成创新驱动模式。

二是坚持立足全球视野和全球未来坐标系。坚持大循环，将京津冀地区视为丝绸之路经济带和海上丝绸之路的交汇区，主动融入全球创新网络，坚持高端引领瞄准未来全球战略科技发展的制高点，吸引整合好全球高端创新资源。通过中关村创新要素的辐射，使得整个地区成为吸引全球创新要素的高地。

三是坚持优势互补、突出特色、有序合作。引导形成差异化的功能布局，围绕创新产业链，在研发、实验、产业化、企业孵化和市场应用等功能方面，各地发挥资源优势寻找差异化定位，以功能布局引导创新资源。

四是坚持把握时代特征加强顶层设计。坚持区域创新合作，以思想流、信息流、资金流为核心，进一步加强基于功能的顶层设计。抓住改革的巨大动力，突进制约科技创新的各种障碍得到实质性突破。

五是坚持发挥市场配置资源的决定性作用。形成市场主导、政府引导、多主体协同发展的新模式，让创新要素，人才、技术、创新的资本、知识产权等实现自由流动。

2. 核心任务是打造京津冀协同创新共同体

推动京津冀协同发展，是中央从建设创新型国家大局出发，重构区域发展战略，是以协同创新为引领，共谋转型升级、创新驱动发展的大文章。要实现京津冀协同发展，根本在于创新驱动，关键在于构建空间布局合理、三方互利共赢、主体参与积极、创新创业活跃、产业形态优序的创新共同体，大幅提升自主创新能力，全面建成高效区域创新体系，将京津冀建成我国经济社会发展的创新中枢、创新型国家建设的先导区、国家知识创新核心区、产业技术创新示范区①。为实现上述目标，重点推动以下工作②：

一是推进全面创新改革试点工程，打造体制机制创新高地。争取国家支持，支持三地共同开展国家科技创新综合改革试点，围绕科技体制机制创新、人才吸引聚集、金融服务创新、投资贸易便利化等方面深化体制机制改革。

---

① 闫傲霜．主动作为 合作共赢——建设京津冀协同创新共同体．人民日报，2015-9-26（008）.

② 高婧．七大工程构建协同创新共同体．人民日报，2014-11-26（0138）.

积极争取将中关村先行先试政策延伸至京津冀重点区域。

二是实施创新社区共建工程，构建跨区域创新创业生态系统。支持中关村发展集团通过成立咨询投资公司、设立区域合作基金的方式，吸引社会资本参与，引导中关村企业、高校和科研机构、高端人才、创新创业服务体系、天使投资和创业金融跨区域发展，与津冀区域共同打造创新社区。当前重点是与天津、河北相关部门共同推动建设以天津滨海—中关村科技园为代表的创新社区。

三是实施跨区域特色产业带打造工程，统筹推动产业转型升级和融合发展。围绕区域产业发展链条和产业特征，统筹产业定位和空间布局，推动相关领域科技成果落地转化，建设若干特色产业基地，培育特色产业集群，形成布局合理、分工明确、区域联动、协同发展的跨区域特色产业带。当前重点是推动与曹妃甸、保定、宝坻共建科技成果产业化基地，以及海淀园秦皇岛分园建设；同时，进一步打造以"中关村数据研发服务——张家口、承德数据存储——天津数据装备制造"为主线的"京津冀大数据走廊"。

四是实施科技资源开放共享工程，形成科技创新网络。整合首都科技条件平台、中关村开放实验室等科技创新资源，打造公共技术服务平台、高科技研发和成果转化服务平台，为区域企业提供服务。引导和支持中关村企业、高校院所与津冀区域联合开展关键技术研究和技术标准创制。引导中关村产业技术中心等高端研发机构、大学科技园等创新创业服务机构在津冀区域设立分支机构。

五是联合实施科技项目联合攻关和新技术新产品示范应用工程，促进传统产业改造升级和新兴产业发展。围绕生态环境污染治理、传统产业改造升级等重大关切问题，结合各地产业发展、民生改善、市政建设、公共服务等方面需求，联合开展一批重大科技项目攻关，与三地相关部门共同确定重点领域的示范工程，构建区域一体化市场，推动新技术新产品跨区域示范应用。

六是实施京津冀人才圈构建工程，提升区域科技竞争力。充分发挥中关村人才特区政策优势，共同推动三地人才支持政策相互衔接、人才工作体系相互配套、人才资源市场相互贯通、人才发展平台相互支撑，促进人才资源流动，逐步提升区域吸引和集聚人才的综合竞争力。重点策划开展"中关村京津冀人才圈项目对接""中关村企业家津冀行"等活动。

七是实施区域金融服务体系构建工程，支持企业、产业创新发展。抓住中关村建设国家科技金融创新中心机遇，围绕中小微企业首次融资、境外投资和贸易便利化、民间资本参与金融业、互联网金融等方面，推动科技金融政策创新。重点引导和鼓励中关村范围内银行、担保、创投、小贷公司、融资租赁、保险等金融机构和资产评估事务所、产权交易机构等科技中介服务机构在津冀区域设立分支机构，加大对企业跨区域并购和小微企业融资支持。推动建立“京津冀信用联盟”。

（四）创新驱动京津冀协同发展的重点措施

1. 构建京津冀协同发展创新体系

发挥中关村国家自主创新示范区的辐射带动作用，把首都打造成我国自主创新源头和原始创新策源地。深化科技体制改革，建立区域科技合作新机制，完善京津冀协同创新政策体系，营造支撑引领京津冀一体化发展的创新创业环境[①]。协同开展科技体制机制创新、人才吸引聚集、金融服务创新、投资贸易便利化等方面的体制机制改革。通过强化创新对产业发展的支撑作用，集中打造一批新兴产业带，在支持新兴技术、改造提升传统产业、做好存量产业优化升级的同时，把更多的精力放在新兴产业的增量层面上，共同做大做强新兴产业集群，打造创新驱动为根本的首都经济圈和我国新的经济增长极。推动中关村先行先试政策、天津滨海新区对接改革政策延伸至重点合作区域，共同出台一批园区建设政策措施，联合设计京津冀协同创新基金，使京津冀成为先行试点示范。围绕原始创新能力提升，区域产业结构升级，解决区域资源、能源与环境问题，社会文化建设等方面确定协同创新的优先领域和重大专项。

2. 打造大区域的创新创业生态系统

共同构建区域一体化的创新创业生态系统和高精尖经济结构，打造创新驱动为根本的首都经济群，建设世界级创新经济群。在更大范围、以更高起点谋划中关村发展蓝图，提供更为友好的环境，全力推进中关村创业孵化体系、科技服务体系、金融服务体系、配套服务体系向区域延伸，引领企业参与技术创新、体制创新、政策创新和金融创新，形成可持续的创新大区域。打造“京津科技新干线”，建设从中关村国家自主创新示范区到天津滨海新区的带状的高新技术研发与产业密集区，共同建设“天津滨海——中关村科技园”、“京津科技创新示范区”等战略性新兴产业和高技术产业聚集区、积极

---

① 赵艳华，赵士雯．京津冀区域协同创新体系框架与发展对策．科技和产业，2015（7）：1–4.

推动园区间的创新合作，构建技术流动、创新对接的平台，设立重大创新合作专项推进园区建设与发展。

建立京津冀（国家）重点实验室联盟，联合承担国家级省部级科技任务，以建立沟通机制、共享资源信息、打造协作平台、强化协同联动为着力点，促进京津冀高校重点实验室对接产业形成良性互动，共同提升京津冀自主创新能力。

促进科学研究、人才培养和社会服务等的协同发展，在重大科学问题上发现需求、发现问题、合作攻关。积极推进共建研究院模式，利用国家实验室基础科研方面的前沿性，推进三地国家级平台的建设，将国家级平台变成科技转化、人才孵化、人才汇集的平台。

3. 建立京津冀创新合作体系共享机制

构建多主体参与的创新合作体系，支持企业、高校院所、产业投资机构和科技咨询机构、协会、联盟和服务机构共同推进非政府性的交流合作，促进区域和企业、机构间的互动和协作[①]。合作建立跨区域的科技资源服务平台、企业孵化平台、产业技术联盟，整合中关村开放实验室等资源，推动产学研协同创新，并鼓励津冀企业在中关村设立研发中心、企业实验室。发挥市场在资源配置中的决定性作用，强化政府在政策法规、标准规范、监督指导等方面的作用，探索政策措施和工作机制新突破，推动大型科学仪器设备设施和数据文献等科技资源和创新要素开放共享。构建京津冀统一的新技术、新产品、政府采购和示范推广平台。搭建科技成果转化与产业化载体，建立区域技术交易市场和成果转移转化服务体系，加快科技创新成果有序转移和高效产业化，促进科技与经济紧密结合。

4. 推进人力资源市场一体化

建立京津冀人力资源服务业合作机制，打通京津冀人力资源市场，促进三地人力资源的自由流动和优化配置。以产业引导、政策扶持、环境营造为重点推动人力资源服务业发展。加快推进人力资源市场的协同发展，畅通京津冀对接沟通渠道，加快推进政策的衔接统一，逐步实现制度衔接、政策互惠、信息互通、资证互认。建立三地标准贯通、流程统一、内容协同、数据一致等人力资源市场机制，如在三地人才市场互设服务点、办事处和专办窗

---

① 孙奇茹．打造跨区域特色产业带，推进高校院重大项目合作，构建跨区域创新创业生态系统．北京日报，2015-5-27（001）．

口，共同举办招聘活动等，不断延伸市场服务功能。从资金补贴、税收征缴、投资融资、注册登记、人才保障等方面，给予人力资源服务企业相关的扶持政策和优惠措施。

5. 建立健全组织协调体系

建立三地领导的定期联席会议制度。行政区划分割和行政级别的不对等，是造成长期以来京津冀区际要素流动、产业转移和商品贸易不畅的重要原因。这种障碍克服要依赖于京津冀地方政府的有力合作，且不能停留在原来只协商不决策的非制度化层面，必须加强京津冀地方政府合作的组织建设工作，让地方政府合作具有组织和制度上的保证。从而确保京津冀一体化的各项问题能及时有效地做出决策，并加强决策的权威性和稳定性，保证决策被有效地执行和监督，确保决策效果，促进地方政府合作的有效开展。为协调好该地区政府与市场关系，首先要理顺三地政策法规，清理相互抵触、互不对接、不合理的条文条例及内部通知、决定等，实现对接协作；其次，打破商品市场的地方保护，采用非禁即可的“负面清单”制度，建立全区域的市场准入标准和统一或互认安全管理与监督、检验、检疫标准等。

二、打造首都在区域创新一体化中的龙头地位

20世纪90年代以来，经济全球化进程加速，区域一体化趋势也日益明显。但由于 WTO 多哈回合贸易谈判陷入僵局，加强区域经济一体化成为主要国家的现实选择，推动大型自由贸易协定（Free Trade Agreement，FTA）则成为各国的主要行动。所谓 FTA，是指两个或两个以上独立关税区为实现相互之间的贸易自由化所作的区域性贸易安排。

（一）区域经济和创新一体化的趋势

2008 年爆发的金融危机进一步加速区域经济和创新一体化趋势，并呈现出新的特点。截止到 2013 年底，全球已生效的 FTA 共 253 项，已签署的 FTA 共 25 项，正在谈判中的 FTA 有 77 项，处于研究阶段、正在进行政府间预备谈判的 FTA 共 27 项。其中，2013 年新生效的 FTA 有 12 项，新签署或已结束谈判 13 项，新开启谈判 4 项。

1. 南北合作日益成为区域经济一体化的主流模式

传统的区域经济一体化理论认为，社会政治制度同一、经济发展水平相

近和具有共同历史文化背景的国家间更容易建立区域经济一体化，开展经济协调合作。但自20世纪90年代以来，这种理论开始被打破，出现了由经济发展水平悬殊的发达国家和发展中国家共同建立并实现区域经济一体化的新趋势，呈现出南北化的特征。1994年，墨西哥加入北美自由贸易区，启动南北合作的模式。此后，越来越多的南北型区域经济一体化组织建立起来[①]。欧盟2005年的第五次、2007年的第六次和2013年的第七次扩大，加入的都是转型经济的东欧发展中国家，将欧盟的"北北型"合作模式转变为"南北型"模式。欧盟成为一个拥有28个成员国、人口超过5亿的大型区域一体化组织。同时，欧盟还积极致力于与亚洲、非洲、加勒比海和环太平洋国家的双边自由贸易协定的谈判，成功同韩国、南非、智利、墨西哥等发展中国家签署了FTA。此外，在世界其他地区，南北型区域经济一体化组织也不断出现。在美洲地区，美国与智利、多米尼加、秘鲁、哥伦比亚、巴拿马等国家达成双边FTA；在亚太地区，南北型的各类FTA也正在大量涌现，比如日本分别与新加坡、墨西哥、马来西亚、智利、泰国、印度尼西亚、文莱、菲律宾、越南、秘鲁签署了双边FTA。事实上，FTA南北型合作模式的深入发展在很大程度上是因为全球生产网络的建立。从20世纪90年代开始，南北国家之间的生产网络开始盛行。在生产分割条件下，发展中国家在别国开展商务活动管理和物流成本相对较高，并且缺乏产品研发能力，因而难以生产技术复杂的投入品。发达国家恰恰能提供这样的中间品贸易。这样的背景大大促进了南北国家间FTA合作模式的形成。

2. 亚太地区成为区域经济和创新一体化的新热点区域

在20世纪90年代以来，欧洲和美洲是推动区域经济一体化的重要区域，尤其是欧盟的历次扩大显著提升了欧洲区域一体化的水平。而对应的亚洲地区，则由于大多数经济体发展水平相对落后，一体化进程严重滞后。但进入新世纪以后，亚洲经济开始起飞，推动亚太区域经济一体化进程加速，逐步呈现出APEC稳步推进、东盟一体化、东盟－中国、东盟－日本、东盟－韩国、东盟＋中日韩（10+3）以及东盟＋中日韩印澳新（10+6）等区域一体化进程交叉推进的新格局。在此过程中，各国之间缔结了大量FTA，极大地提高了经济一体化的水平。

而2008年爆发的金融危机加速了亚太区域经济一体化的进程，并使亚

① 王丽．发展中国家的区域经济一体化：南南型还是南北型？硕士论文，上海交通大学，2008.

太地区成为新一轮区域经济一体化的热点区域。一是美国的高调介入和推动使得 TPP（《跨太平洋战略经济伙伴协定》）成为当今亚太区域合作中最引人关注的问题。从地区战略上看，美国加入 TPP 符合美国在亚太区域的战略目标。TPP 或将成为亚太地区新的竞争性区域合作机制，从而推动以美国为主导的亚太区域一体化进程和亚太自由贸易区（FTAAP）的建立，加速实现亚太经合组织（APEC）成员国提出的贸易自由化和投资便利化目标。因此，TPP 的建立和发展将改变亚太地区的区域合作与自由贸易格局①。二是 2012 年 11 月 20 日，东盟 10 国与 6 个自由贸易区伙伴国中国、日本、韩国、印度、澳大利亚和新西兰正式启动了“区域全面经济伙伴关系”（RCEP）谈判②。作为东盟国家近年来首次提出，并以东盟为主导实施区域经济一体化的组织形式，RCEP 旨在整合和优化东盟与中、日、韩等 6 国已签署的自由贸易协定，建成一个高质量的自贸区。这不仅对进一步密切东盟和其他 6 国经济关系和提升彼此之间的凝聚力，巩固和发展东盟在亚太区域合作中的话语权起到了重要的推动作用，而且为东亚经济一体化注入了强劲动力。三是经过历时 10 年的艰苦努力，中日韩 3 国宣布启动中日韩自贸区谈判，东亚自贸区建设也迈出了新的步伐。中日韩自贸区的建立一方面可以扩大区域内市场，推动 3 国经济融合，实现 3 国互利共赢，另一方面，对促进东北亚一体化进程乃至亚太及全球经济贸易格局产生重大影响都具有深远意。

3. 区域一体化的内涵和外延不断拓展并超越了 WTO 的范畴

以往的自由贸易协定主要在商品贸易、服务贸易、投资、争端解决机制等方面开展谈判。而新的贸易协定谈判，不仅涵盖了传统贸易协定的范围，并在此基础上，发达国家还通过设立了高标准的新规则来强化其在国际贸易中的地位和作用。从公开内容看，TPP 和 TTIP 旨在消除商品贸易的关税和非关税贸易壁垒，消除对服务贸易和投资的限制性措施，制定高于现行 WTO 标准的知识产权、劳工、原产地原则、环保、服务业开放、投资以及政府采购等领域的规则，消除或消减“边境后贸易壁垒”等。同时，电子商务、金融服务、电信等领域也成为专门条款。TiSA 将进一步强化世贸组织《服务贸易总协定》（General Agreement on Trade in Services，GATS）一般性条款，并在此

---

① 克劳德·巴菲尔德，郭子睿 .TPP 与美国在亚洲的战略角色 . 国际经济评论，2015（5）：160-162.

② 张建平 . 中国推进“区域全面经济伙伴关系”的战略考量 . 亚太经济，2014（2）：134-139.

基础上增加附加规则，将国民待遇由 GATS 中选择性承诺变为横向普适性承诺，并包含锁定开放现状和“棘轮条款”（Ratchet anti-dilution protection），自动将新出现的服务部门锁定在自由化范围内。

发达国家通过在以往尚未涉及或涉及不足的领域创建贸易规则，争取下一代贸易规则制定的主动权和话语权。TPP 和 TTIP 中，新规则包括监管一致性、竞争中立原则、经济立法、市场透明、国有企业以及反贪等跨议题。如监管一致性原则，要求各国建立新的境内管制规则，并监管规则制定过程的透明度和开放度。竞争中立原则，要求对国有企业经营行为进行规范。TiSA 试图建立一些新兴领域的管制规则，包括国际海运、电信服务、电子商务、计算机报务、跨境数据转移等。如进一步对全球金融服务业市场“去监管化”，旨在帮助发达国家的跨国金融公司规避金融监管屏障，向其他国家扩张。

4. 区域经济一体化日益呈现网络化格局

在区域经济一体化迅速发展的背景下，各国纷纷希望通过签署自贸协定获取巨大的现实经济利益，自此各种区域贸易协定如雨后春笋般在全球各地涌现，形成了一张庞大的 FTA 网络。参与 TPP 谈判的 12 个成员国和新加入的韩国横跨亚洲、美洲和大洋洲三大洲。2012 年，国际货币基金组织（International Monetary Fund，IMF）数据显示，TPP 12 个成员国（不包括韩国）国内生产总值达 27.558 万亿美元，占全球 GDP 比重近 40%，贸易额占全球比重达到 36%，有可能成为世界贸易组织（World Trade Organization，WTO）以外最大的自由贸易区。TPP 协定谈判成员不仅跨越 3 大洲，而且 12 个成员国之间已经签署超过 46 个双边或多边贸易协定。这些贸易协定不仅为 TPP 达成创造更为便利的基础，也对实际促成新的国际贸易网络奠定坚实的基础。在由美国和澳大利亚发起 TiSA 谈判，其 23 个成员被称为“服务贸易真好友”（Really Good Friends of Services，RGF），包括美国、欧盟、日本等发达经济体，也包括巴基斯坦、智利等发展中国家，还包括中国香港和中国台湾地区。

5. 发达国家依然主导区域经济一体化的进程

所有在谈的 FTA 中，最具全球影响和时代特征的协定是跨大西洋贸易和投资伙伴关系协定（Transatlantic Trade and Investment Partnership，TTIP）、跨太平洋战略经济伙伴协定（Trans-Pacific Strategic Economic Partnership Agreement，TPP）和国际服务贸易协定（Trade in Services Agreement，TiSA）。2012 年，TPP 成员的 GDP 和贸易额占全球总额的 40% 和 36%，TTIP 美欧两大经济体的 GDP 和贸易额占全球的 50% 和 30%，TiSA 成员国服务贸易额占

全球服务贸易额的 70%。三项协定的谈判虽然各有重点，但均力图突破了传统的自由贸易区模式，更加关注长期规则制定，寻求达成无例外的综合性自由贸易协定。从目前的情况看，TTIP 和 TPP 的谈判条款和核心内容近似，结合北美自由贸易协定（NAFTA），美国作为三项协定的主导者试图以三者的统一和 TiSA，以取代或重构现有的国际贸易规则。

6. 创新成为区域经济一体化的新热点

金融危机以后，世界主要国家将创新作为促进经济持续稳定发展得引擎，纷纷制定和实施创新战略，美国在短短的两年内发布两份美国创新战略，欧盟发布新的框架计划，日本发布第四起科技基本计划，德国提出实施工业 4.0 计划等。其中，欧盟通过第八框架计划——“地平线 2020”整合了框架计划（FP）、竞争力与创新研究框架计划（the Competitiveness and Innovation Framework Program, CIP）和欧洲创新科技研究院（the European Institute of Innovation and Technology, EIT）三大科技计划，在整个欧盟层面实现了科技计划有机整合和协调。而在新的区域经济协定谈判中，各国尤其是主要发达国家，试图通过指定新的规则在新的产业技术创新领域占据主导地位，包括大数据、电子商务、通信技术等。而中国也试图以科技创新合作作为重要方式来拓展区域经济一体化的内涵，如建立中国 - 东盟科技伙伴计划，与泰国、印尼、印度等国家共建联合实验室。

（二）区域经济和创新一体化的布局

在区域经济和创新一体化过程中，中国积极主动参与并推动亚太地区的一体化进程，并按照此区域的特点和不同国家的情况采取不同的策略。当前，我国参与区域一体化的进程包括区域和次区域两个层面。在区域层面，主要是亚太经合组织推动亚太一体化进程。在次区域方面，主要包括东北亚一体化进程、中国—东盟一体化进程和中国—中亚一体化进程。

1. 积极参与和有序推进亚太一体化进程

2014 年是亚太经合组织中国年，亚太经合组织第 22 次领导人非正式会议在北京举行，其中“推动区域经济一体化”是三大议题之一。亚太地区是全球经济增长的主要动力和引擎，亚太经合组织应积极推动本地区和全球发展，推动形成亚太地区政策协调、增长联动、利益融合的开放发展格局。中国在亚太经合组织中应发挥积极的作用，推动和鼓励所有成员国加强宏观经济政策对话，分享政策信息，减少政策调整带来的负面溢出效应，维护区域经济稳定。

但自 1989 年建立以来，APEC 在推动亚太区域经济一体化进展不大。1994 年，APEC 领导人非正式会议设立了茂物目标——工业化经济体于 2010 年、发展中经济体于 2020 年实现“自由和开放的贸易与投资”，标志着 APEC 经济合作进入高潮。1995 年，APEC 会议出台了“大阪行动议程”，将贸易投资自由化和便利化与经济技术合作确定为 APEC 的两个轮子，并确立了自愿行动和协调的单边自由化原则。1996 年，APEC 制定了促进自由贸易与投资的“马尼拉行动计划”和促进经济技术合作的《APEC 经济合作和发展原则框架宣言》。但美国等经济体不满足于 APEC 推动的单边行动计划，力求在 APEC 范围内通过谈判推动贸易投资自由化，并于 1997 年在温哥华 APEC 会议上推出了“先期自愿部门自由化”（EVSL）计划。1997 年的亚洲金融危机充分暴露了 APEC“弱机制化”的缺点，在此背景下，1998 年 EVSL 计划流产，暴露出开放的区域主义和以谈判推动区域经济合作之间的矛盾，给 APEC 贸易自由化进程留下阴影。

2001 年，911 事件使得美国的精力转向中东和阿富汗。APEC 在继续积极推动贸易投资自由化、便利化和经济技术合作的同时，引入“探路者行动”，鼓励“那些准备发起并实施合作安排的经济体继续做下去”，与“茂物目标”相向而行，并坚持 APEC 的既有原则。从 2001 年至今，亚太区域一体化进程进入次区域繁荣发展阶段。如中国与东盟共同倡议建立“中国——东盟自由贸易区”（CAFTA）、中日韩自由贸易区等。当前在亚太区域一体化的议题上，仍然存在路径和模式之争。因此，在亚太区域一体化的进程中，中国一方面要积极探索新的模式，包括加速推进重点次区域的一体化进程，以争取主动并获得主导地位。

2. 加速推进重点次区域一体化进程

中国迫切需要在近几年内加速推动的次区域一体化进程包括东北亚的一体化进程以及加速落实“一带一路”战略构想推动中国—东盟的一体化进程和面向中亚的一体化进程。具体来说：

一是加速推进东北亚区域经济和创新一体化进程。东北亚地区包括俄罗斯、韩国、日本、中国和蒙古等重要国家。东北亚已经成为拉动世界经济增长的主要动力之一，尤其是中日韩三国贸易额占全球的近 20%，外商直接投资占全球的近 10%，三国经济总量占东北亚地区的 95% 以上，占全球经济的 20% 以上。2012 年，中日韩、中韩 FTA 启动谈判，两项谈判预计于 2015 年底结束。中国一方面要加快推进并按计划完成中日韩 FTA 谈判，使之能够真正成为促进中日韩经济融合发展的新机遇。与此同时，要以自贸区的建立为契机，加强中日韩在创新领域的合作，尤其通过建立联合实验室、共建工程研究中心、境外研究机构等方面强化基础研究、重点产品研发等方面的合作。另一方面，中国要重点加强与俄罗斯的合作。要充分利用俄罗斯当前面临的困难形势，加深在经济、能源、科技等方面的合作，主要包括联合开展项目研发、加强基础研究合作、共建高新区等方式，全面深化中俄战略协作伙伴关系。

二是以“一带一路”战略构想全面统筹中国—东盟一体化和中国—中亚区域一体化进程。在当前的一体化进程中，中国—东盟已经建立了自贸区，中国与中亚国家也通过上海合作组织加强了经贸、科技和安全等领域的合作。2013 年 9 月和 10 月，在习近平总书记分别出访中亚和东南亚国家时提出共建“一带一路”的战略构想。该战略构想体现了中国在全球化背景下对构建更加开放、合作，促进共同发展的区域经济新格局的战略愿景。

自 2003 年中国与东盟建立战略伙伴关系以来，携手开创了“黄金十年”。中国与东盟以经济合作为重点，逐渐向政治、安全、文化等领域延拓，在应对国际金融危机和抗击重大灾害中守望相助、同舟共济，形成了合作交流的良好局面。2010 年中国—东盟自贸区如期建成，中国成为东盟第一大贸易伙伴，东盟成为中国第三大贸易伙伴，以自贸区升级为标志，关系已进入成熟期，合作已进入快车道。2013 年中国—东盟双边贸易额达到 4436 亿美元，增长 11%，东盟已经连续三年成为中国第三大贸易伙伴、第四大出口市场和第二大进口来源地。中国已连续 4 年成为东盟第一大贸易伙伴。2014 年 1 ～ 7 月，双边贸易稳定增长，达 2600 多亿美元。截至 2014 年 7 月，中国—东盟双向投资累计达 1200 亿美元。共建 21 世纪海上丝绸之路将开启下一个“钻石十年”，将从规模和内涵上进一步提升中国—东盟政治经贸科技文化等方面的关系。下一步，中国—东盟应在经济、社会、文化、科技、教育等诸多领域，制定和开展具体的行动，包括基础设施建设、投资、贸易、能源开发、多元文化交流及多层次教育合作等。科技创新合作的核心是激发大众创新，积极开展能力建设、共同研发和共建高新区等方式，使创新成为海上丝绸之路发展的第一驱动力。

2001 年 6 月成立的上海合作组织，成员国包括中国、俄罗斯、哈萨克斯坦、吉尔吉斯斯坦、塔吉克斯坦、乌兹别克斯坦。现有蒙古、巴基斯坦、伊朗、印度、阿富汗 5 个观察员国，白俄罗斯、斯里兰卡、土耳其 3 个对话伙伴。6 个成员国领土总面积超过 3018 万平方公里，占欧亚大陆的 3/5；加上观察员国，领土总面积超过 3781 万平方公里。成员国人口总和为 15.25 亿，占世界人口的 1/4; 加上观察员国，人口总和达 28 亿，占世界人口的近一半。2012 年，成员国国内生产总值总和约为 10.6 亿美元。2013 年 9 月，上合组织政府间科技合作协定正式签署，标志着上合组织科技合作进入了一个新的阶段。以上海合作组织为框架的区域具有巨大的合作潜力，安全、经济、人文和科技等已经成为重点合作的领域。中国以建设陆上丝绸之路经济带为核心战略，推动上合组织成员之间的合作，成为推动中国－中亚区域经济一体化的新起点。在科技创新方面，我国应在现有合作的基础上，加快启动基于上合组织框架内的联合研究计划，联合开展科学研究，联合组织举行培训班、研讨会、展览；共同培养人才、建立创新机构、实验室和科学中心以及各方协商的其他方式，开展多边科技合作。在自然资源的保护和合理利用、能源和节能减排、生命系统技术（包括农业技术）、纳米和新材料、信息和通信系统等科技优先领域开展合作。

（三）首都创新在区域经济和创新一体化中的作用

我国在积极推进重点区域、次区域一体化的进程中，对各省市地方也提出了新的要求，尤其是面向东北亚一体化的黑龙江、辽宁、吉林和内蒙古等省份，面向东盟的云南、广西、广东等省份，面向中亚的新疆、甘肃、青海等省份，需要制定行之有效的策略和政策措施。北京作为首都，由于特殊的地位和丰富的科技创新资源，应该在区域经济和创新一体化中承担更独特作用，具体来说表现：

一是首都成为东北亚地区前沿基础研究的倡导者和战略高技术的策源地。作为我国科教资源最丰富、研究院所最集中、研究能力一流的地区，首都应充分发挥这一特殊的禀赋优势。而对应的，在东北亚地区，日本东京、韩国首尔以及俄罗斯莫斯科等各国的首都，也是科技创新资源要素较为富集的地区，也是各国基础研究和前沿科学研发能力顶尖的城市和地区。为积极应对全球科技革命和产业变革，以及迎接全球研发中心东移的趋势，首都应倡导发起基于东北亚地区的基础研究，推动以战略高技术为核心的前沿研究，促进各个首都科技创新资源的优势互补，建立首都科技创新合作网络，建立首都科技创新对话机制和联络机制。以此为契机，各国首都应联合起来，推动各自的高等教育和科研机构开展重点领域的前沿基础研究和战略高技术研究，尤其是一些各国共同面临的重大科技问题，如气候变化、生态保护、地震和动植物资源保护等。

二是首都成为推动支撑“一带一路”战略新兴产业发展的先行者和高新技术产业发展的引领者。与东北亚地区不同，沿一带一路的国家以发展中国家为主体。与这些国家合作的重点应放在促进先进实用技术的推广应用和本地化，转移我国新兴产业的产能，为传统产业升级改造创造新的市场空间。因此，首都应依托中关村自主创新示范区，充分发挥自身具备较强产业科技实力优势，不断推进与沿线重点国家和城市的产业科技创新合作，一方面依托当地优势科技资源和生态资源，探索与有关国家建设重点行业或产业的中关村国际科技园，促进首都的信息通讯、核电、高铁以及生物、农业技术在当地转化和产业化，开展本地化合作开发和不断拓展国外市场，在境外设立工厂和研发机构，利用当地科技创新资源，推动我国的高新技术产业，尤其是一些产能过剩的行业“走出去”。另一方面，充分发挥首都科技创新技术设施的优势，与沿线国家开展基于产业化和技术本地化的合作开发，促进首都一些尚停留在实验室阶段、中试阶段的产品，更快投向市场。此外，可以与沿线重点国家的首都开展创新创业合作，建立国际孵化器和创业园，鼓励我国的中小企业、科研人员与当地科学家、科研机构合作开展创业合作。

三是首都成为亚太国际科技合作交流的中枢和创新共同体建设的执行者。在2014年11月举行的APEC会议上，各国领导人共同发布了以“构建融合、创新、互联的亚太”为主题的《北京纲领》，强调促进经济创新发展、改革与增长，把创新作为经济发展和结构改革的重要抓手，批准《创新驱动发展倡议》。首都作为全国科技创新中心，其辐射的范围不仅仅在国内，更多的是国际，尤其是亚太地区。建设开放国际化的全国科技创新中心，必须要实现大规模、高质量、全方位的“走出去”和“引进来”，首都最具条件成为高质量创新资源的汇聚地，成为高质量创新要素流动的中枢，成为倡导建设创新共同体的执行者。第一，首都要充分发挥自身基础研究和战略高技术的底蕴和实力，在更大范围、更深层次和更高水平上，与亚太地区的重点国家，包括美国、日本、韩国、澳大利亚、新加坡等国家开展更加卓有成效的合作，并以双边合作推动参与度更高的多边合作，更加有力地促进科技创新资源在各国之间实现更加快速地流动和互补。第二，首都充分发挥中关村国家自主创新示范区的作用，并以此为平台与美国、澳大利亚、日本、韩国等国家的重要科技创新城市和地带开展合作，如进一步推动中关村—硅谷、中关村—大德科技园以及其他重点地区的合作，确实产生实质性的效果。以高水平的研发合作为核心，制定和实施更为有利的政策来吸引外资研发机构、国际科技组织和跨国公司的研发总部，更加强调从招商引资，转变为招才引智，使北京成为国际高端创新资源的集聚地。第三，首都要进一步发挥自身所拥有的包括大量的央企、高校和科研机构的资源禀赋优势，鼓励央企、高校和科研机构，与境外的企业、高校和科研机构合作，开展针对性更强的科技创新合作，不断推动我国与重点国家建设利益更加紧密的创新共同体。

三、对全球创新形成重要影响力

（一）首都成为中国与世界创新交流的重要枢纽

首都北京是中国的国际交流机构、项目的集聚地，国家科技创新交流为北京提供的便利的交流载体和渠道。

1. 首都是中国与发达国家进行科技创新合作的最活跃地区

中国与美国、德国、法国、日本建立了科技创新的交流制度框架，形成了合作的实体，交流活动日益活跃，在北京建立大量合作机构、大科学装置、联合实验室、研究院等。

中国与美国的科技合作已经从零星交流上升到组织最优秀的科学家联手攻克世界级科学难题。《中美政府间科学技术合作协定》每5年续签一次。中美两国政府部门根据该协定先后在高能物理、空间、环境保护、核安全、能源效率等多个领域签署了相关合作议定书或谅解备忘录，并形成了中美创新大会、中美战略经济对话、中美科技政策论坛、中美环境科技合作研讨会等交流机制。中美开展了数千个科技合作项目，数万名科学家参与双边交流。中美科技合作取得的重大成果涵盖了基础研究、高技术与民用技术等诸多领域，其中一些成果在国际上居于领先地位，如中科院遥感卫星地面站、北京正负电子对撞机、核安全监督管理法规的制定和核安全监督管理方式等。中国科学院与美国科研机构和大学之间的合作进入实质性阶段，中科院物理所与美国橡树岭国家实验室组建“量子物理”实验室；中科院计算所与美国得克萨斯州农业机械大学建立“现代通信技术”联合实验室。

中国与德国之间的科技合作规模和成效引人瞩目。合作涉及环境技术与生态、地学、海洋研究、航空研究、文物保护、光学技术、微系统技术、信息技术、卫生等众多领域。近年来，气候变化、能源与环境成为中德两国合作与交流中的热点领域。2000 年，国家自然科学基金委员会和德意志研究联合会共同建设的中德科学促进中心建成启用。2007 年，清华大学核能与新能源技术研究院、北京高碑店水环境科技研发中心与德国三所研究机构合作开展中德政府间科技合作项目。

中国和法国之间的科技合作中联合实验室的合作形式表现突出。法国在航空、航天、信息、通信、能源、环境、农业、生物与化学等科学领域都有自己独特的优势，而中国经济的高速健康发展也需要有高新技术的推动与保障，双方合作有着良好的结合点，两国研究机构共同建设的联合实验室是重要的合作形式。法国国家信息、自动化研究院（INRIA）与中国科学院自动化研究所（北京）共同建立的中法信息、自动化与应用数学联合实验室，法国科研中心里昂催化所和中科院大连化物所合作的中法催化联合实验室，法国血液研究所与天津血液所合作的中法血液联合实验室，华东理工大学等 6 家实验室与法国化学工程实验室等 5 家实验室共同合作的中法为可持续发展的化学与环境工程联合实验室等多家联合实验室。

中国和日本科技创新交流与合作的主要领域在环境保护与能源材料技术，企业间的合作日益深入。中日两国政府签订了《中日科技合作协定》、《中日关于在科学与产业技术领域开展交流与合作的协定》等政府间合作框架，建立了中日科技合作联合委员会、中日科技战略与政策研讨会、中日科技高层人士圆桌会议等交流的机制。在企业层面，日本大金公司在空调技术开发领域与清华大学合作，设立了清华—大金研究开发中心，这是日本空调企业首次在海外设立研发中心。双方各派 10 名研究人员，重点是从事节能、环保等关键技术的研发。继东芝、理光、富士通等大企业在中国设立研发中心之后，NTT DOCOMO 公司为了加强中日民间在信息通信技术领域的合作，推进第四代移动通信（4G）及相关移动通信技术的研发，在北京设立都科摩（DOCOMO）通信技术研究中心有限公司。 日本 NEC 也于 2003 年 9 月在北京中关村又新设了 NEC 中国研究院，其研发重点是面向下一代互联网的移动通信系统技术。此外，中国通过各种渠道开展的智力引进和技术培训稳步发展，通过日本海外开发会（JODC）、日本花甲协会、日本海外技术者研修协会（AOTS）、日本技术协会等组织每年引进 500 多名专家，到我国帮助开展技术革新。

2. 首都是中国与金砖国家之间科技交流的重要载体

中国与金砖国家之间产业存在优势互补，科技合作不断深化，在北京建立科技联络机构，首都成为国际科技交流的重要载体。在全球经济复苏缓慢的今天，这种不断深化的合作关系，在加深了彼此之间战略联系的同时，也为世界经济的复苏贡献出了一份应有的力量。金砖国家已经从单纯的经贸合作延伸拓展到科技与创新合作。尽管金砖国家的总体科技水平落后于发达国家，但它们在不同的产业领域也形成了各自的技术优势，如中国的通信设备、高铁等产业，俄罗斯的航空航天业、核电产业，印度的软件开发和生物制药业，巴西的民用航空和深海石油开发业，南非的煤化工等领域都拥有比较先进的技术。金砖国家合作机制正式启动以来，中国与金砖国家的双边交流日益密切，推动科技合作逐渐实现跨越式发展。金砖国家科技和创新部长级会议（2014年）的会议主题是"通过科技创新领域的战略伙伴关系推动公平增长和可持续发展"。金砖国家一致表示将进一步加强面向未来的基础科学和前沿科技合作，完善金砖国家间科技创新战略对话，加大重大科研基础设施的开放合作。

中国与巴西两国在航空航天、信息技术、生物技术、农牧林业、水产养殖、医药卫生及能源矿产等领域签有多个合作协议，尤其是2009年5月签署的《科学技术与创新合作工作计划》为未来两国科技合作确定了行动方向与目标。中国是巴西第一大贸易伙伴和第一大出口市场，在能源勘探、特高压输电、高铁建设等领域已经和正在建立一批密切合作项目。截至2011年底，中国累计对巴西各类投资148.12亿美元，主要涉及采矿、通信、汽车、太阳能电池生产等行业。巴西在华实际投资累计从2008年的2.8亿美元增至2011年的4.3亿美元，主要涉及支线飞机制造、压缩机生产、煤炭、汽车零部件生产、水力发电等项目。

中国和印度是世界上最大的两个发展中国家，经济互补互鉴，合作潜力巨大。近年来，两国不断深化与拓展在投资、基础设施、高技术、节能环保和能源等领域的合作。在第二次中印战略经济对话上，双方签署了铁路、软件、工业效能等领域总额为48亿美元的企业间双向投资意向协议。

中国与俄罗斯两国间经济合作互补性、互利性的优势益发明显，在纳米、能源、节能、环保、合理利用自然资源等领域开展了大量卓有成效的合作，两国大学与科研院所间的访问交流也日益密切，双边科技合作存在巨大提升潜力，前景十分广阔。

中国与南非互为对方投资的重点国家之一。两国双向投资已从传统的家电、矿业、冶炼等领域扩展到金融、电信、新能源、基础设施等领域。截至

2011 年，中国累计对南非投资达 70 亿美元，投资项目涉及家电、机械、矿产开发及金融、贸易、运输、信息通讯等。同时，南非在中国的投资近年来也在迅速增长，总投资额已接近 20 亿美元。

3. 首都是中国与欠发达国家科技合作的重要平台

亚洲、非洲、南美的欠发达国家在南南合作、中国—东盟科技合作、中国—南亚科技伙伴计划、中非科技伙伴计划的框架下开展科技创新合作交流，在北京建设联合实验室、联合研究中心。在南南合作机制下，中国明晰发展中国家的技术需求，进一步推动发展中国家在技术研发、转移与推广应用、人员培训、能力建设等各方面的合作。在亚洲，在科技伙伴计划框架下，根据各国家发展需求，通过共建国家联合实验室、资助杰出青年科学家来华工作、开展先进适用技术培训等，帮助相关国家提升科技创新能力。通过建设国际技术转移中心、先进技术示范与推广基地，实施国际科技特派员行动，推动先进适用技术的转移。通过科技创新政策规划与咨询，与相关国家共享中国科技发展经验。在非洲，中国国家半导体照明工程研发及产业联盟联合肯尼亚教研部，共同开展中肯半导体照明技术中心建设。在南美，阿根廷与中国农业科学院合作建立了中阿食品科学技术联合研究中心，在肉类、植物类食品保鲜方面取得了丰硕的成果，而且双方在开发功能性食品方面也进入了一个新的阶段。

（二）中关村自主创新示范区是首都参与国际科技创新交流合作的核心

首都北京作为中国对接全球创新资源、开展国际合作中、加强对外科技经济交流合作的中心，中关村自主创新示范区是核心所在。目前，中关村自主创新示范区的企业、高校及科研院所与位于美国、英国、澳大利亚、法国、德国、加拿大、俄罗斯、意大利等国家的知名大学、企业和机构进行了合作，形成一系列行之有效的合作模式。共同建立了联合研究机构，开展联合研发，如北京航空制造工程研究所与英国帝国理工学院签署协议，在帝国理工学院建立了联合研发中心。搭建国际化的服务平台，构建国际合作桥梁。

中关村自主创新示范区是北京参与国际科技创新交流合作的核心，不仅与法国索菲亚科技园区、加拿大渥太华创新中心、芬兰贸易协会、以色列科研机构、芬兰科技产业协会、香港科技园区等近 20 个国际科技创新区域建立了长期合作关系。中关村科技园区吸引芬兰在各自领域具有领先性或颠覆性前沿技术的软件信息服务类、电子信息类、新能源类、节能环保类、高技术服务类的高科技企业落地。中芬国际合作创新平台启动暨北京芬华创新中心在中关村软件园成立。芬兰目前已有300家企业与中国建立了合作关系，比如诺基亚、开发愤怒的小鸟的公司等。新成立的中芬国际合作创新平台由芬华创新中心有限公司负责运营，办公地点设在北京中关村科技园区内，协助芬兰企业及相关组织开展与北京创新资源和市场的对接工作。中关村科技园区正式启动首个以石墨烯新材料为关键技术的国际合作项目，中关村科技园区丰台园与英国布鲁内尔大学等机构合作研发，实现新材料产业化。与此同时，中关村示范区与国外科技服务机构密切合作，分别与芬兰贸易协会、以色列施拉特公司签署了合作协议，建设芬华创新北京中心、中以创新合作转移中心。这些研发机构的建立，为吸引国际中小高科技企业落户中关村示范区提供“软着陆”服务，为中关村企业发展国际化业务提供了便捷的平台，也为促进中关村示范区拓展国际化发展渠道、吸纳和整合全球高端创新资源提供帮助。外资机构已成为中关村区域创新体系的重要组成部分，2012年中关村外资研发机构达到248个，科技活动人员达到2.93万人，科技活动经费达到104.5亿元。

中关村自主创新示范区内的产学研组织积极参与国际科技创新活动，如国际半导体照明联盟是比较突出的。联盟的半导体照明国家重点实验室设立海外研发实体机构、建立金砖国家半导体照明合作平台。2010年，中国国家半导体照明工程研发及产业联盟（CSA）作为主要发起者，联合美国、澳大利亚、荷兰、韩国、印度等国及中国台湾地区的半导体照明产业组织，成立全球首家专门促进半导体照明行业发展的非营利性、非政府组织——国际半导体照明联盟（ISA），联盟总部设在北京。联盟中的中国半导体照明国家重点实验室在荷兰代尔夫特大学建立海外研发实体机构国际开放创新中心，并共同培养博士及博士后。中国还与德国教研部开展创新应用、标准检测、示范工程评价和产品循环利用等领域合作；与巴西、印度、俄罗斯、南非建立金砖国家半导体照明合作平台；联合肯尼亚教研部，共同开展中肯半导体照明技术中心建设。

（三）发挥首都科技创新对全球影响力的思路与方向

我国与主要国家经济科技联系更加紧密，在众多前沿技术领域合作成效显著，未来合作潜力更加巨大。信息技术、生物技术、新材料技术、新能源技术正在引发以绿色、智能、泛在为特征的群体性技术革命。商业模式与技术创新紧密结合，带动原有产业结构和生产方式发生深刻变化。科技创新链条更加灵巧，技术更新和成果转化更加快捷，产业更新换代不断加快。围绕创新的人才、资本、市场和专利等战略资源，国际争夺更加激烈。这都迫切要求构建创新共同体，首都在中国的科技创新中的作用必须得到进一步发挥。

欧洲、日本、韩国、美国都在谋求与首都北京开展地方性技术合作，能源、环保、交通、通信、循环经济、水处理等领域合作潜力巨大。开展国际合作已成为首都推进创新的重要手段，迫切要求发挥首都资金、人才、政策优势，广泛获得国外技术、专利、品牌和其他知识产权，引进创新成果实现产业化，推动各类创新主体走出去融入全球创新网络。

作为全国科技创新中心，北京具有许多得天独厚的基础和条件，拥有丰富的科技人才资源，聚集了一大批科研院所、高等院校、创新型企业和科技创新基地，聚集了一大批战略科学家、科技领军人才、企业家和创新创业团队，全社会科技投入快速增长，研发投入强度保持很高水平，科技创新成果大量涌现，参加国际科技竞争的能力不断提高。

扩大首都科技创新对全球的影响力，需要北京利用拥有的独特国际资源和科技优势，以国际科技合作与技术转移为手段，源源不断地产出世界领先科技成果，并形成商品驱动经济发展，重点方向是：

1. 首都搭建国际科技创新的平台

利用首都北京的外交资源，推动国家间创新合作与技术转移体系建设。广泛调动国际科技管理人员、技术转移从业者、高层次专业技术人员、领域专家、科技外交官等国际科技创新链条上的人才资源，服务首都的科技创新发展。定期在京举办跨国技术转移大会、国际创新论坛、外交官科技通报会等，以会议为载体，将北京建设成为全球高端技术的集散地。整合海外技术转移机构和国内技术中介机构，建设国际技术转移的协作网络。

此外，建设与不同国家政府间的跨国技术转移官方机制和针对相关领域的跨国技术转移专业机制。如中意技术转移中心，通过官方机制和专业机制，有目的、精确地输入和输出针对性的领先技术。

2. 加强首都国际科技合作基地

推动形成北京市的机构与外国企业、高校院所机构主体间的合作，对合作条件好、合作模式新、合作成效大的机构，作为首都国际科技合作基地重点支持，并整合银行、券商、风投等方面的社会资源，以金融服务、拨贷联动、拨投联动、企业上市、风险投资等多种方式支持基地“走出去”和“引进来”。整合政府部门资源，对国际高端人才引进、国际科技人员交流、国际化人才团队培养进行支持，加快未来科技城建设，落实中央引进海外高层次人才“千人计划”而建设的人才创新创业基地和研发机构集群

3. 重点支持园区、机构作为首都国际科技创新的着力点

建设一批国际创新示范园：集中展示国际上的先进技术，在对北京科技发展起到示范作用的同时实现向全国乃至全球的辐射；建设一批国际产业孵化园：瞄准国际上出现的新型产业，全面引进国际上产业链上下游的相关技术和企业进行集成孵化；建设一批国际科技产业园：对于来自国际上的产业化条件较成熟的技术和企业集群，推动这些企业在相关国际科技产业园内实现集群式发展。

建立一批中外联合研究机构，推动国外高水平大学院所与北京机构建立联合实验室，推动诺奖得主与在京的大学院所合作建立面向成果转化和产业应用的联合研究院。

4. 引导跨国公司在首都设立研发机构形成高端人才培养流通机制

鼓励国际知名跨国公司在京设立研发中心，促进了高端人才在跨国公司与在京创新机构之间相互流通。跨国公司在京设立的研发机构，凭借其与国外相近的研究环境，为吸引海外高端人才聚集提供了重要平台，同时也成为高端人才的重要培养载体，是首都高端人才体系的重要组成。跨国公司在京研发机构为研发人员提供了一流的研究设备、多样化的学习和培训机会、充足的资金支持和富有挑战性的工作，极大地提高和开发了研发人才的能力素质。当这部分研发人员离开跨国公司、回流到首都科研机构和企业时，他们在跨国公司积累的人力资本和技术经验都将为首都科技创新注入新的活力。

第七章　2020：以人才集聚创新资源

创新驱动的本质是人才驱动，首都建设科技创新中心，关键在于创新人才的集聚和建设面向未来竞争需要的人才队伍。应充分发挥首都在集聚人才方面的独特优势，积极引进和培养人才、用好人才，着眼于全球创新中心的需要形成人才高地。

一、首都创新人才进展与成效

（一）出台一系列政策，引进和培养创新人才

首都的现代化建设与发展，关键在创新人才。创新人才在实现创新驱动，建设创新型国家中地位作用十分重要。为此，北京出台了一系列政策，创造有利于人才引进和培养的环境，加大对创新人才的集聚。北京市着力建设高端科技领军人才队伍。在全球范围内引进和聚集高端科技领军人才，聘请国际一流的科学家、工程技术专家参与首都重大科技研究项目。这一系列的举措完善了引人用人的举措和战略布局，为北京市引进高层次创新人才并推动人才优势向发展优势转化提供了政策保证。例如：北京制定了《北京技术创新行动计划（2014—2017年）》，提出建立分层次、多领域的引才用才平台，凝聚和培养高端技术人才，培养和聚集一批优秀创新人才特别是产业领军人才，并探索灵活多样的创新型人才流动和聘用方式；出台《加快建设中关村

人才特区行动计划（2011—2015年）》，实施拔尖领军人才开发、自主创新平台搭建等重点工程，如开展人才培养和兼职试点，构建多样化的人才培养和评价体系，发布《北京市面向海外高层次人才设立政府特聘岗位暂行办法》，实施“北京学者”计划，完善本市高层次专业技术人才培养和选拔培养体系；市人事局《关于印发〈关于加强自主创新人才队伍建设的若干政策措施〉的通知》，对留学生归国参与首都创新型城市建设服务提出了相应的政策，通过进一步畅通留学人员来京创业的“绿色通道”、对携带创新项目或新技术回国人员，采取来去自由的管理政策并在各方面提供便捷等；北京市提出了“外专千人计划”、“海聚工程”等一系列工作举措，其中2009年开始实施的海聚工程，围绕北京市重点发展产业、行业、学科的建设目标和中关村科技园区建设国家自主创新示范区的重大任务，在市级重点创新项目、重点学科和重点实验室、市属高等院校、科研院所、医院、国有企业和商业金融机构及中关村科技园区。

（二）创新人才已经初具规模，在国内集聚效用显著

中国人才科学研究院承办的《2014年中国人才集聚报告》数据显示，在全国31个省市区中，北京的人才综合集聚度居首，高端人才总数、学历结构、专利结构集聚度等多方面均位于前列①。首都创新人才集聚主要呈现以下特征：

（1）创新人才培养的基础和条件在全国遥遥领先。北京作为全国最大的科技与教育中心，拥有丰富的科技资源，同时集聚了一大批的科学、技术、艺术等人才，使北京形成了一支规模宏大、学科门类齐全、高素质的人才队伍。全国400多个科技信息类研究所及科技信息网络中心，大部分集中在北京地区。近三成的研究生院、国家重点学科、重点实验室，1/3的国家工程研究中心都设在北京。北京地区拥有80余所高等学校，每年输送十余万名高素质人才。高校科研人员和科研机构人员数量高居全国第一，远远超过其他地区。北京培养的博士后站全国的1/3。

（2）创新人才队伍规模不断扩大。据创新型科技人才队伍建设研究课题组的调研报告，截至2007年底，北京地区高层次创新型科技人才总量为35.9

---

① 《2014年中国人才集聚报告》：北京人才综合集聚度全国居首，http://education.news.cn/2014-03/27/c_119962816.htm

万人，高出上海 19 万人，占全国的比例近 11.5%，比 2002 年增长 15 万人，年均增长率达到 11.5%。其中，北京市地区 35.9 万科学家和工程师中，市属单位 18.7 万人，中央单位 17.2 万人，分布结构中，企业中人才增长较多，2007 年企业中科学家和工程师总数达到 21.4 万人，占到总数的 59.6%，而科研机构中占 15.9%，其余分布在高等院校等。创新型人才形成聚集趋势，在首都重点领域和发展领域中的队伍规模逐步扩大[①]。

（3）创新人才形成结构合理的“人才金字塔”。全市研发和试验发展活动人员 32.2 万，位居全国首位，形成了以两院院士为龙头、科学技术领军人才为骨干、青年科技后备人才和基础创新人才为支撑的人才金字塔。截至 2014 年 6 月底，累计 1103 名海外高层次人才入选“千人计划”，累计 514 名人才入选北京市“海聚工程”，118 名高层次科技创新人才入选“领军工程”，累计 1930 名青年科技骨干入选北京市“科技新星”计划[②]。

（4）逐渐形成高端创新人才引领和带动的局面。截至 2011 年底，北京地区有 629 人入选国家“千人计划”，北京“海聚工程”入选海外高层人才已达 368 人。北京市汇聚了 719 位两院院士，占到全国两院院士总数的 48%，享受国务院政府特殊津贴的专家 3611 人，国家突出贡献专家 98 人[③]。

（5）创新人才集聚与创新体系、产业园区规划等中长期发展初步相适应。现阶段北京已集聚起包括高中低端的各类创新人才和技术人才，广泛分布在电子信息、生物医药、能源保护等各个重点领域，与首都创新体系总体相适应，创新人才与产业园区规划相适应方面，到 2020 年，首都中关村地区将成为全球高端创新创业人才集聚的特区，形成高层次的创新人才、开发性的创业人才、战略性新兴产业的领军人才构筑中国人才高地。

（三）创新人才队伍建设还面临较大的差距和挑战

首都科技创新中心核心是人才资源集聚中心。北京要保持高端创新优势，就必须将人才资源的开发和利用放在科技创新的最优先位置。加强海外高层次人才的引进力度，建立具有国际竞争力的人才队伍。建立海外高层次人才

---

① 创新型科技人才队伍建设研究课题组．北京市高层次创新型科技人才调研报告．科技智囊，2009（9）.

② 激活经济社会发展“创新源”，http://www.bjkw.gov.cn/n8785584/n8904761/n8904960/10113354.html

③ 北京 315 个乡镇及街道班子全部已配备 80 后干部，http://news.xinhuanet.com/renshi/2012-07/02/c_123357065.htm

特聘专家制度，制定具有国际竞争力的海外人才吸引政策，完善各方面的配套政策，建立人才投入回报机制。培养一支能够站在世界前沿、勇于开拓创新的高素质创新人才队伍，大力提升人才国际竞争力。促进创新人才融入全球创新网络，并广泛集聚创新资源。首都成为创新型城市并进一步成为全球创新中心，需要融入国际化创新网络之中，占据国际竞争网络节点的核心地位，并依赖国际创新资源生存和发展，这需要不仅需要创新人才的国际化，而且创新人才还需要通过多种途径融入全球创新网络之中，广泛利用各类创新资源。促进创新人才与新兴产业密切结合，提升创新人力资源的效力。目前首都的中关村等地区已形成创新集群，未来将发展战略性新兴产业，创新人才的分布也应当向这些产业集聚，向电子信息产业集群、生物产业集群、新能源和环保产业集群、互联网新一代无线通信、数字内容、生物研发外包、风电装备、核能等战略性新兴产业集聚。

与创新中心建设的需求相比，北京创新人才队伍建设还面临一定的问题，存在一些体制机制的硬性约束。

（1）与发达国家相比，高端创新人才还存在一定差距

世界性的创新城市，无不是高层次的创新人才、开发性的创业人才、战略性新兴产业的领军人才的聚集地，北京市定位于全球创新中心，就需要集聚创新领军人才来构筑人才发展的战略高地。目前北京市创新集聚区中关村园区拥有 200 多位两院院士；而硅谷目前有 40 多位诺贝尔奖获得者，有上千名科学院和工程院院士，高端人才与世界创新城市相比仍存在缺口[①]。

（2）创新人才总体水平和各层面创新人才的规模还有待进一步扩大

北京每万名从业人员中 R&D 劳动力数量为 204 人 / 年，而纽约、伦敦、东京分别为 664 人 / 年、410 人 / 年和 795 人 / 年；北京 25 岁以上劳动力平均预期受教育年限只有 10 年，而纽约则为 16 年。我国每百万人口中从事研发的科学家和工程师，只有日本的 8%、韩国和美国（不包括工程师）的 15%。整体来看北京市创新人才从规模上，仍有待于提升[②]。

（3）城市规模与户籍制度限制加大

由于户籍制度改革艰难复杂，北京市户籍资源极度稀缺，相当程度障碍人才队伍建设和人才市场的发展。据统计 2008 年以来，中关村户口在外省市

① 董伟．“中国硅谷”面临创新创业人才短板．中国青年报，2011-5-23（10）．

② 董伟．北京迈向世界城市 人才拖后腿．中国青年报，2011-6-9（01）．

的从业人员每年以 20% 的速度增加，2010 年达到 63.5 万人。2009 年户口在外省市的从业人员占比为 49.6%，2010 年跃升至 54.8%。同时，从业人员的年轻化，受户籍制度影响，导致了人才队伍的不稳定。2010 年中关村从业人员平均年龄为 32.59 岁，比 2006 年降低了 0.47 岁。其中，29 岁及以下占总从业人员的 49.80%。高层次人才日益年轻化，很多有潜质的"北漂一族"，因各种原因而选择工作行为短期化。2010 年，中关村在现有单位工作 5 年以上从业人员 29.76 万人，占从业人员总量的 25.70%，在现有单位工作 3 年以下的占 57.01%，接近六成[①]。

（4）人才发展政策制度匹配性不足

高等教育体制、人才培养方案，教育科研投资体制、产学研结合等的配套改革不匹配，人才队伍建设的成效难以保证。在人才引进方面更多的关注物质待遇，生活待遇和经济待遇，激励也主要采用股权、经济手段及评优评奖等精神激励，缺乏科技创新精神等对人才的制度环境提出严峻挑战。同时，受到首都高成本、限购房、限购车等政策约束，对人才引进方面带来的户籍、子女教育、住房、出行等方面的影响等，削弱了人才进一步集聚的政策效果。

二、首都创新人才发展的战略重点

为强化创新人才对首都科技创新中心建设的支撑作用，就必须保持人才领先优势，加快形成人才驱动创新、创新驱动发展的新格局。重点加强人才工作。

（一）创新人才在高端引领下，呈结构化、辐射化发展的趋势，形成多层次开放的人才动态调整格局

首先，首都创新人才应当坚持高端创新人才引领，以世界一流人才之都为发展目标，以"首都人才发展规划纲要"的十二大重点工程为重点，致力于培育 100 位国际级科技领军人才的"科技北京"领军人才培养工程，到 2020 年集聚培养 10 到 20 名世界级产业领袖，以建立 10 个海外高层次人才创新创业基地以吸引和聚集优秀留学人员。

其次，人才结构形成创新高端领军人才、创新科研带头型人才、创新骨

---

① 中关村群像：为梦想努力 . 新京报，2012-9-14.

干和基础人才以及各级专业技术人才的多层级构成。在人才金字塔顶部的创新领军人才是高层次创新型人才队伍带领者，具有系统的、创造性的、被国内外同行公认的成就，能够在创新研究方面赶超本领域国际先进水平。位于第二层的创新科研带头型人才是重点领域的高端人才，既包括创新研究型人才，也包括创新技术型人才，具有较高学术技术水平，能够准确把握学科和领域发展方向，创造或保持本领域国内先进水平。第三层的创新骨干人才是科技创新的"主力军"，拥有扎实的基础理论、可以聚焦某一领域和研究方向，开展科研技术活动，同时培养并带动基础人才快速成长。而创新基础人才是创新活动的"生力军"，具备一定的基础理论知识和科研开发能力，有待在上几层创新人才的带领下开展创新活动并逐渐成长。各级专业技术人才则包括高技能人才和技术工人，前者熟练掌握专门知识和技术，具备精湛的操作技能，并在工作实践中能解决关键技术和工艺，后者则是初级技能工人。此外，创新组织内部的其他职能部门中对创新活动有较大影响力和贡献的相关人员。创新体系是一个社会关系网络，而网络上的结点不仅包括核心创新人员，在结点外围的顾客、供应商等，都有可能为创新活动提出新的思维和方向，因此创新活动是一种"全员创新"，在企业外部经济关系中的相关利益群体，甚至无关群体都应该被包括在创新人才队伍结构之中，这部分群体在人才结构中作为边缘外围而存在。

在创新人才梯队的形成过程中，以高层次创新科研带头人才为引领，各层创新人才互为带动，要把"千人计划"、"海聚工程"、"百千万人才工程"、"雏鹰计划"、"翱翔计划"和"北京市科技新星计划"等科技人才培养项目，中央和市属聚才计划，同享受政府特殊津贴专家和有突出贡献中青年专家的选拔、留学回国人员科研资助和博士后研究制度结合起来，实行动态管理，形成人才辐射网络。

（二）以人才全球流动和向北京集聚为载体，带动全球创新资本、技术和知识资源向亚太地区转移，服务于首都创新发展资源基础的需要

集聚全球创新资本资源——创新资本资源是创新的物力资源，包括政府、企业、科研机构和个人投向科学研究和创新活动的物质资金总和，可以分为研究开发资金、科学研究资金与创新成果应用经费、科研服务资金等。创新资本资源来源于财政拨款、企业投资、科研机构科研经费、个人筹资、风险投资等，创新人才作为创新资本的运用者和受体，可以通过多种资本来源途

径整合资源优势，集聚全球范围内的创新资本资源。政府财政拨款部分，科技专项拨款如科技三项费用（新产品研制、中间试验及重大科研项目补助），纵向合同经费、科学基金等，依托科研项目和科研任务，将资金资源分配到创新人才手中进行科研创新活动。企业投资部分既包括国内企业投资，也包括国际企业投资，国内企业创新资本主要来源于企业所筹集的科研技术经费，国外企业投资则既包括母公司在全球范围内所分配的创新资源，也包括子公司在东道国进行科研项目所投资的资本，创新人才可以充分利用国内外企业的创新资本资源来开展各种创新活动。个人筹集资金主要来源于技术类和非技术类两种，技术类包括接受委托科研资金、创新成果转让、技术咨询收入等，非技术类包括劳务协作所获资金等，创新人才通过市场化调节机制可以灵活的获取个人筹集资金，集聚创新资源。创新资本中的风险投资部分，是创新人才集聚全球创新资源的重要组成部分，来自世界各地的风险投资追逐着有成功前景的创新项目和活动，有利于创新人才进行整合和利用。

集聚全球创新技术资源——企业管理的角度看，技术创新就是一个从新思想的产生，到研究、发展、试制、生产制造到首次商业化的过程。科技资源在全球的流动和重组过程中，大量科技资源在全球流动，创新人才作为技术资源的载体之一，随着全球化趋势的深入和创新人才的国际流动，使得技术资源产生集聚，而首都在吸收全球创新人才的同时，也集聚着全球技术创新资源。在技术创新的发明阶段，通过吸引海外留学人员回国创新创业，加强与国外人才密集特别是华人学者密集地区的联系，促进观念更新和技术、信息、知识流动，可以吸收最新的思想和技术，在发明环节就凝聚了全球最领先和最尖端的技术。在发展环节，一方面通过发达国家先进研发能力、技术及制造业的海外转移，随着跨国公司在海外的科研创新网络不断布局和扩展，创新人才作为网络中的组成部分承接了先进技术的转移，实现全球技术的同步发展，另一方面掌握先进技术的创新人才通过跨国流动、培训、开会、技术支持等多种形式，带来国际创新技术资源。商业化阶段则是技术创新与市场的整合，通过国内和国际两个融合的市场，实现技术和科研成果转化。

集聚全球创新知识资源——创新知识资源，是指被开发和组织的，能够为人们所利用的，直接或间接地投入到创新活动中的知识的集合。创新人才是创新知识的生产者、利用者和携带者，创新人才为载体的知识资源一方面包括在教育过程中所获得的间接知识，另一方面包括自身在创新实践活动中积累起来的经验。创新人才通过知识资源的共享和扩散及传播来实现知识的传递，而创新人才的集聚则可以集聚起创新知识资源：技术专利、科技知识如科学技术文献、技术工艺等都可以通过创新人员的集聚和流动而随之集聚。此外，科技人员在国内外创新网络中转移、获取、转化知识，可以通过在全球创新网络中吸引人才集聚在首都，从而集聚全球创新知识资源。

（三）促进人才结构与“高精尖”的产业结构调整相契合，突出科技服务人才所起到的支撑作用，带动首都经济和社会的转型

创新城市中的产业分工核心是人才分工，与不同产业结构特征相适应的创新人才集聚是产业集聚的基础，因此创新人才结构调整战略需要以产业结构调整方向来确立，形成合理的产业人才结构，即不同专业、能力、学历、素质的各类人才在各产业中的规模和配置构成符合构建全球创新中心的需要，人才的数量、教育水平、年龄分布合理，并引起投放到不同产业和行业中各要素的流动，从而使资源得到更加优化的配置。

作为全球创新典型区域，美国硅谷的产业发展方向主要集中于经济社会中信息和通信技术的深入发展、生物技术和信息技术的融合、纳米技术和微型机器的商业化三个领域。与此相应，硅谷集结着美国各地和世界各国的科技人员达 100 万以上，美国科学院院士在硅谷任职的就有近千人，世界上的诺贝尔奖金获得者有近 1/4 在硅谷工作，世界一流大学（研究机构）和众多智力人才的地域集中，而硅谷高学历的专业科技人员往往占到公司员工的 80% 以上，这些都促进了硅谷地区的产业高水平化。北京市将发展低消耗、高附加值、高带动力的新兴产业集群，大力推动移动互联网、云计算、物联网、新能源汽车、生物医药等产业发展。新材料、新能源、生物技术、现代医药、环保等工程技术人员远不能满足需要，高新技术和复合型创新人才整体性短缺。产业结构进入急剧变化的新阶段，既包括自主创新提高产业科技含量而对高层次创新型人才的需求，也包括产业升级和转型中，对高技能水平及应用型人才的需求。产业结构优化升级，推进人才结构战略性调整，加快调整人才专业素质结构、层级结构、分布结构，实现人才结构与经济社会发展结构的协调发展。

北京发展“高精尖”产业结构，高端化、服务化、集聚化、融合化、低碳化水平进一步提升。在产业结构调整过程中，对科技服务人才的需求更为突出，如技术转移专业人才、专利经营人才、工程设计人才，将各种科技成果转化出去的人才等，以及各种实用技能人才。以技术转移专业人才来说，

我国从事技术转移的专业人才十分匮乏，尤其是其中的高端人才较为缺乏，影响了技术市场的发展。

（四）提升创新人才的人力资本，拉动人才贡献率的增长，优化创新人才结构

人力资本综合了创新人才所受到的教育、培训，以及在实践经验的积累等方面所做的投资，综合反映创新人才的知识和技能水平。创新人才的人力资本决定了创新人才的创新素质和创新能力，在首都布局创新人才未来发展时，提升创新人才的人力资本是必然路径。根据中国教育与人力资源问题报告课题组进行的《从人口大国迈向人力资源强国》课题研究指出："到 2020 年，我国 25 ～ 64 岁劳动力人口人文发展指数达到 0.85 以上，综合生产率达到 3 万美元（按购买力平价计算）左右，每百万人口中科学家和工程师人数达到 1500 人左右，实现从人力资源欠发达国家向中等发达国家的第一次提升"。北京市 2008 年人才资源总量达到 337 万人，人才贡献率达到 35%，而发达国家的人才贡献率大多在 60% 以上，因此首都还有较大空间来提升创新人才的人力资本[①]。

北京未来将发展成为全球创新资源配置中心之一，拥有以现代服务业为主的产业结构特征，产业组织体系以平台为基础、大企业为主导、中小企业群有序构成，以及拥有完整高效创新服务体系。在此过程中，首都将顺应产业结构调整趋势，各行业人才结构不断改善，创新人才结构不断优化，通过中央的"千人计划"、北京"海聚工程"、中关村"高聚工程"等人才政策，有针对性地引进国内外科研骨干和高层次经营管理人才，鼓励企业与高校、研究院所联合培养高端研发人才和复合型人才，与中、高等职业教育学校联合培养高级技能人才，推进技能型人才队伍建设。

（五）人才结构契合区域空间布局，以京津冀创新共同体配置人才资源，实现区域人才协同发展机制

习近平总书记关于京津冀协同发展的重大战略指导思想和中央的决策部署，都强调了以京津为核心的环渤海区域在中国经济增长驱动方面的重要作

---

① 中国教育与人力资源问题课题组 . 从人口大国迈向人力资源强国——中国教育与人力资源问题报告 . 教育发展研究，2003，（3）.

用，而京津冀协同发展的关键在于加快创新驱动步伐，进行协同创新，形成京津冀协同创新共同体。以京津冀创新共同体来整体布局人才，形成环渤海区的区域空间人才版图，有利于发挥该区域内部各城区的优势，合理配置人才。而今年京津冀三省市人力社保部门达成一致意见，将联合打造“人才开发共同体”，在京津冀内部实现人才的交流互通，实现区域人才协同发展机制，以高素质人力资源流动带动项目、资金、技术流动，实现三地人才与项目、资金与技术的融合互动，一方面在三地共享人才市场中，首都所需人才可以由两地自由流入；另一方面，随着首都的产业向天津和河北地区的转移，也呈现出人才往出流动的局面，形成良性的人才流入流出机制。在人才配置的区域范围扩大之后，可以弱化首都吸引人才的一些现有的障碍，比如户籍问题，借助三地共通的人才交流市场，以人才柔性流动的方式，绕开了户口门槛。再如人才流入一般需要面对的住房问题，首都地区现行房价或租房价格已运行在高位，住房问题的解决就成为人才流动的一大难题，而京津冀创新共同体形成之后，通过各层次人才区域多点布局的方式，比如工程师人才集聚在天津，技能型人才分布在河北地区，减小房价所带来的人才流动障碍。

三、首都创新人才发展的重点措施

（一）创新人才的引进与培养

1. 积极打造全球高端人才集聚中心，以优质资源引导海外人才及境内领军人才流入

北京市应当发挥首都吸引创新人才的区位优势和政策优势，积极制定和出台有利于吸引和留住创新人才的政策及举措，建立以能力和业绩为导向的引才标准，在高端人才和创新机构引进政策方面，出台特色引才政策，建立和形成品牌效应，扩大区域引智聚才能力。①首都要建立面向全球、面向全国的吸引创新人才的机制。将优秀的科技专家和创新型科技人才引入到北京市充当技术领军人才和拔尖人才。充分调动各部门的积极性，引导他们畅通引才引智渠道，形成人才聚集效应。②充分发挥首都的区位优势和学科优势来吸引创新人才。北京可以将区位优势转化为人才软环境优势，并充分利用优势产业和优势学科，搭乘创新体系和创新型城市的契机，围绕重点学科、重点实验室和科技创新平台，在海内外广泛吸引优秀创新人才。③放松北京

“蓝卡”、“绿卡”对外籍人员的发放制度，引进移民积分制。较之美国为吸引各国优秀人才而发放的绿卡、欧洲对技术移民人员发放的蓝卡而言，我国每年向外籍人士发放的落户指标则很少，自 2004 年实行”绿卡”制度开始，到 2011 年年底，总共只发放了 4700 多张绿卡，而在我国常住的外籍人士则达到了 60 万，我国需要通过政策机制的调整，降低“绿卡”门槛，吸引更多优秀的海外人才。④加强创新载体建设，构筑高端创新型人才集聚平台。兴建高端产业基地，如北京市的雏鹰人才基地、高端人才创业基地、文化创意产业高端人才创业基地等，重点加快打造中关村高端产业园区，并催生一批优势骨干项目。

专栏 7-1 “绿卡”和“蓝卡”制度

绿卡制度是欧美等发达国家在全球范围内吸引高层次人才的重要制度。美国通过“绿卡”在全球吸纳了大批顶尖人才，美国科研一线工作的科学家有一半以上是来自世界各地的移民，为美国带来大量人口红利。加拿大、澳大利亚等各国在全球化过程中，也纷纷通过“绿卡”吸引和留住高级人才。

2007 年，欧盟开始统一发放“蓝卡”，吸引更多高水平技术人才前往欧盟就业，“蓝卡”持有者可以在欧盟 27 个成员国工作和居住，在住房、教育、养老等方面享有欧盟居民相当的待遇。

我国自 2004 年 8 月实施《外国人在中国永久居留审批管理办法》（即中国的“绿卡”制度）起，至 2014 年 5 月，有 1306 名海外高层次人才引进计划（“千人计划”）引进的外籍人才及其家属获得中国“绿卡”，发卡数量相对较少。

2. 完善科研创新人才及技术人才的引进及培养，吸引国内人才向首都创新中心的集聚

科研创新人才属于创新人才的中间梯队，既包括在重点领域具有较为突出贡献和成就、能够准确把握学科和领域发展方向，创造或保持本领域国内先进水平的科研带头和骨干型科研创新人才，也包括主要由青年创新骨干人

才所构成的人才队伍。在科研创新人才的引进方面，需要注意：①政府加大对创新型人才引进的投入力度。同比国内其他创新型城市，如上海、深圳，甚至如二线城市青岛等，首都政府对人才引进的投入力度应能与之相抗衡。如青岛市，2008年出台的《青岛市引进高层次优秀人才来青创新创业发展的办法》规定，市财政每年拿出3000万元作为人才引进专项资金，高层次人才科研扶持资金达到每项30万～100万元，并对高层次人才安家补贴进行每人30万、50万、100万元不等的鼓励政策。北京需要从科研经费资助、住房补贴、配偶及子女安置、户籍管理等方面加大了创新型人才引进的工作力度。②依托首都在科技园区、国家级项目建设、科研基地建设和学科建设方面的优势。中关村科技园区在未来将打造成我国的创新中心，既为吸引人才提供政策支持，又为人才提供了软硬件环境。北京有一大批国家重点高校，以及国家和北京市重点学科，同时众多高校和科研院所还承担着国家重大科研和重大工程项目，有着一批国家级重点科研基地，有助于加强人才—基地—项目一体化建设，依托上述优势，可以吸引和培养一批中青年高级专家，建设一批高层次创新科技人才创新创业基地。

目前，北京市技能人才缺口总量达60万人，其中对高级技工、技师、高级技师的缺口约为13万。对技术人才的引进和培养，一要借助国家相关政策，如《国家中长期人才发展规划纲要（2010—2020年）》积极推进“专业技术人才知识更新工程”和“国家高技能人才振兴计划”的重大工程，为高技能专业技术人才的培养提供了政策支持。二要以职业技能教育和继续教育在职培养人才。依托北京市普通高校47所、各类职工大学28所、干部管理学院类19所、2所教育学院、1所广播电视大学等，大力开办职业技能教育。三要企业通过内部培训机构、各种技术技能竞赛、学徒制度、技术攻关、外送研修等方式培养各种高技能人才和技术技能型人才。

3. 加强和完善利用“大项目”“大平台”的人才培养模式

高水平基础研究基地应面向产业和区域发展急需，坚持以高质量的基础研究活动培养高质量的人才。顺应“构筑大平台，凝聚大团队，承担大项目，培育大成果，实现大转化”的战略目标，建立能够集聚各种高端发展要素、具有国际竞争力的大平台，推动分散的产业空间、要素资源重新布局。“大平台”要发挥“高产业”和“大空间”两层含义，大平台必须从高产业资本与技术密集型产业去谋划，并充分形成“大空间”，通过“扩容、提升”把平台做大。据此将高水平的基础研究工作建立在“大平台”之上，培养在高端产业及“颠覆性产业创新”进行创新和发展的人才，并在广阔的大空间范围内合理配置人才。切实加强高水平基础研究基地与“大项目”的结合，把握产业创新中的产业链、价值链和技术链，着力瞄准高端技术，突出重点，开展多学科交叉重点攻关，通过重点突破一批制约产业创新发展的瓶颈技术和尖端技术，培养一大批国家、产业和区域发展所急需的高水平人才。通过“人才 + 项目”的运行模式，在“研发一批、储备一批、发展一批”的同时，加快科技创新领军人才和科研团队的培养。最近发布的“京校十条”和“京科九条”，在科技成果使用、处置和收益权改革方面实现了重大突破，高等学校、科研机构科技成果转化所获收益可按 70% 及以上的比例，划归科技成果完成人以及对转化作出重要贡献的人员所有，相信这将极大地调动科研人员研发和转化科技成果的积极性。

4. 推动改善创新人才成长的内外部因素，人才培养适应其成长规律

人才成长的内因是决定性因素，往往包括以下特质：个性品格的发展——创新型人才需要充分发展和释放其个性，充分调动人才的探索欲望和求知欲，从而发现问题解决问题；创新的思维品格——创新思维是进行创新活动的基本前提，只有勇于突破思维定式的束缚，才能不局限于对现实经验的直接依赖，从而提出新的理论和新观念；较强的学习和领悟能力——创新型人才从根本上具备是学习能力较强，能够通过各种机会获取知识和技能，并善于总结创新过程中的经验；执着的创新意志——创新型人才只有具备执着的创新意志和探索精神，才能有创新灵感和冲动，具备忍受逆境和压力的能力，并期盼通过创新行动将之变为现实；良好的团队合作意识和能力——创新活动的系统性和复杂性需要团队成员合作完成，在多学科、多部门支持和配合下，才能可能实现创新突破。上述特质的培养需要在人才成长的各个阶段逐渐灌输并刻意形成。

培养人才的外部因素则是关键，需要提供一个利于人才成长的外部大环境。包括：社会文化环境——文化环境有着潜移默化的重大影响，突破常规的创新活动需要突破因循守旧的陈旧思想，建立开放和包容的环境；结构合理的团队依托——团队结构设计应当合理又符合创新工作规律，在团队构成的年龄结构、职称结构、专业结构等方面形成合理的搭配；自由的科研时间和空间——创新人才在工作中，需要能够自由发挥的空间，需要给予其有助于创新活动产生的环境保证；良好稳定的科研条件——一方面需要良好并满足创新活动的科研条件，另一方面，科研环境必须保持稳定和持续。

5. 形成产学研一体化模式下创新人才的培养机制，产学研合作推动创新体系建设及创新人才培养

创新体系中包含政府部门、大学、企业和科研机构等机构，而上述主体之间形成的产学研合作体系构成了创新体系的基本组成部分，选择产学研模式是各国实现国家创新的必由路径之一，如美国的科技工业园区模式（斯坦福工业园和硅谷、波士顿128号公路高技术园区、北卡罗来纳三角研究园）、英国的剑桥模式、德国 Fraunhofer 联合体模式、日本国立大学模式、韩国模式等，由政府导向与市场推动相结合，形成产学研合作的良性机制。产学研将科研、教育、生产及资源功能进行综合和集成，并在创新体系中推进科技、经济和教育相结合，产学研合作过程嵌入在创新体系的建设之中，并成为培养创新人才的重要方式。通过产学研一体化，实现企业与高校、研究院所联合培养装备高端研发人才和复合型人才，与中、高等职业教育学校联合培养高级技能人才，推进技能型人才队伍建设的目标。

形成产学研一体化人才培养模式，一要注意合作选择机制，即选取合作对象、合作模式以及利益分享方面进行的战略考量。合作对象选择方面，综合考虑各方的人才、技术、资金、人才政策、地理区位等的影响。利益分享机制方面，各方可以通过多种分配方法实现互惠互利，如项目报酬、收益提成等。二要注意合作模式的选择，通过技术协作型模式、契约模式、一体化模式等方式，突破校级承担创新人才培养的框架，将理论知识和实践紧密结合形成学校、企业、科研院所一体化的教育模式，利用了企业等机构在创新实践中的前沿地位优势，让创新人才可以直接获取实际经验并培养实际创新能力。此外还需注意政府宏微观人才政策对人才发展的驱动，市场需求变动对人才知识和技术结构的影响，以及产学研各方利益的平衡及协调，参与合作的各方需要在各方利益获取及创新人才培养的双重目标中获得收益。

6. 推动高校人才培养各环节的创新和调整，以适应创新中心建设对基础教育的需求

高校创新人才培养是人才队伍建设的基础性环节。人才培养必须开拓思路，努力形成一个社会各方积极参与、人才个体自觉参与、培养模式灵活有效的人才培养机制。《国家中长期人才发展规划纲要（2010—2020年）》明确提出创新人才培养开发机制，要达到的目标是坚持以国家发展需要和社会需求为导向，以提高思想道德素质和创新能力为核心，完善现代国民教育和终身教育体系，注重在实践中发现、培养、造就人才，构建人人能够成才、人

人得到发展的人才培养开发机制。首先，人才培养的目标应当定位在创新人才的基础之上，如美国普林斯顿大学的本科生培养目标就包含了创新型人才所需要的知识、能力和素质结构，包括“具有独立思考的能力，具有敢于创新及独立工作的能力”等。其次，教育过程应当与创新人才的培养相契合，在教育的各个环节如教师选择授课素材、课程讲授过程、课堂中的实践活动以及与企业等市场机构相结合运用知识的环节，上述各环节都应当与创新所需相接轨。教学方法和手段应当更倾向于启发式并有利于培养学生的创新思维。

（二）完善有利于创新人才发展的激励机制

1. 建立创新科研技术开发和成果转化过程中的利益分享机制

①建立股权激励和分红激励为纽带的“利益捆绑机制”。股权激励和分红激励能够让创新科研人员按事先约定的比例享受到科技成果开发及市场化后的收益，因此充分调动科研人员的积极性和主观能动性，由此产生具有市场前景和使用价值的科技成果，并积极转化为现实生产力。在股权激励的设计方面，应当充分考虑有国际竞争力的制度设计，如在期权所得的个税起征点、纳税额度及抵扣规定等方面，给予创新人员充分的利益。②推行重大专项项目经费列支政策。重大专项项目经费列支政策是为了激发人才的创新活力和推动科技成果的转移转化的一项政策，2009 年财政部等规定将重大专项项目（课题）经费分为直接费用和间接费用两部分，其中间接费用可以开支用于人员激励的费用，由所在单位根据国家有关规定统筹安排。这使得项目经费使用的灵活性极大的增强，创新人员也可以获得更多的利益分享。中关村 2009 年启动了科技重大专项列支间接经费试点，示范区范围内承担科技重大专项试点项目的高等院校、科研院所和企业可以在科技重大专项资金中列支间接费用，按所承担的科技重大专项的直接费用扣除设备购置费后 10% ～ 20% 的比例计提。③创新科研成果的一次性物质奖励。建立科研创新成果的评选和奖励机制，由政府参与，企业主导，为参与创新科研的人员提供物质奖励。《促进科技成果转化法》规定，企业、事业单位独立研究开发或者与其他单位合作研究开发的科技成果实施转化成功投产后，单位应当连续三至五年从实施该科技成果新增留利中提取不低于 5% 的比例，对完成该项科技成果及其转化做出重要贡献的人员给予奖励。④加大专利奖励和专利收益分红力度。给予创新人员较大比例的专利收益分红，如美国夏威夷大学关于科

技成果转化的例子。“一般专利收益 2/3 分配给发明人，超过 30 万美元的按 1/3 比例归发明人所有。”通过给予创新发明人丰厚的报酬，也激发了科研人员的积极性。而我国专利法也规定了给予发明人专利奖金，如一项发明专利的奖金最低不少于 2000 元；一项实用新型专利或者外观设计专利的奖金最低不少于 500 元。在实施中，在现有基础之上继续增加专利收益分红的比重，向创新人员倾斜。⑤以科研报酬入股，按股份分红。《促进科技成果转化法》规定股份制企业，可以对在科技成果的研究开发、实施转化中做出重要贡献的有关人员的报酬或者奖励，按照国家有关规定将其折算为股份或者出资比例。该持股人依据其所持股份或者出资比例分享收益。北京市国有高新技术企业、高等院校和科研院所，近 500 家单位实施科技成果入股、科技成果收益分成等股权激励试点，近期的“京校十条”和“京科九条”，在科技成果使用、处置和收益权改革方面实现了重大突破，高等学校、科研机构科技成果转化所获收益可按 70% 及以上的比例，划归科技成果完成人以及对转化做出重要贡献的人员所有，极大调动科研人员研发和转化科技成果的积极性。

2. 建立基于创新能力的薪酬体系，推动知识、技能参与收益分配

基于创新能力的薪酬体系属于基于能力的薪酬体系，依据个体对创新能力的获得、开发和有效使用来支付报酬，而创新能力来自于创新知识、创新经验、创新技巧和行为等，因此该薪酬体系是一种按要素付酬的工资制度，有利于推动创新人才凭知识和技能参与收益分配。基于创新能力的薪酬体系在设计中，关键在于：①创新能力的选择和确定。企业的价值观和战略方向决定了所需要的创新能力，并据此决定付薪要素，而由此确定的付酬要素应当能够促进企业的可持续发展，并在持续运营中，强化员工在诸如新市场的开拓、新技术的开发、经营创新与管理变革等方面做出贡献；②创新能力的评价和定价。建立适合企业的员工能力模型，需要对员工的创新能力进行挖掘和总结，根据不同岗位对能力的需要进行等级划分，并对各能力要素进行定量评价，由此建立科学有效的能力模型。对能力要素进行评价时，要围绕企业的远期愿景及战略目标，将与此有关的重要创新能力以更高的评价值；③为创新能力确定价值。对创新能力予以等级式评价后，接下来是将薪酬与创新能力价值连接起来，一方面需要考虑外部市场的薪酬形式，就各岗位的外部平均薪酬、高位薪酬和地位薪酬进行比较和综合分析，确定能力的付薪方式，另一方面根据企业内部薪酬等级和能力评价等级，确定付薪形式。

3. 建立创新人才的表彰激励机制，激发创新人才的创新活力

以表彰和奖励的形式激励创新人才，有助于给人才提供一个良好的培养环境，并在物质和精神上给予人才的创新活动以鼓励。表彰机制可以分为三个层次：国家和政府层面、企业层面、社会层面。①国家和企业层面的表彰和奖励。政府表彰可以形成人才表彰的导向，对为国家和社会发展做出杰出贡献的创新人才给予崇高荣誉并实行重奖，如北京市设立了首都杰出人才奖，“首都杰出人才奖”奖励金额为每人每次 100 万元，“首都杰出人才提名奖”奖励金额为每人每次 10 万元，给予了人才以极大的激励。②企业层面的表彰和奖励。这方面的奖励可以作为主体，除了一次性的表彰称号和奖励，还鼓励创新人才参加培训深造、带徒传技、同业交流、技术创新等。③社会层面的表彰和奖励。在社会范围内形成对人才的表彰机制，有助于培养尊重人才的氛围。可以通过号召和征集社会机构及团体开展对创新活动和创新业绩进行表彰和奖励。

（三）科技人员服务企业的柔性流动[①]

1. 以柔性合作机制引进海内外高层次人才

人才柔性流动，是各类人才在不改变国籍、地域、户籍、身份等人事关系的前提下，以智力服务为核心，形成与人才资源开发配置市场化、社会化、全球化趋势相适应的，政府引导、市场调节、智力流动、来去自由的人才流动方式。较之传统的人才引进方式，柔性流动更有利于人才的全球化、市场化配置，为人才免除了制度等各种限制，解决了后顾之忧。首都未来人才布局中，需要引进一批“高精尖”人才和具有创新素质的高层次人才，首都各类企业、重点行业、战略新兴产业对所需要的国内外各类人才，均可采取柔性流动的方式，以高新产业园区、创业园、重大学科基地等服务平台，为海内外高层次人才与企业的合作交流创造良好条件。通过柔性流动机制，海外高层次人才可以不必回国，通过特聘、兼职、项目合作等多种方式，与首都科技企业展开合作。对于国内高层次人才，在人才选拔、人才培养、奖励、专业技术职称评审、申请科研经费资助、申请认定高新技术成果转化项目、申报科技奖励、项目申报等方面，享受流动地同类人员待遇，人才也不必放弃以前所熟悉的环境和社会地位、社会关系，根据企业阶段性的需要，进行项目合作或进行指导性工作，既免除了迁户口、换单位的成本开支，又能够

---

① 孟庆伟，樊波 . 技术创新中基于知识流动的人才柔性流动 . 自然辩证法研究，2006（12）.

按实际需要为首都各类企业提供科研和技术服务。

2. 人才柔性流动推动知识流动和企业技术创新

企业技术创新的基本要素之一是知识，企业涉及各类技术领域的知识元素的集合形成企业的知识基础，而企业创造、积累和应用知识的能力对其能否实现技术创新有着决定性的作用。通过知识在创新网络中的传播和扩散，企业通过与其他组织的知识交流和协作来提升自身的价值和核心竞争力成为其技术创新的重要手段。通过柔性流动吸引到企业中的人才，往往都是在某个领域的专业人才或专家，将人才聚集在一起交流各自领域的实践经验，产生的知识交换有助于解决企业经营中遇到的实际问题，并且拓宽了企业的知识基础宽度，这使得企业能够重组的知识元素增多，因而新技术出现的频率更高，企业因此可以快速识别市场需求变动中产生的新问题，并及时调整研发和创新方向。此外，知识可以分为明晰知识和默会知识两种形式，其中默会知识的传播只能通过掌握知识的人的流动来实现，柔性流动扩大了人才流动的范围，同时也扩大了知识流动的范围，企业技术创新实践中，随时灵活的吸引人才带来解决问题的知识和技能，有助于推动企业的技术创新。

3. 结合科研项目，展开引智合作实现“双赢”

企业出于某项技术开发或项目攻关的需求，与其他企业或科研院所的科研人员达成共同开发项目、利益共同分享的协议，可以通过柔性流动，聘请科研人员进行联合型攻关，在不改变与原单位的隶属关系的前提下，通过签订合同和契约等书面文件形式，约定在项目期间双方的权责和义务，以及利益分摊情况，完成知识技术投入和效益分成。通过科研项目形式进行引智，外聘专家参与到企业的研究工作之中，或是吸引外聘专家参与企业的科研项目，或是由企业向外聘专家提出亟待解决的问题，由专家根据研究兴趣，以横向科研立项的形式参与科研项目，有助于弥补企业人才群体结构不合理的弱点，实现人才和技术的交流进而提高企业的技术创新水平，同时外聘专家还将把科研经验和成果带到企业中，推动企业创新工作的开展。项目合作制的具体形式包括：企业技术人员与国内外专家进行科技项目合作研究；产学研共建研究开发中心、基地、实验室等；联合产学研各主体人才创办高技术公司企业等。这种合作不仅应有基础性和前瞻性的合作，也应有应用性项目的合作，从而形成多渠道、多层次、全方位的交流格局。以科研项目为基础的人才柔性流动，有助于企业在更大范围内利用科技人才资源，专家以项目为依托，带着技术流动到最需要他们的企业中，既促进了才能的充分发挥，又推动了企业的经济发展。

4. 促进咨询式人才柔性流动

咨询式人才流动，主要通过培训、交流会、学术讲座、茶话会等多种方式，由高校、科研院所、咨询公司等共同组织专家指导组，邀请产学研合作机构中的各方面专家组成咨询队伍，给企业提供技术服务、管理诊断、信息服务、人才培训等方面的解决方案。一般来说，通过咨询方式邀请的专家学者，都是行业或领域中的高端人才，他们在专业的广度和深度方面都达到一定层次，并在专业领域属于领军人物，掌握着相关的先进知识和技术，以传统的招聘方式难以获得相应人才时，可以以咨询顾问的方式，短期将专家引入到企业中，通过聘请专家学者为企业提供咨询服务，既可以为企业的长远规划和战略决策提供理论指导，解决企业所面临的生产经营问题，又可以开阔和活跃企业员工的思路。

5. 以人才柔性流动创新产学研合作模式

我国现行的产学研合作，一般以高校和科研机构作为知识的研发者和提供者，借助国家各层面的引智计划，依托重点实验室、重点项目、实验中心等，科研机构和高校往往更容易聚集高端人才，如两院院士、国务院津贴专家、国家突出贡献专家，以及各行各业的科研专家和教授等，他们掌握着学科前沿领域的复杂知识。然而在产学研合作中，企业既承担着紧随市场需求、随时调整研发方向和战略的任务，又是实现科技成果产业化、商品化的主体，因而企业在产学研合作中，需要吸引更多的创新人才以提升创新实力，并根据市场行情的变化随时调整研发方向、形成新的产品成果。一方面在产学研合作中，科研院所的专家们需要将理论与实践联系起来，以实践中出现的具体问题指导科研的方向，因此需要与企业的生产和研发前沿联系更紧密；另一方面，企业也需要随时借助专家的广博知识，实现产品和技术的创新。在产学研合作进行技术创新的过程中，通过创新人才的柔性流动机制，可以实现高校、科研院所和企业三方的科技人员共享及内部流动，将高校和科研院所中的科技人才柔性流动到企业中，随时根据市场需求，为企业解决实际问题，实现了产学研合作体系内部的人才资源合理配置，提升整个产学研体系的创新实力。

（四）创新人才的流动和知识网络的建设

1. 引导创新人才依据产业分工向首都流入

创新体系由创新产业集群组成，其基本特征之一是专业化分工，因而创新体系由分工价值链上的上下游企业共同组成长期交易关系，而在专业化分工创新价值链上的创新人才是知识扩散的主体，一方面在价值链的国际转移过程中，原处于发达国家创新价值链上的创新人才转移到发展中国家，产生沿价值链的国内外人才流动路径，另一方面，在一国范围内由于处于价值链上的企业之间形成了长期相互信任关系，创新人才可以随着知识在价值链产生上下游的扩散的过程，产生在区域之间的流动。此外，一国的不同区域中可能存在着相同的价值链环节，这些价值链环节存在着业务的相关性，而掌握业务知识的创新人才很可能产生区域之间的流动。

北京在近 20 年来的高科技产业显现价值链区域分工的态势，重点发展了高科技产业的主要增值环节（总部与研究开发、生产、市场营销）中的总部与研究开发、市场营销两个环节，形成总部与研究开发以及销售机构密集或特化的区域（李国平，卢明华，2002），其中，总部和研究开发机构一般位于北京及国外大城市，相关的创新人才可以基于相同的价值链端而产生国内外的流动；生产制造部分集中在各科技园区以及珠江三角洲、长江三角洲等沿海地区，市场营销则主要配置在北京、全国及全球网络中，该部分价值链上创新人才的流动一方面来自于国内各区域之间的流动，另一方面来自于国内外流动。

2. 建立创新人才充分流动、自由进出的制度

人才流动有助于解决人才供求矛盾，优化人才结构，在构建创新之都的过程中，应当实现人才的国内外充分流动、国内各区域之间的自由流动，由此既有助于优化首都的人才规模和人才结构，又能使才尽其用，将符合需要的创新人才吸引到最佳岗位之上，此外，实现人才的充分自由流动，还有助于淘汰不符合市场发展的企业，当企业无法吸引到人才的时候，就该被淘汰。①打破地方、行业、部门或单位之间的体制壁垒。跨区域的人才流动在横向上要跨越省、市一级的不同行政体，同时，人才流动又涉及人事、劳动、组织、科技、教育等纵向系列的国家行政管理部门的管辖范围，受各系统自身利益的驱动，不同地方、不同部门制度、政策的制定必然不易衔接。这一切都给人才的自由流动带来了不同程度的体制性、制度性及政策性障碍。②调整涉及身份管理的制度体系的约束。现行的户籍管理制度、人事管理制度、社会保险等制度，都为人才在区域间的自由流动带来障碍。户口迁移手续复杂，户口与其他利益的捆绑较多，给人才流动带来更多的成本。各区域的人事管理制度存在差异性，国有和非国有单位在人才管理体制方面也存在差异，体

制内外的人才流动通道并未开通，制约了人才的自由流动。此外社会保障制度在各地区具有明显的差异，也造成了人才进行跨地域、跨行业、跨所有制流动的困难，使人才难以实现自主选择权和掌握自己的发展空间。③建立健全人才流动服务体系，完善创新人才信息发布制度。在公共职业介绍机构开设专门窗口，为高技能人才提供职业介绍、职业培训、劳动合同鉴证、社会保险关系办理、代存档案等“一站式”服务，鼓励人才交流和社会各类职业中介机构为创新人才提供相应服务。④健全科技人才流动管理法律与法规。如关于企业内科技人才知识产权的界定的规定、外来科技人才专利的享有和保护、科技人才的内部创业风险的规定等，有关上述方面的法律和法规相对不完善，需要健全相关规定以协调和保障人才权益。

3. 以创新人才流动推动知识网络的建设

瑞士圣加伦大学知识资源研究中心认为，知识网络是为了积累和使用知识而组合在一起的人、资源及其关系。通过知识创造和转化创造新价值，产生新知识，知识在网络中的流动和交易会加速价值的开发与实现，本质上通过企业内外社会网络挖掘人们头脑中的隐性知识资源。①创新人才是知识网络中知识连接和扩散的结点。知识网络可以分为企业内部知识网络及外部知识网络，内部知识网中包括员工之间的网络、决策层与员工之间的网络等，员工是知识网络中的连接结点，知识网络通过员工个链接和交织成复杂、信息共享网络系统，随时实现知识的获取、交流和创造活动。内外连接的知识网络包括员工与外部环境的联系网络，包括员工与客户之间的网络、员工与供应商之间的网络、员工与政府部分、科研机构等之间的网络，同样存在着网络中知识和信息的交流和共享问题。当创新人才在内外部知识网络中流动时，将复杂信息扩散到新结点，推动了网络中知识的共享。②创新人才的流动加速了知识网络中的信息和知识流动。网络中信息和知识的流动，往往需要在相邻的结点之间进行传递，特别是隐性知识的扩散，只有在长期接触中才能领会和传递，而人才的流动可以迅速将所掌握的知识带到另一网络区域中，并进而转移和扩散，加速了知识的传递过程。通过创新人才的流动，可以将所需知识带到网络的薄弱区或是对相应知识有迫切需求的区域，使知识网络更加的发达和完善。③创新人才的流动增强了企业网络知识能力。企业知识网络能力是企业构建和管理外部知识网络的能力。借助创新人才，企业可以重新整合和配置现有内外部创新资源，以提高快速适应外部市场环境的能力。创新人才可以帮助企业维护网络关系、网络知识吸收和传送，前者指由创新人才负责联系外部机构、拟定处理外部关系的原则和行动规范，由此企业活动以创新为导向，网络的运用也以创新为主体，后者指创新人才帮助企业更高效的搜寻有价值的信息和技术，并对各种知识进行整理和分类，以各种信息传递方式向企业周边员工扩散，帮助他们加速对知识的获取和理解。④建立知识联盟。知识联盟由企业与外部环境中的科研机构、政府、高校、供应商等机构共同组成，是知识网络的一种形式，通过建立知识联盟，企业可以获取其他机构中的知识、技术，尤其可以获得外部隐性知识。企业中的创新人才在知识联盟中进行柔性流动，有利于吸收联盟中所包含的显性和隐性知识，并实现获取、共享和创造知识的目的。

第八章　2020：营造良好的创新政策环境

首都在创新政策制定和创新环境的营造上具有一定的优势，中关村自主创新示范区在创新政策上先行先试，取得积极效果。应进一步发挥创新政策优势，不断优化政策环境，推动创新政策的统筹协调，发挥中关村自主创新示范区创新示范的示范带动作用。

一、首都创新政策的进展与成效

创新政策就是公共组织影响创新过程的行动，也就是说促进科学技术成果从研发部门向产业部门流动、最终实现其商业价值而采取的一系列公共政策措施。创新政策没有特定的针对对象，凡是参与创新的机构都是创新政策覆盖对象，其中重点是企业、大学、科研院所、科技中介机构（如风险投资机构、科技服务机构等），政府机构本身也可被纳入其中。创新政策的核心内容是创新的政府激励问题，也就是政府采用何种措施促进创新的产生及扩散，具体而言是通过鼓励、推动、支持创新，最小化创新的形成和扩散过程的时间和成本，最大化创新的收益。从这个角度看，创新政策涉及科技、教育、经济、贸易、金融等政策领域，是所有为影响或改变创新的速度、方向和规模而采取的公共政策的总称。

目前，首都北京的创新政策在供给面、需求面、环境面已形成较为完整的政策体系，其中供给面政策广泛涉及政府对 R&D 的资助、对投资 R&D 的企业给予税收抵免、支持教育和培训、促进技术的转移扩散等，环境面政策广泛涉及促进科技创新的金融财政、营造创新环境、发展创新基础设施、创新战略与规划等领域，而需求面政策也基本覆盖了针对新技术应用的税收减免和退税、以技术为导向的公共采购、促进技术出口贸易出口补贴与信贷、关税和非关税壁垒等领域，涵盖了科技创新的全部环节。

（一）首都创新政策体系的基本现状

北京自1984年以来，截至2014年初共有仍在发挥作用的创新政策585件，其中近3/4的政策是2003年以后发布。进一步深入这些创新政策可以发现，北京创新政策存在如下一些特征：

一是创新政策的制定主体分布广泛。北京585件创新政策的第一制定部门就包括了50个管理部门中的30个，如果纳入参与政策制定的部门则更多。从其中发布政策较多的部门来看，就包括了北京市政府、北京市人大、北京市政府办公厅、北京市科委、中关村管委会、北京市经信委、北京市教委、北京市财政局、北京市人力社保局、北京市发改委、北京市农委等11个之多。

表 8–1 北京市各牵头部门发布创新政策的数量情况

发布部门	发布数量
市政府	135
市科委	104
中关村管委会	55
市经信委	53
市教委	46
市财政局	44
市人力社保局	42
市政府办公厅	16
市农委	14
市发改委	13
市人大	12
市卫生局、市知识产权局	7
市商委、市质监局	6

续表

发布部门	发布数量
市金融局	5
市委组织部、市地税局	3
市体委、市文化局	2
市版权局、市工商局、市规划委、市环保局、市检察院、市委办公厅、市文物局、市园林绿化局、市住建委、市总工会	1
合计	585

注：数据自 1984 年截至 2014 年初，只包括仍然在实施的政策。

二是创新政策的作用对象相对集中。北京市创新政策的重点集中于服务于政策制定的研发与创新治理和战略情报、促进技术转移和推动产学研合作、研发和创新友好的环境、研发和创新人力资源等 4 个方面，而在培育和发展创新型企业、知识产权、区域研究和创新基础设施等方面的着墨较少。从时间变化上看，创新政策的重点日益向以创新推动经济社会发展这个大战略上，并注重加强从文化教育到经济手段的综合应用与政策间的衔接与协调，从而更好地实现创新政策的统筹和形成合力。

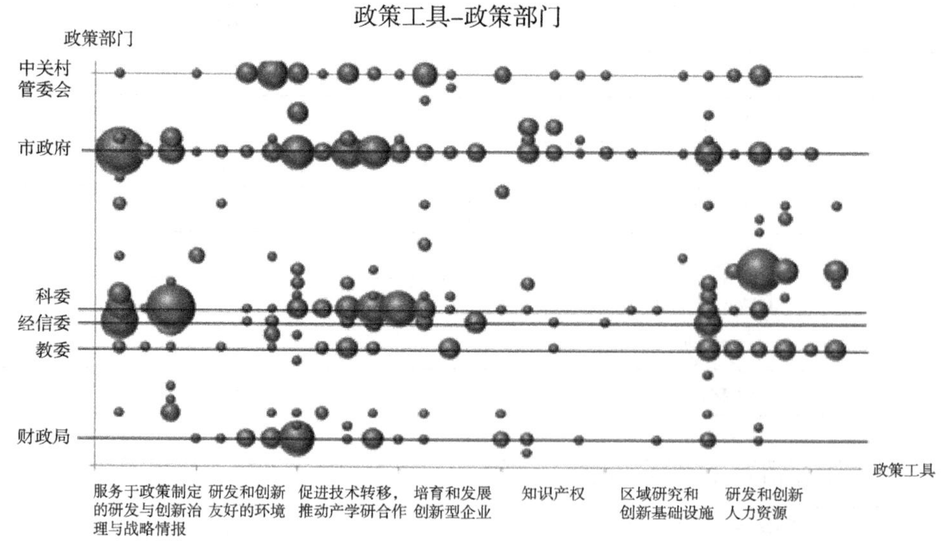

图 8–1 北京创新政策的作用对象和主要牵头制定部门分布情况示意图

三是创新政策的工具手段涵盖全面。成功的创新政策是适宜的环境政策、有效的“技术推动”政策和强大的“需求拉动”政策的有效连接，三者缺一不可。从目前来看，北京的供给面政策、环境面政策、需求面内容已形成较为完整的政策体系，其中供给面政策广泛涉及政府对R&D的资助、对投资R&D的企业给予税收抵免、支持教育和培训、促进技术的转移扩散等，环境面政策广泛涉及促进科技创新的金融财政、营造创新环境、发展创新基础设施、创新战略与规划等领域，而需求面政策也基本覆盖了针对新技术应用的税收减免和退税、以技术为导向的公共采购、促进技术出口贸易出口补贴与信贷、关税和非关税壁垒等领域。上述创新政策涵盖了科技创新的全部环节，运用了目前常见的所有创新政策工具，其中相对而言，供给面和环境面政策更为系统而成熟，需求面政策则仍处在发展完善过程中。

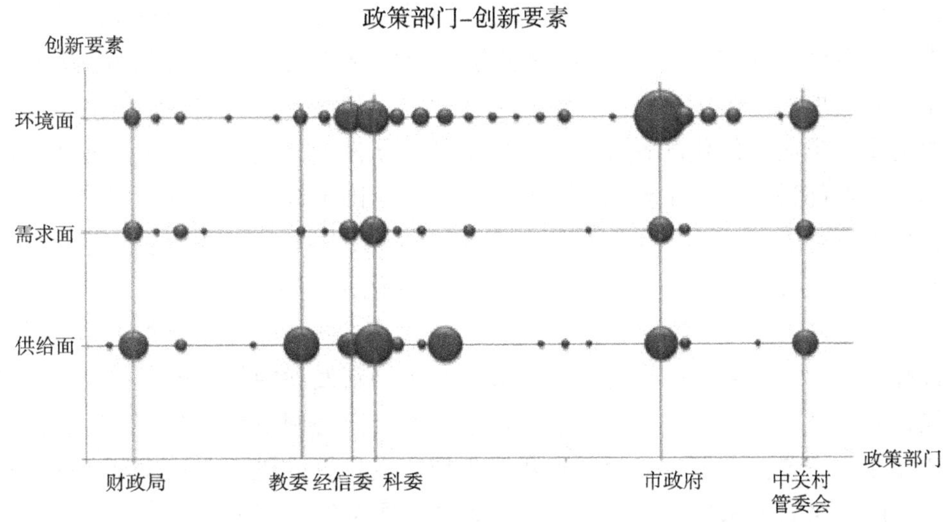

图 8-2　北京市主要牵头部门制定的创新政策领域分布情况

四是针对科技园区政策体系非常健全。中关村管委会自设立以来，北京市有关部门不断出台了一系列政策工具和手段，其制定部门分布较集中，其中中关村管委会55项，市政府23项，市财政局8项，市政府办公厅和市人力社保局各3项，市人大2项，市科委、市教委和市检察院各1项。具体政策内容涉及面非常广，无论从宏观环境的《中关村国家自主创新示范区发展规划纲要》，还是具体针对中小型创新企业的《中关村国家自主创新示范区战略性新兴产业中小企业创新资金管理办法》，从支持创新中介机构发展的《中关村国家自主创新示范区大学科技园及科技企业孵化器发展支持资金管理办法》到吸引人才的《留学人员创业企业小额担保贷款“绿色通道”》等政策，都充分体现出中关村科技园区这个自成一体的创新系统已经基本完成政策体系的构建，并成为全国各地科技园区竞相学习的对象。

（二）首都创新政策体系存在的主要问题

从创新政策体系的角度看，北京在创新机制体制、创新政策制定和执行方面存在如下四个方面的问题：

一是创新政策体系与国家创新中心的定位还不完全契合，融合首都科技创新资源和服务全国科技创新的能力有待加强。北京科技资源丰富，但分离分散分割特征明显，所有制隶属关系、管理关系复杂，其中中央科技资源在北京整体科技资源总量中占绝大部分，从第二、第三产业资产总量的分布来看，属中央的占 82.3%，北京市的仅有 17.7%。利用好中央科技创新资源是北京创新发展的一项重要任务。近年来，北京市积极探索促进首都科技创新资源的高效集成和优化配置并服务于国家的创新发展方面取得了很大的成效。例如，首都科技条件平台引导北京地区 562 个国家级、市级重点实验室（工程技术研究中心）、3.5 万台（套）、价值 166 亿元的科研仪器设备，为 1 万余家企业提供研发实验服务，实现服务收入 23 亿元，筛选出 550 项科研成果面向社会寻求合作，探索出促进首都科技资源开放共享的新机制。但总体上看，首都科技创新资源的整合力度与服务于全国创新发展的能力还有待进一步增强，巨大潜力还有待进一步挖掘，创新资源统筹协调组织体制和运行机制亟待深化和完善。未来有必要进一步明确树立大科技的概念，从建设国家创新中心的战略高度来统筹协调，把首都科技资源都纳入国家创新中心这个大框架中，更好地服务于国家和北京创新驱动发展战略。

二是科技创新系统未完全融入经济社会发展大系统，科技管理部门参与经济社会决策的力度不够。一方面，科技与城市管理结合不够紧密，对科技创新在城市发展战略和城市管理中发挥作用的认识还不够，科技创新成果在城市建设与社会管理中的应用还远远不够。例如，在治理交通拥堵问题上，现有思路主要还是传统方法，如发展轨道交通、提高停车收费等，还需要进一步创新思维，积极运用科技手段。另一方面，创新型产业发展受到本地创新需求不足的制约，使得北京的转型升级部分受制于本地市场发展的滞后。

北京作为人口和经济规模巨大的内需市场，完全有能力对本地的产业结构发挥显著影响，本地市场如果创新需求强烈，就能够催生原生创新型产业发展。例如，北京若能下决心将低速磁悬浮技术运用于城市轨道交通，相关研发、设计、制造及配套就有可能形成一个大的产业；若能下决心在全球范围内率先实质性推广纯电动汽车，解决纯电动汽车配套基础设施问题，纯电动汽车技术突破和产业发展就有可能获得领先优势。科技创新导向的城市管理有利于创新型产业发展。北京要建设国家创新中心，在科技创新、城市管理和产业发展之间，就必须建立更紧密的联系，进一步围绕科技创新优化配置各类城市要素资源，不断提升城市和社会管理中的科技含量，大力提升科技管理部门参与首都决策、统筹资源的能力。

三是创新政策的供给不平衡，供给面和环境面政策较完备而需求面政策的实施力度还有待持续加强。总体看，北京在供给面和环境面支持创新的政策已经比较完备，出台了大量相关措施，形成了较为完善的供给面和环境面政策体系，与此相对应的是，在需求面鼓励创新的政策虽然也已经起步并取得了不小的进展，但其覆盖范围主要是政府公共购买和贸易方面，而对技术标准和促进市场公平竞争等的法规方面的力度还有待进一步加强。在其中首当其冲的是各自技术标准。实际上，技术标准是政府根据市场发展阶段和消费者要求，迫使企业创新的最有力工具。当前，以节能、环保、绿色、生态为导向的技术标准，是推动产品升级换代和迫使企业技术创新的重要动力。北京作为国家首都和重要的区域市场，有条件继续加大地方技术标准的应用和执行、监管力度，即使像烟花爆竹这样的产品，北京在“禁放”“限放”之外，也完全可以通过设定和不断提高特定的市场准入技术标准实现政府调控的目标。除了技术标准以外，政府还有必要进一步加强的需求面政策是与创新相关的规则，构建比较完善的促进创新的法规、规则体系。

四是创新政策制定与执行力度不匹配，试点政策较多而针对企业的普惠性政策的制定与实施力度不足。尽管综合来看，北京的创新政策执行力度整体上远高于许多地方，但也有许多执行不到位的政策。以研发税收加计扣除这个企业受惠面最大的政策的执行情况为例，北京 2012 年的执行率只有 24%，而上海接近 100%，浙江和天津分别达到 73% 和 61%，重庆和广东分别在 43%、34% 和 32%，北京的执行率远低于东部发达省份和直辖市。同时，北京的许多政策仍处在中关村科技园区试点的阶段，没有全面覆盖北京的所有类型的单位，特别是很多政策没有全面覆盖非北京市所属的单位。例如，许多针对企业的政策重点围绕大中型企业，科技型小微企业难以从中得到实惠，许多针对大学和科研机构的政策也仅针对北京市属大学和科研院所。从国内外趋势看，普惠型政策是政府推动科技创新的主要手段，从试点政策走向普惠政策的时差大大缩短，而这也将是北京今后努力的方向。

二、创新政策的优化方向

进一步明确北京创新政策的未来方向，结合国家和北京对首都北京创新驱动发展的战略定位，以及国内外创新政策的发展方向，继而提出有针对性的政策完善方向。

（一）国内外创新政策的基本走向

结合如下表所示的国外一些区域创新政策的实施情况看，其创新政策的基本走向具有大致有以下一些特征：

表 8-2　OECD 国家及其下属地区使用科学技术创新政策工具的情况

创新政策工具	国家层次使用频率	区域层次使用频率
人力资本投资		
博士后研究奖学金	21	11
定向的人力资源培训（直接的，补贴）	18	14
战略与预见		
高层次战略咨询机构	20	16
技术预见实践（评估未来需求）	18	17
研发投资（包括大型基础设施）		
正在公立研究中心或高校进行的机构研发资助	21	16
创办公立研究中心或高校的种子资金 / 项目	16	15
公立研究中心或大学的竞争性资助	21	14
提供给私人研发的公共补助	21	12
私人研发的税收减免	19	6
企业技术转移和创新服务		
质量控制和技术服务	17	10
创新资讯或支持服务（公开提供，创新券，补助，学生实习）	20	19
派生和知识密集型初创企业咨询	19	18

续表

创新政策工具	国家层次使用频率	区域层次使用频率
其他技术转移中心和延伸项目	18	16
创新合作		
集群行动（经常依托部门或主要企业）	19	22
挂牌的卓越极点或中心（标签和多个参与者）	19	20
跨学科技术平台	15	13
科技园区	16	19
新企业孵化器	15	21
创新型企业资助		
公共发展银行	15	9
公共风险投资基金或入股私营风险投资基金	20	15
担保	17	10
国际合作		
高校和公共研究机构的科学合作	21	14
符合公共创新相关的基金申请条件的外国企业	15	11
培育创新网络的国际旅行	14	17
其他计划		
聚焦于创新的公共购买政策	15	11
创新奖励	16	14

一是明确区域政府在制定区域创新政策中的地位。创新政策不仅仅是科技政策，而是各项政策的综合结果，必须要注意防止政策之间的相互抵消，因此，国内外都在强调加强横向和纵向政策协调。像北京这样的区域一级政府的重要职能整合来自不同层级的创新资源，包括国家、区域、地方甚至是国际组织的创新资源。为有效推动科技部门与产业、贸易、教育、财政、金融等部门联合制定政策，打通创新链上、中、下游之间的关节，促进各部门政策综合体现创新目标，必须注意加强纵向政策的协调，为此必须明确区域一级政府在创新政策中的资源积聚主体地位和在科学政策、技术与创新政策、区域发展政策制定中的定位差异（表 8–3），从而更进一步明确区域政府制定实施创新政策的重点和方向，那就是更加注重企业导向的创新和技术政策，但也不排除科学政策与研究政策以及区域发展政策对于促进区域创新的作用。

表 8-3　OECD 国家不同层级政府在科学技术创新资助中的取向差别

政策类别	地方	区域	国家	跨国
科学政策和研究政策（主要包括高等教育政策）	不常见，但有一些政策工具可能会支持	一些国家有	所有国家有	欧盟；一些国家开发银行类机构将变得积极
企业导向的创新和技术政策（一般包括企业和产业相关的政策）	是的，一些地方积极实施相关政策工具	大部分国家，特别是涉及经济发展责任议题时	所有国家有	欧盟；国际开发银行类机构已经很积极
区域发展政策（可能包括一个或多个分散的部门）	不常见，因为地方层面的空间规划的重点一般不包括科学、技术与创新	一些区域试图减少区域内部差别时会尝试	大部分国家，尽管这没有明确成为某些国家的政策重点	欧盟；一些国家开发银行类机构比较积极

二是极力强调和突出政策实施对象的普惠性。以往的政策强调试点，通过试点向更大范围内拓展。当前，我国很多政策都经历过较长时间的实践检验，具备在更大范围内推广的基础。同时，一些试点性政策本身的作用有限，其公平公正性也越来越受到国内外的质疑。今后，制定实施更具有市场化特征的激励和引导政策，不仅是中国融入全球创新网络的基本要求，也是扩大政策受惠面和影响力的必然之举。在这方面，国外已经走在我们的前面，国内也开始加快调整的步伐，政策的制定重点是从供给面政策向环境面政策和需求面政策调整，通过市场化手段和环境优化来鼓励所有的创新行为。

三是强调依据发展阶段的不同选择和完善相应的创新政策工具。不同的政策工具的使用对象和使用条件有可能是差异非常大的，对处在不同发展阶段的区域而言，就必须分析评估其自身采用某种政策工具的条件和基础是否具备，即使采用同一种政策工具，其具体内涵也更强调因地制宜、因时制宜。另一方面，对于同样一种政策而言，随着对该政策工具作用与价值、内涵与外延的不断深化，各国也在对该工具不断进行充实和丰富，使得该政策工具不断走向成熟和完善。以科技园区为例，第一代科技园区是大规模的园区，与大学密切相关，突出大型企业及其与大学的协议。到了第二代科技园区，园区变得更小，与战略重构密切关联，强调孵化新企业和孵化器设施的核心角色。第三代园区更大规模的行动与城市战略紧密相关，极力突出形象提升，为外国企业和新的国内技术企业提供设施。而近年来的趋势则是聚焦于科技园区和集群行动之间的关系。

四是不再强调增加政策工具数量而更关注政策工具的组合和协调。欧洲创新政策评估年度国家报告的结果显示，2008—2010 年政策工具过多的风险变得很明显，越来越多的人意识到政策工具的范围变得很复杂，有时这些工具在相互交叠而不是在协同工作。同时，创新政策涉及同级不同部门以及不同层级的政府部门，跨部门、跨层次的协调的难度也越来越大。在一些国家如奥地利、德国和瑞典，采用的政策工具类型一直持续不变，发生变化的只是这些工具的组合以及它们的实现机制，在其他国家如西班牙、葡萄牙和匈牙利，在政策组合变化中一直最注重的是解决缺乏合作和协同效应的问题。可见，突出政策工具的组合及其协调已然成为发达国家的共同努力方向。

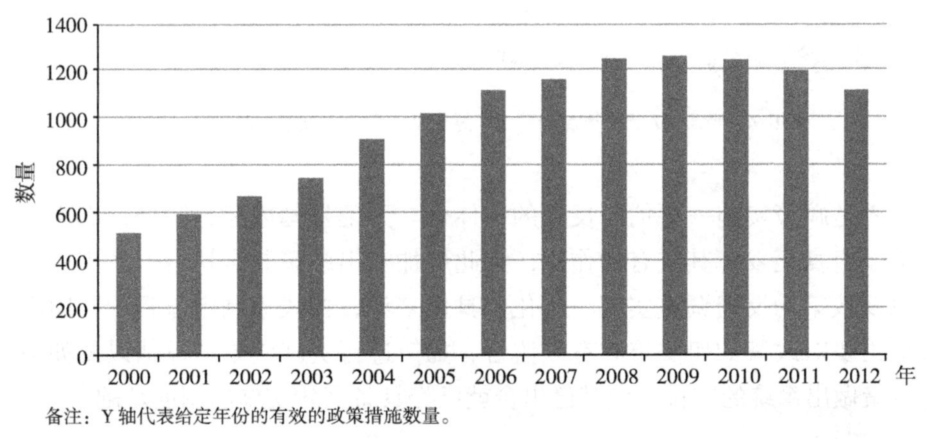

备注：Y 轴代表给定年份的有效的政策措施数量。

图 8–3　欧盟 27 国及挪威和瑞士研究和创新政策措施数量的演变情况

五是持续强化对某些重点政策工具的运用。这些重点运用的政策工具包括发展创新集群、资助初创公司、持续提高对重点主题的资助比例，对这些政策工具的资助额度持续增加。以对重点主题和非重点主题的资助比例变化为例，欧盟和瑞士队主题资助的资助份额从 1999 年的不足 50% 逐步增长到目前的接近 70%，资助重点越来越突出。同时值得注意的是，尽管 2008 年以前各国对企业的研发和企业创新的直接资助一直在增加，但在此之后则逐步趋于稳定。

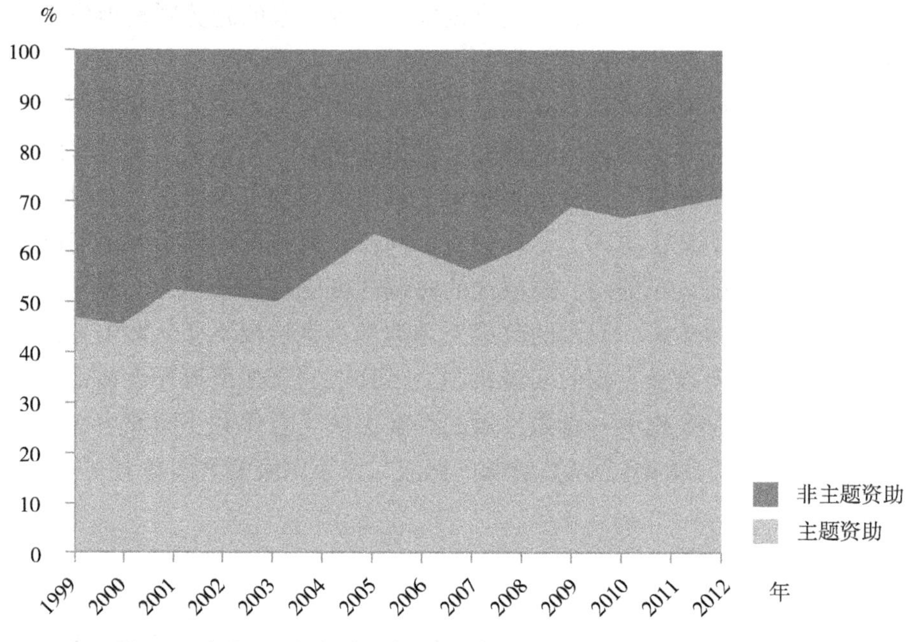

图 8-4　欧盟 27 国及挪威和瑞士专题资助（只包括拨款）总预算的演变

六是政策实施—评估—反馈的一体化。无论是国内还是国外，都更突出政策是否真正发挥其应有的作用，为此更加突出政策制定执行、政策监督评估以及政策的反馈调整实现一体化。具体来说，在政策制定过程中，国内外都提出要对政策如何实施和有效监督、如何进行实施效果的评估以及如何改进政策做出系统的安排，使其已出台就已经具备高效实施的制度基础。

（二）未来完善首都北京政策体系的方向

结合上述分析内容，作者认为首都北京在未来一段时期内完善创新政策的方向可重点考虑如下：

一是进一步加大对企业特别是中小企业间接支持的力度。对企业的创新资助项目而言，推动创新激励从“前置驱动”向“后置驱动”转变，是国外支持中小企业开展创新的主要战略，它不仅有利于企业更好地结合自身需要开展创新活动，还能够避免企业将从政府申报到的财政资金用到创新活动以外，真正实现政府创新支持资金的资助目标。

表 8-4　国际上针对中小企业创新支持服务的政策工具

支持目标	中小企业创新支持服务的形式和重点	
	提供创新投入的反应性工具	聚焦学习创新的主动性工具
全球联系	卓越创新极点 跨境技术中心 国际研发或创新资助计划	国际技术转移计划 企业全球网络建设支持 跨境创新券 主要市场行动计划
区域系统	公共技术或创新中心	集群政策 主动破产，中介商 创新券 企业区域创新网络建设支持 创新文化推动计划
具体企业	提供“硬”支持的孵化器 传统的“反应性”技术中心 种子和风险资本 研发补助或税收优惠	管理建议 提供“软”支持的孵化器 主动性技术中心 需求的审计、监督 创新导师 创新管理培训 技术—经济情报计划

二是加大需求面政策的制定实施力度。在进一步完善现有的供给面政策的基础上，政府应加大政府公共采购、税收减免、标准制定等相关的需求面政策的制定实施力度，推动试点政策在全市范围内全面推广，进一步激发国有企业和广大中小企业的创新活力，加快建立健全以企业为主体的技术创新体系。

表 8-5　主要的需求面创新政策工具及其特征

特征	公共购买	法规规范	标准
目标	新的产品或服务	市场吸收，增加竞争，社会目标	市场吸收，互通性，透明化
主要执行者	政府	政府	产业
投入	货币，绩效需求，技能	法律手续，合作需求	标准机构，合作需求
参与动力	销售，优先对待（如中小企业）	强制实施	自愿实施
积极影响	改进公共服务	减少市场风险	减少市场风险
潜在风险	公共部门的能力不足	目标冲突，程序冗长	技术锁定

三是积极推动制定跨区域创新要素、机构和成果流动的政策和机制体制。围绕京津冀一体化等国家区域发展战略的实施，以推动产业融合为中心，发挥北京是创新资源富集的优势，联合天津、河北等共同有效整合各类创新要素、机构和成果，支持公共创新服务平台的触角走向周边和全国，支持其在更大范围内发挥其市场价值。

四是加大产业政策向高精尖产业聚焦的力度。在严格限制和禁止低端产业发展的同时，将政策制定的重点转向高精尖产业上。围绕科技与信息服务业、战略性新兴产业、创意产业、现代农业等高端产业，制定更加完善的从前端的研发支持到后端的产业基础设施建设的完整政策支持链，引导高端产业加快发展。

五是加大科技支持社会问题解决的政策和制度支撑。北京的交通拥堵、大气污染、人口调控和老龄化、医疗卫生等问题的解决与科技进步水平关系密切，并极大影响着首都的可持续发展。进一步完善科技支撑社会问题解决的政策和制度体系，切实解决北京的重大社会民生问题，将为北京科技创新中心的实现提供巨大的市场需求和外部保障。

六是积极借鉴和探索新的政策工具在解决创新难题中的作用。针对北京创新链各过程中存在的不同问题，可充分借鉴国际上各类传统政策工具的基础上，积极在中关村引进和试点实施一些正在出现的和实验性的政策工具，并更强调针对知识生产、传播和应用政策之间的适应平衡，综合运用传统工具及新近使用或实验性的新工具，不同政策领域基于政策效力的工具整合，在实施过程中进行及时跟踪、评估和反馈，使其形成更加衔接有序的政策系统。

表 8–6　基于创新链的区域创新政策工具使用现状和发展趋势

工具分类	知识生产	知识扩散	知识应用
传统工具	–技术经费，研发激励 / 支持 / 资助 –科学研究和技术中心支持 –基础设施发展支持 –科技人力资本（开发、培训、管理、认证）	–科学园 –技术转移办公室和计划 –技术经纪人 –流动计划，人才吸引计划 –创新奖励	–孵化器 –初创企业支持 –创新服务（商业支持和辅导） –创新培训和意识增强

续表

工具分类	知识生产	知识扩散	知识应用
正在出现的工具	– 创新公私伙伴关系 – 研究网络 / 极点	– 创新券 – 认证 / 鉴定	– 工业博士 – 创造力和设计创新标杆的支持
	– 竞争力极点 – 能力中心 – 科技园区和集群的升级 – 风险投资和资本 – 创新融资的担保计划		
实验性的工具	– 跨境研究中心	– 开放知识来源的科学市场	– 区域产业政策 – 创新导向的公共购买

七是更加突出创新政策体系的完善和创新政策工具的协调使用。在这方面，北京可充分借鉴 OECD 的经验，那就是建立比较完善的协调机制，在创新政策制定与实施的过程中，广泛开展跨区域、跨部门的创新政策协调，让政策成为全社会集体智慧的结晶，这样既能更好地实现新的创新政策与现有创新政策的协调一致，也能更加有利于创新政策的顺利实施。

表 8–7　OECD 在多层级政府科学技术创新政策制定与实施过程中的协调机制

	基本利益取向	科学、技术、创新政策制定与实施考虑
常规对话	促进特定层级或跨层级的信息共享以支持科学、技术、创新政策制定。 通过重复互动建立信任关系。 允许随着时间变化而灵活调整。	制定完整的对话规则以维持关系和支持常规反馈。 一个“中立”或公认的实体有时能帮助扮演召集者的角色。 考虑从私人部门获得资助的机制。
咨询程序	在科学、技术、创新规划或科技法律制定的关键阶段提供反馈的流程（一般由区域或国家政府实施）。 将参与范围扩大到政界以外固定化。	高层次政治咨询流程能暴露其他政策领域的目标冲突。 许多国家将政策制定与政策咨询有机结合被证明是有用的做法。

续表

	基本利益取向	科学、技术、创新政策制定与实施考虑
设立机构（多层级）	整体战略的联合制定； 帮助识别整体政策工具组合中的瓶颈和互补性。	依靠更高级别的政府合作管理资金，组织更低级别政府实施有问题的政策工具体系。 明确影响构建跨部门联系能力的机构的定位。
签订协议	解决财政失衡（或战略） 通过签订协议促进跨层级政府间对话。 信息周期性共享，包括通过共同认可的指标。 鼓励目标聚焦。 签订协议的过程能构建政策制定者的能力。	依靠更高级别的政府合作管理资金，组织更低级别政府实施有问题的政策工具体系。 为提升政策学习能力，参与一个结果导向型而非审计导向型的协议实施绩效评估。
项目合作资助	支持跨层级政府间的联合行动。 解决财政失衡（特别情形下）。 鼓励目标更聚焦（特别情形下）。	在更高层政府选择项目合作资助时，应考虑项目与区域 / 地方更大的战略的一致性。 考虑合作资助机制是否增加或减少了计划实施成本。
区域代表	提供国家和区域政府之间的结合点。	代表可能在资本上与具体部门有关系但需要增加其余本区域其他部门之间合作的额外动力。 带包可被邀请参加关键的区域委员会以促进更大的跨政府部门信息共享。

三、完善创新政策的关键环节和主要内容

北京创新政策体系和机制体制的完善是一个长期持续的过程，今后一段时前应着重针对引领全国科技创新、驱动高精尖产业和新经济发展、依靠科技支撑社会民生改善等三大领域，围绕创新政策和机制体制的利益相关者、政策与机制体制制定完善、政策执行和机制体制改革落实、政策监督评估等关键环节，切实加大改革攻坚力度，力争形成更加适宜创新的政策体系，构建更完善的创新制度和环境。

（一）明确创新政策的利益相关者

依据治理能力现代化的国家战略，以及科技与创新在内涵上的差别，创新政策与传统的科技政策相比，其制定主体、实施对象等利益相关者存在很大的差别，为此必须从以下两个方面予以进一步明确。

一是进一步明确相关的政策制定的主体。第一方面，除了人大和政府机关等官方部门以外，企业、大学、科研机构等创新主体，半官方民间组织、非政府团体、外资机构等社会力量也应该被纳入进来，他们代表不同的利益群体，共同构成新的创新政策制定主体体系。第二方面，在政府部门内部，创新政策和制度所涵盖的部门也从科委、教委、财政局、人力资源社会保障局、中关村管委会、知识产权局等部门拓展到发改委、经信委、农工委、商务委、交通委、环保局、住房与城建委、文化局等众多政府部门。这就存在一个协调和主导政策制定和制度改革主体的问题。一般情况下，科委应该参与到所有与创新有关的政策制定和制度改革过程中，对于涉及面广泛的一些政策和制度，市政府办公厅、市政府乃至市人大应该发挥主导作用。第三方面，除了政府部门以外，所有的政策制定和制度改革必须按照固定的流程将其他各种利益相关者纳入政策和制度设计、政策和制度改革咨询、政策和制度改革调研和讨论等环节，让他们的声音得到充分聆听，更让他们的意见得到充分尊重和吸收。

二是进一步明确政策的实施对象。一方面，原本科技政策和机制体制针对的企业、大学、科研机构、中介服务机构、政府等实施对象保持不变，但涵盖的各个类别的具体对象范围更广，让大多数政策和机制体制都适用于不同归属的国内外机构，从而形成普适性政策和机制体制；同时在尽可能的情况下减少试点政策和制度的试点期，缩短小范围试点与全面推广之间的时间差。另一方面，对于一些需要加强引导和扶持的实施对象，如国有企业与国有资本管理机构、中小微企业、事业单位等，还需要在普适性政策和制度的基础上，制定一些专门的鞭策和引导政策和机制体制，以进一步激发这类机构的创新活力。

（二）有重点地完善创新政策

首都北京已基本形成以“广覆盖、全主体、多层次”为主要特征，涵盖财政、税收、金融、市场、空间、人才、服务等内容的创新政策体系和较为完整的机制体制，营造出能比较有效地激励创新创业的政策与制度环境。今后创新政策体系构建和制度改革的重点应进一步聚焦于完善以企业为主体、产学研一体化、高度开放的技术创新体系，构筑具有国际吸引力的创新生态系统，全面提高企业以撬动北京市场为支点、向国内外市场广泛辐射为终极目标的核心竞争力。北京为完善创新政策体系和制度改革还需要强化的重点任务包括如下 10 个方面，涉及企业、大学和科研院所、创新人才、创新环境和文化等领域。

在完善政策实施的机制体制方面：

一是深入开展科研院所、国有企业股权激励和分红试点，扩大股权激励试点范围，大胆推进科研成果处置权和收益权方面的制度改革和政策细化。进一步明确科技成果的知识产权的单位资助处置权、市属科研机构改制为企业后的房屋、土地等资产的产权变更、与科研成果转化有关的仪器设备的所有权或使用权入股、高校和科研院所从事科技成果转化人员的职称评聘等政策落实的操作流程，让科技成果的拥有者真正敢于、勇于转化科技成果，在科技成果实现市场价值的同时，让所有参与者都从中真正受益。例如，科技人员以专利、非专利技术出资共同创办企业，最高可占注册资本的 70%；明确高校、科研院所必须将科技成果产业化业绩作为应用型研究人员职务晋升的主要依据，确保一定比例的专业技术职称名额用于参与技术转移和产业化的人员和团队；转化职务科技成果取得的收益高校可按 60% ～ 90% 的比例、科研院所可按 20% ～ 50% 的比例奖励有关贡献人员；转化职务科技成果，以股份或出资比例等股权形式给予个人奖励的，暂不缴扣个税；制定灵活的国有科研院所专利付费和激励制度，初创企业使用市属国有科研院所的专利可暂不付费，待企业盈利后再行支付，鼓励市属和中央所属大学和研究机构合理分配知识产权收入等。重新评估和改革国家科研院所和大学的专利申请程序及合作研发协议签订办法，简化专利转让申请手续。

二是组建专门支持创新的国有资本投资公司。可考虑以北京国有资产经营有限责任公司为基础，组建北京市国有资本投资公司，主要针对处在培育期的重大新技术和新产业，采取产业基金、高技术投资公司、风险投资、担保公司等形式实现运作，对在中长期内具有重要战略意义的项目进行持续投资，争取在所投资领域实现重大突破，进而带动民间投资全面参与进来，从而改变和提升有关战略性新兴产业的国际竞争地位。

三是切实解决新兴创新机构发展面临的体制困境。近年来一些地方陆续出现的一些民办的、企业化运作、集基础研究和产业化于一体的新兴技术创新机构，已成为我国源头创新和拉动新兴产业发展的重要力量，而它们在北京的发展却相对滞后。北京应率先出台支持新兴创新机构的地方性法规或政策，根据具体情况界定这类机构的企业身份属性，但参照事业单位的优惠政策支持这类机构发展，以加快其成长的步伐。鼓励新型创新机构通过与大学联合设立学科和专业、接收博士（后）参与技术研究和实习、创办专业技术院校等，培养产业技术研发人才和高技能人才，提高承接全球产业链高端转移和开展自主创新的能力。

四是加快北京市属高校、科研院所的现代大学和科研院所制度建设。《北京市中长期教育改革和发展规划纲要（2010—2020 年）》提出探索建立中国特色现代大学制度，这为北京加快市属高校制度建设提供了基本依据。北京应加快推动制定市属高校和科研院所的相关立法，从法律上明确市属高校的办学自主权、校长负责制、教授治学、校务公开、学校章程等内容，确保科研院所独立办所、办出特色；推动大学和科研院所人事制度改革，取消大学和科研机构行政级别，提高市属高校和科研院所的对外开放程度；在绩效评价基础上，对面向国家和北京目标的固定人员费用、科研经费、设备费、运行费等实行年度一揽子拨付。鼓励在地域上高度集中的若干大学、科研机构通过构建战略合作伙伴关系组成大学联合体，通过将成员机构的某些事权和资源进行互助共享，推动成员机构在教学、研究和服务等方面开展更深入的合作，形成更加紧密的大学、研究机构教学科研集群。

五是大力推动地方性的科研诚信制度建设和立法工作。科研诚信建设对于净化学术环境和推动科技创新具有不可替代的深远影响，但无论是国家还是地方层面来看，对其重视程度都远远不够。北京作为全国创新资源最为集中、创新能力最强的地区，有必要率先在这方面采取切实有效的措施。应由北京市科协牵头建立北京市科研诚信委员会，赋予其在北京范围内的科研诚信制度建设和科研不端行为的调查处理工作。加快制定北京科研不端行为调查和处理的有关条例，明确调查和处理的流程和惩处措施。建立涵盖北京全部创新机构和创新人员的诚信档案和数据库，凡是参与北京财政资金出资的科研项目的机构和个人，都必须将相关的参与信息如实进行记录，对违反条例的要及时进行惩处。

六是显著提升创新政策研究在科学研究中的重要地位，大力发展新型智库。当前，国内包括创新政策研究在内的软科学研究始终处在重视程度严重不足而对所制定的创新政策要求极高的矛盾，要打破创新政策制定的这种尴尬地位，就必须将软科学研究提升到与硬科学研究同等重要的位置。为此，北京要充分发挥中央智库资源极其丰富的显著优势，大幅度增加软科学研究计划的经费支持力度，鼓励软科学研究人员不搞应付差事式的研究，而是给予充分时间让其真正潜下心来从事国家和北京真正关心的重大战略问题和紧迫问题进行深入研究，提出独立的思想和政策见解。对软科学研究的经费资助规定应与硬科学研究区别开来，更多秉持多调研、多咨询、多激励、多出原创成果和扩大影响力的原则进行。针对这些方面，需要对现有政策进行进一步完善，并根据情况制定新的政策措施，特别是有针对性地通过稳定支持、项目资助、咨询顾问等方式，大力支持创新政策与战略研究的高端智库，服务于首都创新驱动发展。

在完善创新政策方面：

一是创新政府采购支持政策。政府采购为初创高新技术产品的推广应用提供了重要的市场，为此北京应充分利用政府本身的旺盛需求，在世贸组织规则内，积极探索积极利用政府采购扶持创新产品的隐性实现方式，完善新技术新产品和新技术服务的评价体系，运用首购、订购政策支持创新产品的推广应用，研究制定本市产品的政府采购政策，改进和加强政府采购进口产品和服务的管理，对应用节能减排等社会效益明显的创新产品、技术、服务给予用户补贴和税收优惠。政府采购资金达到一定额度以上的，必须有一定比例专门面向中小微企业的采购。实施商业化前的创新产品政府采购计划，针对中小企业处于商业化前研发阶段的创新产品，由政府采购进行试用并进行反馈。大力推行政府购买合同化，重点用于采购企业的新产品、新技术、新服务，定期公布政府未来采购需求和方向，为企业创新指明方向。

二是丰富后补助为主的企业创新研发资助政策手段。对于由企业实施、符合国家和北京的战略需求、企业先行投入和组织研发、产业化目标明确的项目，北京在组织专门的论证并通过后，采取财政后补助等方式给予支持。调动北京和企业等各方积极性，建立财政资金与社会资金搭配机制，财政资金与社会资金的出资比例原则上应达到 1∶1 以上。建立中小微企业创新特派员制度，政府组织选派科技人员、管理人员到企业解决实际生产中的技术创新难题和技术产业化难题，技术人员和管理人员薪金主要由政府发放，企业负担少部分。国有大中型企业申请国家研发项目，必须与中小微企业结成 1+1 共同申请，促进大企业和中小微企业联手，共同合作开发能够互利共赢的创新成果。

三是大力实施创新券和税收优惠等政策，助力中小企业创新。创新券制度源于欧洲，它作为一种专门的“创新货币”，不但可以满足缺乏基础创新能力的中小企业的基本要求，还能帮助有丰富创新成果的高校和研发机构更好地与企业合作、扩散知识。中小企业可以利用政府发放的创新券向研究机构购买知识，而研究机构也能更好地完成科技服务的重任，从而让知识流动起来。北京已经具备实施创新券制度的条件，今后可在中关村国家自主创新示范区内进行试点，在条件成熟后向全市推广。扩大税收优惠作用于中小企业的力度和范围，将职工教育经费支出税收减免创新人才个税返回纳入中小企业支持范围，简化中小企业研发税收加计扣除办理程序。大力支持互联网金融发展，支持天使投资等新兴科技金融业态发展，通过制定政策、搭建平台、财政补偿、行业自律等多种方式，发展天使投资机构。鼓励专业投资机构入股未上市的中小型高新技术企业，其投资可在 3 年内抵扣所得额。支持银行和小额贷款公司为创新型小微企业提供贷款，政府按年均余额新增部分实施风险补偿。

四是重点加强对青年科技创新创业人才的扶持政策。当前无论是中央还是地方的人才支持政策的重点都聚焦于高层次人才，实际上政策激励效果最明显、对未来发展贡献最大的青年科技创新人才群体却被忽视了。北京应率先系统地对青年科技创新创业人才队伍关心的社会保障、职业发展两大核心问题作出全面部署，通过加强全市范围内的教育资源统筹、住房保障、社保与医保跨区域统筹、薪酬制度改革、创新创业经费资助等，大幅提升创新创业人员的整体收入水平，大幅度缩小不同学科领域科技工作者的收入差别，同时逐步拉开不同职级之间的收入差别，通过加快解决青年科技创新人才普遍面临的迫切问题，让北京既是功成名就者的天堂，也是青年才俊和未来新星们茁壮成长的摇篮。如针对住房和教育的问题，政府可在科技园区、智力密集区兴建针对中青年科技创新创业人才的租赁式专家公寓和人才公寓，制定入住的标准，符合标准的人才可低价入住并可享受就近入学等配套措施。

五是积极完善知识产权和标准化政策。进一步推动知识产权和标准化应成为首都引领全国科技创新工作的重点，北京应在这方面切实加大力度，大胆借鉴国内其他城市的经验并进行创新。在知识产权方面，可建立一个综合性的知识产权运营中心，分类建立支柱产业和战略性新兴产业知识产权数据库、知识产权法律规则信息库、全球知识产权运营服务机构信息库等，服务于首都乃至全国的知识产权保护、应用工作；通过政府采购、补贴等形式支持高等院校、公共研发机构和知识产权优势企业向中小企业授权许可使用其专利等知识产权；建立重大投资项目和大型展会知识产权审查机制、实时高效的知识产权侵权预警机制和风险防范机制，完善重大展会等的知识产权保护和宣传展示；在中关村国家自主创新示范区建立一批专利技术产业化示范基地，形成针对不同行业、来源的专利技术产业化模式；加快完善北京知识产权法院，建设专利行政执法队伍和知识产权维权援助中心；支持高校建立知识产权学院，合作培养各类知识产权人才。而在标准化方面，可在中关村建立一个标准孵化工程中心，配套设立专门的标准孵化基金，专门支持和协助企业、高校、科研机构发展各类标准；推进相关领域国际标准会议和国家重大科技攻关关键性技术标准研究项目落户。

（三）切实加强创新政策执行和体制机制改革落实的力度

北京的创新政策要重点加强如下六个方面的工作：

一是进一步明确各项创新政策和体制体制改革责任主体和第一责任人。政策在出台前就必须明确政策和体制机制改革的责任主体，也就是哪一个具体部门负责组织政策和体制机制改革的执行工作，该部门的负责人就是第一责任人。对于责任主体和第一责任人的考核评价，必须囊括对该政策的执行和体制机制改革落实的情况。对于具有多个参与制定主体的政策和体制机制改革，应赋予第一责任主体也就是牵头制定单位督促、协调和评估其他参与主体贯彻执行政策和改革体制机制的权力。

二是对实施效果较好的政策和体制机制予以常态化。中关村国家自主创新示范区是国家给予北京的最大扶持，北京要充分利用好这个先行先试的制度，大力开展政策创新，对其中试行效果良好的政策和体制机制，建议及时通过正式政策文件的形式予以固定，让其覆盖全北京范围，从而将好的政策体制机制的良好效果进一步扩大化。同时，北京应鼓励在示范区的各类机构在北京支持的领域开展小范围的政策和机制体制创新，对于其中试行效果良好的可以上升到北京的层面进行推广。

三是进一步做好与中央政策的协同执行工作。北京在落实中央政策方面具有天然的地利、人和优势，完全有条件更好地实现中央政策与地方政策的无缝衔接和协同实施。为此，北京市有关部门在政策制定和实施过程中，可与中央有关部门在实施安排、操作流程设计、政策执行交流等方面进一步做好沟通与衔接，构建更加富有有效的体制机制，可有效降低政策实施的经济成本和社会成本，提高执行效率。

四是切实落实研发费用的税收抵扣等政策。北京的中小企业在创新中的巨大价值并没有很充分地得以体现出来，一个重要原因就是中小企业享受这些政策的门槛或者成本很高，其中最突出的当属研发费用的税收减免政策。为此，今后应该有效衔接税收和会计制度，将企业所得税法中对研发费用的界定与企业财务账目中的相应项目明确对应起来，便于企业操作和国家进行认定，从而切实将用税收政策激励创新的政策落到实处。同时，税收减免政策的范围也应该拓展到有技术创新企业拓展到科技服务业、创业产业等现代服务型企业中。同时，应完善企业研发费用税前加计扣除政策，取消研发领域限制，企业购买科研机构和高等学校技术的支出纳入研发费用加计扣除范围；对小微企业研发投入给予现金税收返还；加大落实企业研发设备加速折旧、高新技术企业税收优惠政策力度。

五是进一步加大对相关政策和机制体制改革措施的宣传力度。尽管目前已进入网络社会，但各种创新主体对于各类创新政策和机制体制改革的措施，也并非完全了解和掌握，在这方面还需要进一步借助网络加大宣传推广力度，从而促进政策和机制体制改革措施的落实。一方面，北京市科委应联合有关部门，依据不同的创新主体关注政策的内容不同，将北京的所有创新政策的具体内容进行编辑整合，形成一个针对不同创新主体的定制化创新政策内容大全，从而有利于各类创新主体全面了解北京针对它们的创新政策内容。另一方面，北京市科委应牵头建立一个政策宣传和交流的互动平台，供政策制定者、政策实施对象、政策研究者和其他关心北京创新政策的人士对北京的创新政策内容进行交流和答疑解惑，从而有助于北京创新政策的贯彻执行。

六是积极推进创新政策的法治化。判断一个创新政策是否成熟的标志就是其是否上升为法律和具有法律效力的文件，不因为个人和机构的调整而轻易发生变动。一味地强调政策的创新而忽视已有政策的认真贯彻是很多地方创新政策执行效果大打折扣的重要原因。北京要借鉴这些教训，从一开始就将制定创新政策上升到制定法律的高度，本着政策制定的程序、制定过程、宣传推广和贯彻执行等必须科学、合法、广泛认可的态度，切实遵循法律制定过程中的各种要求和环节那样严肃认真地制定政策并坚决地贯彻政策，就能让政策真正发挥其应当发挥的作用。即使最后所颁布的政策并不是以法律的形式出现，但它仍能在相当程度上实现其价值，因为它所遵循的都是法治化的理念。

（四）大力强化针对创新政策和体制机制改革的监督评估

鉴于北京的创新政策已经形成较为庞大的体系，依靠政府对每一个创新政策和体制机制改革进行监督评估存在不小的难度，为此可考虑从如下六个方面改进监督评估工作：

一是尽快建立北京创新调查制度。在国家的创新调查制度的基础上，北京应结合自身情况尽快建立涵盖所有创新活动的完整创新调查制度，并定期调查和统计相关的创新活动与创新成果，作为进行进一步监督评估的数据基础。

二是确保综合性政策和重大体制机制改革每隔 3 ～ 5 年能有一次完整的评估。对于像《北京市中长期教育改革和发展规划纲要》《北京市中长期科学和技术发展规划纲要》《“科技北京”行动计划》《“十二五”时期科技北京发展建设规划》《中关村国家自主创新示范区发展规划纲要》《首都中长期人才发展规划纲要》等综合性政策和体制机制改革文件，有关政府主管部门应在执行期末或者执行期过半的时候组织或者委托第三方机构进行综合评估，评估结果必须向市委、市政府和市人大汇报，后者需提出政策进一步实施和体制机制完善的指导意见。

三是对今后颁布的专项创新政策和体制机制改革都必须同步提出监督评估的方案或安排。今后凡是要出台的新政策和体制机制改革措施，必须同步出台监督评估方案或安排，在项目颁布实施前要向社会公示，接受社会反馈的意见或建议并作出相应的有效处理。政策制定和体制机制改革部门在政策和体制机制改革措施实施后，依据监督评估方案，定期对其实施情况进行自评估，在必要的情况下向市政府或市人大作综合汇报。

四是组织开展对标监测分析与评价。委托相关研究机构，挑选国内若干省市和国外若干城市为对标对象，定期就北京创新制度、创新政策和创新环境进行对标分析与评价，进一步发现北京在创新发展方面存在的不足，提出改进的建议。

五是市人大应定期组织相关领域的代表开展创新政策和体制机制改革措施实施情况检查。市人大应组织财政经济委员会、教科文卫体委员会的人大代表定期对北京在推动创新驱动发展过程中所取得的成效、存在的问题进行调研，监督各有关部门的工作落实情况。

六是加强同政策实施对象的直接交流和反馈渠道。市科委应联合其他有关部门，依托前述建议的北京创新政策宣传和交流互动平台，针对北京各类创新政策的主要实施对象，建立固定化的在线沟通交流渠道，及时将北京发布的各类创新政策和对政策的权威解读发送给政策实施对象，并鼓励政策实施对象对政策内容及其实施过程中出现的问题进行反馈、提出完善创新政策的建议和意见。市科委在系统整理以后，根据部门分工将有关政策建议和意见反馈给各有关部门，供其在今后的政策实施和完善中参考。

（五）努力推动创新政策的统筹协调

创新政策和体制机制改革不仅涉及北京的众多部门、区县，还涉及中央各类机构，其统筹协调难度在某种程度上远高于其他省市区，对此北京也有充分的认识，将其存在的问题归结为首都创新资源统筹协调组织体制和运行机制亟待深化和完善，这一问题的存在也给创新政策的统筹协调增添了很大的难度。为解决这一难题，建议从如下五个方面加强工作力度，完善相关的机制体制。

一是成立首都市创新驱动发展领导小组。北京在深化科技体制改革加快首都创新体系建设的意见中提出建立一个首都科技创新协调机构，可进一步深化这一构想，将北京现有的与科技部等国家部委建立的部市会商工作机制、与中科院建立的合作运行机制、与中央企业建立的固定合作机制、与解放军各部门前述的战略合作机制进行整合，邀请各部门成为领导小组的成员单位，共商首都的创新驱动发展战略大计和重大问题，并重点就首都的创新资源融合与发展进行集体磋商，达成一致意见并以正式文件的形式出台，从而尽量确保北京的创新政策在诞生之前就已经在各个层面实现了统筹协调。

二是加强京津冀三地创新政策的统筹协调。在京津冀领导小组中专门设立统筹协调创新相关的制度、政策、环境的办事机构，由中央牵头就京津冀地区的创新驱动发展重大政策和措施进行协调，确保三地之间的政策相互衔接、互为促进。

三是进一步加强北京各部门、各区县的政策统筹协调。建议进一步充分发挥北京市科技教育领导小组的作用，将其扩充为科技教育与创新领导小组，纳入市发改委、市经信委、市人力资源社会保障局等部门，以及海淀区等区县与各区县科教领导小组办公室等为成员单位，形成一个涵盖北京市所有涉及创新管理职能部门的综合协调机构，对事关北京创新驱动发展的各个重大事项进行沟通协调。

四是从创新系统的角度检视和修订已颁布的创新政策。现行的政策多数都是各部门从自身的认识角度制定出来的，如果放在推进北京创新驱动发展战略实施的系统层面看，彼此之间不一定完全目标一致。为此，应以制定北京创新驱动发展顶层设计方案为契机，要求各部门列出各自涉及创新驱动发展的所有政策，并采取自评与互评为基础，以第三方综合评价为准绳，研究提出政策之间存在的不协调问题，并通过政策制定主体之间协商一致的方式对各自的政策进行修改，从而确保政策能够有效服务于北京的创新驱动发展战略。

五是从财政资金使用的角度强化创新政策的统筹。北京应进一步强化创新相关经费的统筹安排和使用，进一步从创新链的角度合理安排科技、教育、产业、社会发展等各方面的资金，为此，市人大可在预算工作委员会中设立专门的创新相关预算评估审查工作组，对市政府每年提交的各部门与创新相关的预算进行专项评估和审查，提出改进和优化的一般性建议，从而更好地统筹发挥财政资金的引导作用。

四、发挥中关村自创区创新政策的示范作用

目前，首都北京的创新政策在供给面、需求面、环境面已形成较为完整的政策体系，涵盖了科技创新的全部环节，特别是中关村自主创新示范区的政策先行先试对全中国的创新政策具有深刻影响。

特别是，中关村自创区推行了一系列由中央部门、所在地区政府和其管理机构制定的科技创新试点政策。无论从宏观环境的《中关村国家自主创新示范区发展规划纲要》，还是具体针对中小型创新企业的《中关村国家自主创新示范区战略性新兴产业中小企业创新资金管理办法》，从支持创新中介机构发展的《中关村国家自主创新示范区大学科技园及科技企业孵化器发展支持资金管理办法》到吸引人才的《留学人员创业企业小额担保贷款“绿色通道”》等政策，都充分体现出中关村科技园区这个自成一体的创新系统已经基本完成政策体系的构建。据不完全统计，中关村示范区试点科技创新政策共出台33项。从政策作用可分为三类：第一类是调动高等学校、科研机构、大型企业、中小微企业和创新人才等不同主体创新积极性的分配政策，如科研经费改革、科技成果处置权改革、股权激励政策等；第二类是鼓励特定科技创新行为的政策，如扩大研发费用加计扣除范围、推动产业技术创新战略

联盟；第三类是支撑条件和环境营造政策，包括建立管理机制、设立专项资金、推动科技金融结合、增加科研用地和发展科技中介服务等多个方面。中关村国家自主创新示范区的先行先试的创新政策试点是推动北京创新的重要政策助力。

（一）中关村自创区的创新政策先行先试进展

中关村自主创新示范区发展特征表现为：一是高新技术企业密集。高新技术企业数量近两万家，约占全国 50%；二是科教人才资源集聚。拥有国家（市）科研院所 200 多所，国家级重点实验室 67 个，留学创业人才逾 1.5 万人；三是科技型中小微企业占比高。近 98% 企业为科技型中小微企业，且每年新增 3000 家以上。中关村示范区未来发展的重点是如何为大量科技型中小微企业提供全方位、个性化的创新服务，特别是金融服务模式、产品和工具等，需要不断创新，更加贴近科技型中小微企业需要。

国家批准北京中关村自主创新示范区先行先试了金融、财税、人才激励、科研经费等促进科技创新的一系列政策，取得积极成效。当前，必须加快创新驱动，以更大力度推进科技体制机制改革，在更大范围推广实施试点政策，用政府权力的“减法”换取创新创业热情的“乘法”，这有利于激发人们尤其是科研人员的主动性、积极性、创造性，加快创新成果转化，推动高新技术产业成长，打造中国经济发展新动力，促进经济向中高端水平迈进。中关村最典型的经验是其“1+6”系列政策，也是这次国务院决定向全国推广的核心内容。“1”是搭建中关村创新平台，“6”是在中央级事业单位科技成果处置权和收益权改革，税收优惠，股权激励，科研经费管理改革，高新技术企业认定和建设全国场外交易市场等六个方面实施试点政策。

1. 科技成果处置权和收益权政策

中关村试点科技成果处置权和收益权政策，提出从宽下放审批和科技成果处分权限，深化了科研类事业单位资产分类管理改革。

（1）政策着力点

扩大事业单位的处置权和收益权。中关村试点中央级事业单位科技成果处置权限扩大，并且对处置科技成果收益的全部或分段计留。

进一步从“谁投资、谁所有”向“谁完成、谁处分” 转变，科研机构可获得全部或大部分科技成果收益，科技成果的处置权、收益权相互匹配性有所提高，凸显了制度突破的系统性考虑。

（2）政策实施情况

调查显示，没有高校实施该试点政策，30% 的中科院研究所实施了试点政策，涉及的技术转让价值均在 800 万元以下；虽然全部调查对象均未执行收益权试点政策，但发生的技术转让收入均未上缴中央国库。北京市技术交易市场的统计数据显示，试点后北京地区中央级事业单位（绝大部分在中关村自主创新示范区内）技术转让收入大幅度增加，其中高等院校成果转让增长最快，2011 年、2012 年技术收入较上年均有较大增长，且增幅逐年提高。

2. 支持企业自主创新税收政策

支持企业自主创新的税收试点政策通过税收扣除、税收减免等方式激励企业增加研发和职工教育经费投入，降低科技人员股权奖励所得税压力等方式促进企业创新活动开展。

（1）政策着力点

通过扩展可加计扣除的研发费用范围、调整可享受政策优惠的技术领域、提高职工教育经费支出税前扣除率、拓宽企业认定高新技术企业相关核心自主知识产权范围、优化国家重点支持的高新技术领域等措施，提高研发费用加计扣除、职工教育经费税前扣除、高新技术企业税收减免等税收政策的覆盖范围和激励力度。

部分地区建立“一站式”工作机制，简化企业享受研发费用加计扣除税收优惠程序。

提高股权激励政策对科技人员的激励力度，获企业股权奖励的相关技术人员 5 年内分期缴纳个人所得税；东湖、张江通过设立所得税代垫基金，延迟个人所得税缴纳时间。

（2）政策实施情况

示范区享受税收优惠企业的数量逐年增加。2011 年，中关村享受研发费用加计扣除和职工教育经费税前扣除政策企业数较上年增加了 62.3% 和 73.6%，远高于其他地区；中关村有 7 家企业依据新的核心自主知识产权被认定为高新技术企业。2011 年中关村企业加计扣除总额较 2010 年增加了 58.44%，平均每家企业研发费用加计扣除额强度上升了 14.86%。

3. 科研项目经费管理政策

科研经费管理试点政策通过调整间接费用列支比例、增加科研人员激励比例以及完善预算调整程序等手段，提高财政科技经费使用效率，发挥了财政科技投入对全社会研发投入的引导和杠杆作用。

（1）政策着力点

对不同性质的项目承担单位分类规定不同的间接费用列支比例。试点政策借助“间接费用”比例，增加项目承担单位的管理手段和调控能力，有利于增强承担单位在项目组织实施和经费管理中的责任感，也为承担单位发挥法人作用提供了财力保障。

在间接费用中增加用于科研人员激励支出的部分。通过在科研经费中增加用于科研人员激励支出，完善科研人员绩效考核制度，提高对科研人员的激励力度。

科研项目经费分阶段拨付和后补助，鼓励产学研相结合，突出了科技成果产业化评价导向。

完善试点项目中相关国家科技计划项目预算调整程序，适当扩大科研单位在项目内部各项费用间预算调整的权限，增加经费使用自主权。

（2）政策实施情况

2010 年以来，中关村示范区纳入科研经费管理改革试点项目和列支间接费用逐年增加，部分项目采用后补助的支持方式。2012 年 1 ～ 9 月，北京市纳入试点的 739 个项目列支间接费用 2949.99 万元，超过 2010 年全年。

列支间接费用、增加绩效支出、分段拨付和后补助等试点措施对理顺项目（课题）组与承担单位的分配关系、调动科研人员积极性、强化科技成果转化和产业化导向等起到重要作用，发挥了财政科技投入对全社会研发投入的引导和杠杆作用，突出了企业创新主体地位。

4. 创新型人才政策

示范区创新型人才试点政策通过转变政府职能、加大高端人才引进力度改善人才成长环境，促使示范区成为高端人才的集聚地，创新产出大幅度提高。

（1）政策着力点

加大高端人才引进力度，示范区结合自设区位环境优势和发展需求，出台针对性的高端人才引进措施。

以转变政府管理职能、减少进入壁垒和行政审批、完善公共资源环境、减少人才后顾之忧等措施，加大吸引人才力度。

（2）政策实施情况

示范区依托各类人才计划，辅以各项人才政策，吸引大量高端和国际化人才，示范区已成为高端人才和国际化人才的集聚区。人才对科技创新和产业发展的贡献大幅度提升，示范区科技成果数量迅速增长。2011 年，中关村每百万人专利年授权量达 9089 件，远高于全市平均水平。

（二）中关村示范区先行先试创新政策推广进展

试点政策实施 4 年来，中关村国家自主创新示范区取得了明显成效，在北京经济结构调整和转型过程中发挥了突出作用。更重要的是，改革充分调动了科研人员，也就是“人”的积极性。

2014 年 12 月，国务院部署在更大范围推广中关村试点政策、加快推进国家自主创新示范区建设，进一步激励大众创业、万众创新。推动在中关村开展引进海外高层次人才、拓宽科技企业融资渠道、支持设立适应科技企业特点和需求的保税仓库等新的政策试点，并把在中关村试点实施的 10 项政策进一步推广，其中，6 项政策推向全国，4 项政策推广到所有国家自主创新示范区、合芜蚌自主创新试验区和绵阳科学城。

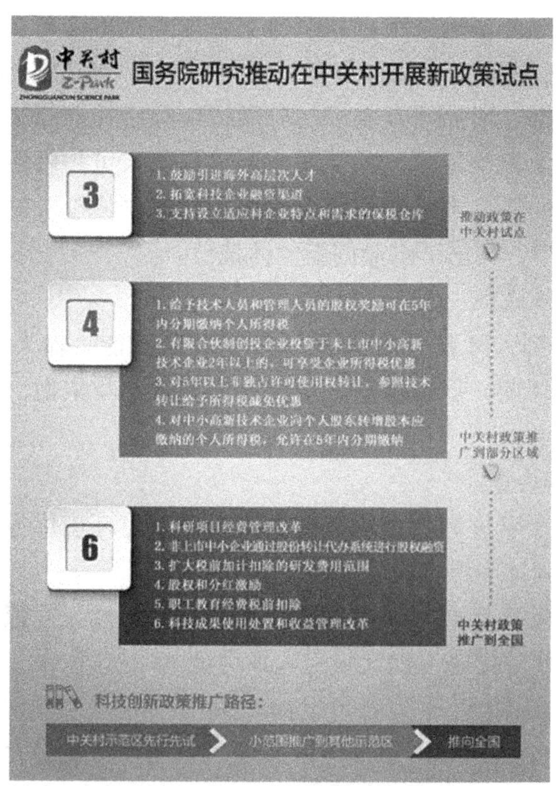

图 8–5　国务院研究推动在中关村开展新政策试点

科技成果处置权和收益权改革试点赋予中关村示范区内的中央级和北京市属事业单位对其拥有的科技成果一次性处置单价或批量价值在800万元以下的可自行处置的权限。其中科技成果价值小于等于800万元的部分，收益权100%归单位所有。这对进一步激活我国大批事业单位闲置资源有着重要的意义。新政的出台，促进了中关村示范区的科技成果转让。数据显示，北京地区中央和地方高校、科研机构2011—2013年技术转让（科技成果处置）项目累计1531项，一大批科研成果正在加快转变为现实生产力。

专栏8-1　北京理工大学：新政加速科技成果转化

“政策太给力了！”北京理工大学副校长杨树兴听到“800万元以下的科技成果可以自主处置，部分转让收益留给科研单位”的新政策后的第一反应。

杨树兴介绍，按照现有制度，学校的科研成果属于国家，出售价格过低，涉嫌国有资产流失。同时，科技成果转化时，即使评估数额低，也需要上报主管部门，周期长；另外一方面，由于转让的收益扣除奖励后，要全部上缴。这导致学校和科技成果的持有人对转化的积极性都不高。杨树兴说，目前北京理工大学的科技成果中，有60%～70%的成果估值在800万元以下。在中关村示范区试点新政后，学校将近七成的科技成果将能由学校自主处理，这将加速科技成果转化的效率。

股权激励试点允许市属科研院所和高等院校采取科技成果入股、科技成果收益分成、分红权激励等方式进行股权激励改革。截至2014年6月，中关村共有95项国有企业、高校和科研机构的激励试点方案获得批复，其中市属单位试点方案63项，中央单位试点方案32项，极大地提高了科技人员的积极性，促进了科技成果转化和产业化。

科研项目经费管理改革试点打破了我国现行科研项目经费预算体系中没有专门列支间接费用的制度障碍。北京市分别与科技部、工业和信息化部、国家发展改革委、财政部、卫生部和教育部六部委开展部市会商，重点围绕中关村人才特区建设、战略性新兴产业发展等重大事项，共同推进先行先试政策，联合支持战略性新兴产业重大项目。部市会商确定联合支持的新立项项目中开展间接费用补偿机制试点、分阶段拨付试点、后补助试点，以及增加科研单位和高端人才团队经费使用自主权试点。2013 年，北京市所有科研项目均纳入改革试点，列支间接费用 9400 万元，科研项目列支间接费用已形成常态化制度。

专栏 8-2 间接费用列支试点加快中关村科研脚步

“有了间接费用列支这项好政策的支持，我们的产品研发周期至少可以缩减一般以上。”北京中科信电子装备有限公司副总经理孙勇说。

据了解，我国现行的科研项目经费预算体系中，并没有专门列支间接经费。而预算中允许科研单位提取的管理费大体上仅为直接费用的 1% ～ 8%，无法支撑科研单位为科研工作提供良好的公共设施和条件。

对此，孙勇深有体会。中科信曾承担了 863 计划集成电路制造装备重大专项——“100 纳米大角度离子注入机”项目。这一先进技术一直把持在一些发达国家手中，实行严密封锁且禁止向我国出口先进的离子注入设备。为此，企业不得不花大价钱引进国外同行业的先进人才，同时对企业人才进行培训和奖励。这两项开支大约占到项目总经费的 30% 左右，但由于没有相关配套制度，企业不得不自筹资金，而这也使得项目的总体进程被拖慢。

实际上，在科研预算中列入间接费用是一项国际通行的做法。美、英、日等国家都有着可供借鉴的经验。在美国高校，间接费用甚至能达到直接费用的 40% ～ 70%。

而今，孙勇不用再为资金发愁了。20% 的计提比例，已经能够满足中科信引进人才、奖励科研人员的需求，而这些“软性费用”的到位，对于提高科研人员积极性，加快项目完成速度有着不可估量的作用。

建设统一监管下的全国性场外交易市场是依托证券公司代办非上市公司股份转让系统，在中关村代办股份转让试点的基础上，建设统一监管下的全国性场外交易市场，即“新三板”。为建立全国统一监管下的场外交易市场实现了积极的探索，促进了资本市场交易产品的风险纵向分层，为创业企业拓展了更广阔的常态化融资平台。截至2014年6月，中关村已挂牌企业297家。2013年1月，全国中小企业股份转让系统正式挂牌并落户北京。

税收试点包括：一是将企业为研发人员缴纳的“五险一金”、医药企业发生的临床试验费、企业共同合作开发或委托外单位进行开发的研发费用等列入加计扣除范围。二是将职工教育经费税前扣除比例由2.5%提高到8%，且超过部分准予在以后纳税年度结转。三是对示范区内科技创新创业企业转化科技成果，以股份或出资比例等股权形式给予本企业相关技术人员的奖励，技术人员一次缴纳税款有困难的，可分期缴纳个人所得税，最长不超过5年。例如，一个技术人员，从企业获得了价值50万元的股权奖励。在5年时间内，如果没有发生股权转让，就不用缴纳个税，但5年期间满后，需要一次性缴纳个税。如果在第二年将其中价值30万元股票转让出去，则需缴纳30万元收入的应纳税额。

（三）中关村自创区创新政策是首都乃至全国创新政策的策源地

中关村示范区先行先试的试点政策推动中关村形成了强大的协同创新合力、浓厚的创新创业文化氛围和有利于创新创业的政策环境，加速了首都北京的创新驱动发展。中关村作为我国技术创新的源头和高新技术产业的重要支撑，不断发挥示范引领和辐射带动作用。中关村促进科技创新的一系列先行先试政策，是符合我国科技和经济发展实际需要的，有力促进科技转化存进经济发展的。中关村试点政策，具有较大的示范引领作用。把中关村的创新创业活力辐射开来必须加快创新驱动，以更大力度推进科技体制机制改革，在更大范围推广实施试点政策，用政府权力的“减法”换取创新创业热情的“乘法”。

首都创新政策是中国创新政策的策源地，对实施效果较好的政策和体制机制进行常态化。中关村国家自主创新示范区是国家给予首都北京的最大扶持，北京要充分利用好这个先行先试的制度，大力开展政策创新，对其中试行效果良好的政策和体制机制，及时通过正式政策文件的形式予以固定，向全国推广。北京在落实中央政策方面具有天然的地利、人和优势，完全有条件更好地实现中央政策与地方政策的无缝衔接和协同实施。中关村试点政策打破现有政策瓶颈和与实际需求不相匹配问题，将进一步加快创新成果转化，推动高新技术产业成长，从而打造中国经济发展新动力，促进经济向中高端水平迈进。

此外，还需要进一步加大对相关政策和机制体制改革措施的宣传力度。进一步借助网络加大宣传推广力度，从而促进政策和机制体制改革措施的落实。有利于各类创新主体全面了解北京针对它们的创新政策内容。建立一个政策宣传和交流的互动平台，供政策制定者、政策实施对象、政策研究者等进行交流。

后 记

本书是北京市科学技术委员会委托课题的研究成果，主要是为北京构建全国科技创新中心进行前瞻性的研究和思考，形成体系框架，为相关规划编制提供参考。课题研究集成了多个单位、专家的力量，吸收、借鉴了大量相关研究成果。课题在立项、开题以及研究过程中得到了北京市科学技术委员会政策法规与体制改革处的大力指导，使研究能够尽可能满足决策需求。中国科学技术发展战略研究院原常务副院长王元研究员对于课题研究框架和内容提供了宏观指导和有价值的建议，使课题组获益匪浅。在研究过程中多次召开专家研讨会，来自北京市政府研究室、中关村管委会、发展改革委宏观院、中国科学院政策研究所等单位的专家提出的意见和建议对于修改和完善课题研究报告发挥了重要作用。最后感谢各课题组成员以高度负责的精神投入到研究工作中，保证了课题总体研究任务的完成。

目前，各方面围绕北京市建设全国科技创新中心的命题在开展着日益深入的研究。本课题在体系框架设计上力求完整，希望能够更全面地认识影响创新中心建设的各个因素，但是毕竟研究水平和时间都十分有限，研究仍然是初步的，疏漏之处在所难免。虽如此，如果本课题能够为相关研究以及决策提供一定的启示和借鉴，研究人员们仍会感到十分欣慰。